D1699036

SCHÄFFER
POESCHEL

Julia Bader / Gabi Meissner / Marina Bobikov / Andreas Wahl /
Stefanie Ravensberg / Svenja Schempp

# Umsatzsteuerrecht visualisiert

## Das deutsche Umsatzsteuerrecht in Übersichten

3., überarbeitete und aktualisierte Auflage

2020
Schäffer-Poeschel Verlag Stuttgart

Bibliografische Information der Deutschen Nationalbibliothek

Die Deutsche Nationalbibliothek verzeichnet diese Publikation in der Deutschen Nationalbibliografie; detaillierte bibliografische Daten sind im Internet über http://dnb.dnb.de abrufbar.

Print:   ISBN 978-3-7910-4828-4    Bestell-Nr. 20256-0003
ePDF:   ISBN 978-3-7910-4829-1    Bestell-Nr. 20256-0152

Bader / Meissner / Bobikov / Wahl / Ravensberg / Schempp
Umsatzsteuerrecht visualisiert
3. Auflage, April 2020

© 2020 Schäffer-Poeschel Verlag für Wirtschaft · Steuern · Recht GmbH
www.schaeffer-poeschel.de
service@schaeffer-poeschel.de

Bildnachweis (Cover): © Alexander Supertramp, shutterstock

Produktmanagement: Rudolf Steinleitner
Lektorat: Claudia Lange

Schäffer-Peoschel Verlag Stuttgart
Ein Unternehmen der Haufe Group

# Vorwort

»Noch immer sagt ein Bild mehr als tausend Worte« – daher haben sich die Autorinnen und Autoren entschieden, das vorliegende Werk mit Rechtsstand 01.03.2020 neu zu überarbeiten. Berücksichtigung haben insbesondere die von der EU vorgegebenen Neuregelungen (u. a. die Quick-Fixes) gefunden, die einen weiteren Schritt hin zum »endgültigen« Mehrwertsteuersystem kennzeichnen.

Gemäß dem konzeptionellen Ansatz dieses Buches werden die umsatzsteuerlichen Zusammenhänge überwiegend in Form von Schaubildern dargestellt, die als Ergänzung zur bislang vorliegenden Fachliteratur und als Repetitorium der maßgebenden Umsatzsteuerthemen gedacht sind. Das interdisziplinäre Autorenteam hat sowohl die Bedürfnisse der Lehre und Ausbildung als auch der umsatzsteuerlichen Beratungspraxis berücksichtigt, so dass sich das Werk gleichermaßen an Studierende und Auszubildende im Steuerbereich wie auch an langjährige Praktiker in der Beratung oder in Unternehmen richtet. Verantwortlich für die Praxis zeichnet ein Team aus der Stuttgarter Niederlassung der Beratungs- und Prüfungsgesellschaft Rödl & Partner. Die Lehre wird durch Frau Prof. Dr. Gabi Meissner, Professorin an der Hochschule für öffentliche Verwaltung und Finanzen in Ludwigsburg, vertreten.

Die Abfolge der Themen und Kapitel orientiert sich am Aufbau des deutschen Umsatzsteuergesetzes. Nach einleitenden Grafiken zum Aufbau des europäischen Mehrwertsteuersystems folgen Darstellungen zur Steuerbarkeit, zu den wichtigsten Steuerbefreiungsvorschriften, zur Bemessungsgrundlage, zu den Steuersätzen und zur Steuerentstehung. Auch die Themen Steuerschuldnerschaft, Rechnungen, Vorsteuerabzug und Besteuerungsverfahren werden in Schaubildern aufgearbeitet. Abschließend finden sich Illustrationen zu umsatzsteuerlichen Spezialregelungen für bestimmte Umsätze. Dem Themenkomplex der grenzüberschreitenden Liefersachverhalte, inklusive der umfangreichen Neuregelungen ab 2020, wurde aufgrund der immensen Bedeutung in der Praxis ein eigenes Kapitel gewidmet. Darin finden sich Grafiken zu Fragen, die unmittelbar mit innergemeinschaftlichen Lieferungen oder Ausfuhrlieferungen zusammenhängen.

Wir, die Autoren, hoffen, mit dieser 3. Auflage den recht umfangreichen Entwicklungen im Bereich der Umsatzsteuer durch Rechtsprechung, Verwaltung und Gesetzgebung Rechnung getragen und dennoch den Fokus auf die wesentlichen Themen gelegt zu haben. Verbesserungsvorschläge und Ergänzungswünsche sind uns gerne jederzeit willkommen.

Stuttgart, im März 2020

Julia Bader, Steuerberaterin
Prof. Dr. Gabi Meissner
Marina Bobikov, Steuerberaterin
Andreas Wahl, Steuerberater
Stefanie Ravensberg, Steuerassistentin
Svenja Schempp, Steuerassistentin

# Inhalt

# Abkürzungsverzeichnis

| | |
|---|---|
| A | Abschnitt (Richtlinien/Anwendungserlass) |
| a. A. | anderer Ansicht, anderer Auffassung |
| a. a. O. | am angegebenen Ort |
| ABl. EG | Amtsblatt der Europäischen Gemeinschaften |
| Abs. | Absatz |
| Abschn. | Abschnitt |
| abzgl. | abzüglich |
| a. E. | am Ende |
| AEAO | Anwendungserlass zur Abgabenordnung |
| a. F. | alte Fassung |
| AfA | Absetzung für Abnutzung |
| AfaA | Absetzung für außergewöhnliche Abnutzung |
| AG | Aktiengesellschaft |
| AHK | Anschaffungs- oder Herstellungskosten |
| AK | Anschaffungskosten |
| AktG | Aktiengesetz |
| Alt. | Alternative |
| a. M. | anderer Meinung |
| Anh. | Anhang |
| Anm. | Anmerkung |
| AO | Abgabenordnung |
| a. o. | außerordentlich/e/er |
| Art. | Artikel |

| | |
|---|---|
| AStG | Gesetz über die Besteuerung bei Auslandsbeziehungen (Außensteuergesetz) |
| ATLAS | Automatisiertes Tarif- und Lokales Zollabwicklungssystem |
| Aufl. | Auflage |
| AV | Anlagevermögen |
| B2B | business to business (Leistung eines Unternehmers an einen anderen Unternehmer) |
| B2C | business to consumer (Leistung eines Unternehmers an einen Privatkunden) |
| BAB | Betriebsabrechnungsbogen |
| BB | Betriebsberater (Zeitschrift) |
| Bd. | Band |
| BFH | Bundesfinanzhof |
| BFHE | Sammlung der Entscheidungen und Gutachten des Bundesfinanzhofs |
| BFH/NV | Sammlung amtlich nicht veröffentlichter Entscheidungen des Bundesfinanzhofs |
| BGB | Bürgerliches Gesetzbuch |
| BGBl | Bundesgesetzblatt |
| BGH | Bundesgerichtshof |
| BMF | Bundesministerium der Finanzen |
| BMG | Bemessungsgrundlage |
| BR | Bundesrat |

| | |
|---|---|
| BStBl | Bundessteuerblatt |
| BT | Bundestag |
| BT-Drs. | Bundestagsdrucksache |
| Buchst. | Buchstabe |
| BVerfG | Bundesverfassungsgericht |
| BVerfGE | Entscheidungen des Bundesverfassungsgerichts |
| bzgl. | bezüglich |
| BZSt | Bundeszentralamt für Steuern |
| bzw. | beziehungsweise |
| | |
| DB | Der Betrieb (Zeitschrift) |
| DBA | Abkommen zur Vermeidung der Doppelbesteuerung |
| ders. | derselbe |
| d. h. | das heißt |
| Drucks. | Drucksache |
| DStR | Deutsches Steuerrecht (Zeitschrift) |
| | |
| ECS/AES | Export Control System/Automated Export System |
| EDIFACT | Electronic Data Interchange for Administration, Commerce and Transport (dt.: Elektronischer Datenaustausch für Verwaltung, Handel und Transport) |
| EFG | Entscheidungen der Finanzgerichte |
| einschl. | einschließlich |
| EK | Eigenkapital |
| ErbSt | Erbschaft- und Schenkungsteuer |
| ErbStG | Erbschaft- und Schenkungsteuergesetz |
| Erl. | Erlass |
| ESt | Einkommensteuer |
| EStG | Einkommensteuergesetz |
| EStH | Einkommensteuer-Hinweise |
| EStR | Einkommensteuer-Richtlinien |
| EU | Europäische Union |
| EuGH | Europäischer Gerichtshof |
| EUSt | Einfuhrumsatzsteuer |
| e. V. | eingetragener Verein |
| evtl. | eventuell |
| EWG | Europäische Wirtschaftsgemeinschaft |
| | |
| f., ff. | folgende, fortfolgende |
| F. | Fach |
| FA | Finanzamt |
| FG | Finanzgericht |
| FGO | Finanzgerichtsordnung |
| FS | Festschrift |
| | |
| GbR | Gesellschaft bürgerlichen Rechts |
| gem. | gemäß |
| GewSt | Gewerbesteuer |
| GewStG | Gewerbesteuergesetz |
| Gf | Geschäftsführer |
| GG | Grundgesetz für die Bundesrepublik Deutschland |
| ggf. | gegebenenfalls |
| ggü. | gegenüber |
| GiG | Geschäftsveräußerung im Ganzen |
| gl. A. | gleicher Ansicht, gleicher Auffassung |

| | | | | |
|---|---|---|---|---|
| GmbH | Gesellschaft mit beschränkter Haftung | | i. S. v. | im Sinne von |
| GmbH & Co. KG | Kommanditgesellschaft mit einer GmbH als persönlich haftendem Gesellschafter | | i. V. m. | in Verbindung mit |
| GoB | Grundsätze ordnungsmäßiger Buchführung | | JStG | Jahressteuergesetz |
| grds. | grundsätzlich | | JPdöR | Juristische Person des öffentlichen Rechts |
| GrESt | Grunderwerbsteuer | | | |
| GrS | Großer Senat des BFH | | KapESt | Kapitalertragsteuer |
| GWG | geringwertige Wirtschaftsgüter | | KapGes | Kapitalgesellschaft |
| GuV | Gewinn- und Verlustrechnung | | Kfz | Kraftfahrzeug |
| | | | KG | Kommanditgesellschaft |
| H | Hinweis | | Kj. | Kalenderjahr |
| h. A. | herrschende Ansicht, herrschende Auffassung | | KSt | Körperschaftsteuer |
| | | | KStG | Körperschaftsteuergesetz |
| HGB | Handelsgesetzbuch | | KStR | Körperschaftsteuer-Richtlinien |
| h. M. | herrschende Meinung | | Kz. | Kennziffer (in der Umsatzsteuer-Erklärung) |
| Hrsg. | Herausgeber | | | |
| HS | Halbsatz | | lfd. | laufend |
| | | | LSt | Lohnsteuer |
| i. d. F. | in der Fassung | | LStR | Lohnsteuer-Richtlinien |
| i. d. R. | in der Regel | | lt. | laut |
| i. e. S. | im engeren Sinne | | | |
| i. g. | innergemeinschaftlich | | m. a. W. | mit anderen Worten |
| i. H. d. | in Höhe der/des | | max. | maximal |
| i. H. v. | in Höhe von | | m. E. | meines Erachtens |
| insbes. | insbesondere | | mind. | mindestens |
| InsO | Insolvenzordnung | | Mio. | Millionen |
| InvStG | Investmentsteuergesetz | | MRN | Master Reference Number |
| i. R. d. | im Rahmen der/des | | m. w. H. | mit weiteren Hinweisen |
| i. R. v. | im Rahmen von | | m. w. N. | mit weiteren Nachweisen |
| i. S. d. | im Sinne der/des | | MwSt | Mehrwertsteuer |

| | |
|---|---|
| MwSt-SystRL | Mehrwertsteuer-Systemrichtlinie (Richtlinie 2006/112/EG des Rates vom 28. November 2006 über das gemeinsame Mehrwertsteuersystem) |
| n. F. | neue Fassung |
| Nr. | Nummer/n |
| nrkr. | nichtrechtskräftig |
| n. v. | nicht veröffentlicht |
| NWB | Neue Wirtschafts-Briefe für Steuer- und Wirtschaftsrecht (Zeitschrift) |
| o. Ä. | oder Ähnlichem/s |
| OECD | Organization for Economic Cooperation and Development |
| OECD-MA | OECD-Musterabkommen |
| OFD | Oberfinanzdirektion |
| OG | Organgesellschaft |
| OHG | offene Handelsgesellschaft |
| OLG | Oberlandesgericht |
| OT | Organträger |
| o. V. | ohne Verfasser |
| p. a. | per annum, pro anno |
| PersGes | Personengesellschaft |
| R | Richtlinie |
| RGBl | Reichsgesetzblatt |
| Rn. | Randnummer |
| rkr. | rechtskräftig |
| Rs. | Rechtssache |
| RStBl | Reichssteuerblatt |
| Rz. | Randziffer |
| s. | siehe |
| S. | Satz |
| SE | Societas Europaea |
| sog. | so genannt(e) |
| SolZ | Solidaritätszuschlag |
| StÄndG | Steueränderungsgesetz |
| tw. | teilweise |
| Tz. | Textziffer |
| u. a. | unter anderem |
| u. E. | unseres Erachtens |
| UmwG | Umwandlungsgesetz |
| UmwSt-Erl | Umwandlungssteuererlass |
| UmwStG | Umwandlungssteuergesetz |
| USt | Umsatzsteuer |
| UStAE | Umsatzsteuer-Anwendungserlass |
| UStDV | Umsatzsteuer-Durchführungsverordnung |
| USt-IdNr. | Umsatzsteuer-Identifikationsnummer |
| UStG | Umsatzsteuergesetz |
| UStR | Umsatzsteuer-Richtlinien |
| USt-VA | Umsatzsteuer-Voranmeldung |
| usw. | und so weiter |
| u. U. | unter Umständen |
| UZK | Unionszollkodex |

| | | | |
|---|---|---|---|
| v. a. | vor allem | WG | Wirtschaftsgut |
| VAG | Versicherungsaufsichtsgesetz | Wj. | Wirtschaftsjahr |
| vEK | für Ausschüttungen verwendbares | | |
| | Eigenkapital (verwendbares Eigenkapital) | z. B. | zum Beispiel |
| Vfg. | Verfügung | Ziff. | Ziffer |
| vGA | verdeckte Gewinnausschüttung | ZM | Zusammenfassende Meldung |
| vgl. | vergleiche | z. T. | zum Teil |
| VO | Verordnung | zzgl. | zuzüglich |
| VSt | Vorsteuer | | |
| VZ | Veranlagungszeitraum | | |

# Kapitel I: Einleitung

Die Umsatzsteuer war mit 235.000 Mio. € vor der Lohnsteuer mit 206.450 Mio. € die ertragsstärkste Steuerart (Quelle: BMF: Steuerspirale Schätzung für 2018).

Überdies zu berücksichtigen ist das relativ bürokratiearme und damit effiziente Erhebungsverfahren, das sich in der Hauptsache auf die Aufsicht beschränkt. Was für den Staat deutliche Vorteile bringt, kann sich im unternehmerischen Bereich rasch zum Haftungsproblem entwickeln. Nicht zuletzt deshalb ist es für jeden Marktteilnehmer wichtig, sich mit den Regelungen und Folgen dieser Steuerart auseinanderzusetzen.

Insbesondere die folgenden Begriffe kennzeichnen das Wesen der Umsatzsteuer. Sie wird gleichbedeutend mit dem Begriff der Mehrwertsteuer verwendet und

- besteuert das Entgelt für Lieferungen und sonstige Leistungen von Unternehmern,
- gestaltet sich als Allphasen-Netto-Umsatzsteuer mit Vorsteuerabzug,
- besteuert als indirekte Steuer den Verbrauch,
- ist eine harmonisierte Steuer und
- belastet auf jeder Fertigungsstufe nur die Wertschöpfung, sodass nicht von einer echten Mehrwertsteuer gesprochen werden kann.

Die Umsatzsteuer gehört nicht zu den betrieblichen Kosten und mindert nicht den Ertrag des Unternehmers; sie wird prozentual vom Entgelt berechnet und bildet zusammen mit diesem den Preis, den der Leistungsempfänger zu entrichten hat. Wirtschaftlich gesehen belastet die Umsatzsteuer letztlich den Endverbraucher, da der Unternehmer – so er regelbesteuert – sie aus der Eingangsleistung als Vorsteuer geltend machen kann und sie damit »neutralisiert«.

Basis des geltenden nationalen Umsatzsteuerrechts ist die seit dem 01.01.2007 geltende Richtlinie 2006/112/EG, die sog. Mehrwertsteuersystemrichtlinie. Sie normiert die grundlegenden Prinzipien und eröffnet den Mitgliedstaaten nur begrenzte Abweichungsmöglichkeiten wie z.B. beim Steuersatz oder den Regelungen zur Steuerschuldumkehr.

Allerdings birgt sie und das mit ihr realisierte derzeitige MwSt-System der EU auch einige Schwächen wie z.B.:

- einen hohen, ihrer Komplexität geschuldeten Verwaltungsaufwand für Unternehmen,
- etwaige, den Mitgliedstaaten bei der Umsetzung des derzeitigen Systems zugestandene Sonderregelungen und Optionen, die eine tatsächliche Harmonisierung verhindern sowie
- die Betrugsanfälligkeit.

Daher präsentierte die EU-Kommission basierend auf einem im Dezember 2010 veröffentlichten Grünbuch über die Zukunft der Mehrwertsteuer (»Wege zu einem einfacheren, robusteren und effizienteren MwSt-System«[1]) am 07.04.2016 einen Aktionsplan (»Auf dem Weg zu einem **einheitlichen europäischen Mehrwertsteuerraum**: Zeit für Reformen«) zur Umgestaltung des aktuellen hin zu einem endgültigen, den o. g. Schwächen Rechnung tragenden System. Dieses soll nunmehr auf dem Bestimmungsland- und nicht wie bisher auf dem Ursprungslandprinzip aufbauen. Im Rahmen eines Follow-up vom 04.10.2017 schlug sie vor, den systemischen Wechsel in zwei Schritten durchzuführen, um einen reibungslosen Übergang sowohl für die Steuerpflichtigen als auch die Steuerverwaltungen zu gewährleisten: Der **erste Schritt** sieht die erneute Besteuerung grenzüberschreitender Lieferungen und die Gründung einer einzigen Anlaufstelle (One-Stop-Shop) für innergemeinschaftliche B2B-Lieferungen vor: Der Lieferant berechnet dem Erwerber die im Bestimmungsland anfallende Umsatzsteuer und führt diese an die »einzige Anlaufstelle« (in Deutschland das BZSt) in seinem Sitzstaat ab. Das derzeitige System der Steuerbefreiung im Herkunfts- und der Erwerbsbesteuerung im Bestimmungsland soll langfristig nur noch für sog. zertifizierte Steuerpflichtige (Certified Tax Payer, CTP) gelten.

In einem **zweiten Schritt** soll die umsatzsteuerrechtliche Gleichbehandlung von Lieferungen und Dienstleistungen innerhalb des Binnenmarktes erfolgen.

Aktuell arbeiten die Mitgliedstaaten an der Umsetzung des ersten Schritts, der in zwei Stufen erfolgt:
- Änderung der MwStSystRL im Hinblick auf die sog. Quick fixes, die zunächst nur für den CTP vorgesehen waren, und die Implementierung der rechtlichen Grundlagen des endgültigen Mehrwertsteuersystems, insbesondere des Grundsatzes der Besteuerung im Bestimmungsland;
- begleitend dazu die entsprechenden Änderungen der DVO zur MwStSystRL.

Die Quick fixes beinhalten die unionsweiten Vereinfachungen in Bezug auf die umsatzsteuerliche Behandlung von Konsignationslagern und Reihengeschäften sowie die Implemetierung der USt-IdNr. als materielle Voraussetzung des Steuerbefreiungstatbestands und die einschlägige Nachweisführung.

Im Verlauf des Gesetzgebungsverfahrens konnten die Mitgliedstaaten hinsichtlich des Status des CTP keine Einigung erzielen. Insoweit wurden – den Anforderungen der Praxis folgend – die Quick fixes am 04. bzw. 07.12.2018 mit Wirkung zum 01.01.2020 zunächst ohne Anknüpfung an die Institution des CTP verabschiedet. Gleiches galt für die Änderung des Art. 402 MwStSystRL (Grundsatz der Besteuerung im Bestimmungsland).

In einem weiteren, zweiten Teilschritt sollen dann bis zum 01.07.2022 die erforderlichen Bestimmungen u. a. für die technische Umsetzung der Maßnahmen und für den CTP festgelegt werden. Der entsprechende Änderungsvorschlag datiert vom 25.05.2018. Insoweit sind

---

1 Europäische Kommission, COM(2010) 695 vom 01.12.2010

- die Modernisierung des Wortlauts der MwStSystRL, wie z. B. das Ersetzen des Wortes »innergemeinschaftliche Lieferung« durch »Lieferung innerhalb der Union«,
- die Abschaffung der ZM für innergemeinschaftliche Lieferungen für Unternehmer ohne CTP-Status sowie
- die Einführung der einzigen Anlaufstelle One-Stop-Shop vorgesehen.

Mit Blick auf die weitere Zukunft sollen letztlich nicht nur die Warenlieferungen, sondern auch die Dienstleistungen in das endgültige Mehrwertsteuersystem einbezogen werden. Ausgehend davon, dass der oben dargestellte Maßnahmenkatalog im Jahr 2022 (lt. Vorschlag zum 01.07.2022) in Kraft tritt, soll nach einer Anlaufphase frühestens nach fünf Jahren (2027) die Umsetzung dieses nächsten Schritts der Integration der Dienstleistungen realisiert werden.

In Deutschland erfolgte die Umsetzung der Quick fixes mit dem *Gesetz zur weiteren steuerlichen Förderung der Elektromobilität und zur Änderung weiterer steuerlicher Vorschriften* (JStG 2019). Sie wurden, zusammen mit den weiteren Änderungen des Umsatzsteuerrechts zum 01.01.2020, insbesondere auch durch das dritte Bürokratieentlastungsgesetz an den einschlägigen Fundstellen dieses Kompendiums berücksichtigt.

Im folgenden Kapitel sollen die vorgenannten Begriffe anhand von Übersichten dargestellt und zur besseren Verständlichkeit strukturiert werden.

# Prinzip der Umsatzsteuer

**Allphasennetto-Umsatzsteuersystem mit Vorsteuerabzug**

Über den Vorsteuerabzug erreicht die Allphasen-Nettoumsatzsteuer, dass in der Regel jede Wirtschaftsstufe nur die von ihr geschaffene Wertschöpfung – den »Mehrwert« – besteuern muss. In der Unternehmerkette wirkt sich die Umsatzsteuer üblicherweise neutral aus, wirtschaftlich getragen wird sie vom Endverbraucher.

### Beispiel

Produzent P verkauft eine Ware für 100 € zzgl. USt an Großhändler G. Dieser verkauft die Ware für 200 € zzgl. USt an Einzelhändler E. E verkauft die Ware für 300 € zzgl. USt an Endverbraucher.

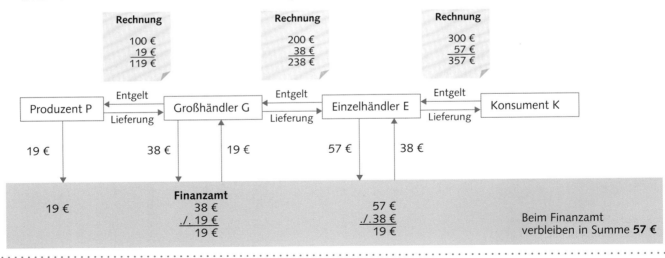

## Einbindung des Mehrwertsteuersystems in das Recht der europäischen Gemeinschaft

### Europäische Gemeinschaft erlässt

| Verordnungen | Richtlinien |
|---|---|
| **Unmittelbar geltendes Recht** Durchführungs-VO (EU) Nr. 282/2011 vom 15.03.2011 zur Festlegung von Durchführungsvorschriften zur Richtlinie 2006/112/EG über das gemeinsame Mehrwertsteuersystem | **Umsetzung in nationales Recht erforderlich** Richtlinie 2006/112/EG vom 28.11.2006 über das gemeinsame Mehrwertsteuersystem (MwStSystRL; http://europa.eu/pol/tax/index_de.htm) |

### Mitgliedstaaten

**Europäischer Gerichtshof**
- Vorabentscheidungsersuchen nationaler Gerichte
- Klagen der EU-Kommission gegen Mitgliedstaaten
- Klagen von EU-Kommission oder EU-Parlament zur Rechtsgrundlage eines Rechtsakts des Sekundärrechts im EG-Vertrag
- Klagen einzelner Mitgliedstaaten gegen andere Mitgliedstaaten

Die EuGH-Entscheidung bindet grds. nur das anfragende Gericht. Faktisch legt der EuGH für alle Mitgliedstaaten verbindlich das Recht der Europäischen Union aus.

# Rechtsgrundlagen des Umsatzsteuerrechts

**Grundsätze:**

- Richtlinienkonforme Auslegung

- **Anwendungsvorrang** der MwStSystRL

- **Meistbegünstigungsgrundsatz**, d.h. ein Unternehmer kann sich auf Vorschriften der Richtlinie berufen, wenn dies für ihn günstiger ist (»Rosinentheorie«).

MwStSystRL

Durchführungs-VO (EU) Nr. 282/2011

UStG (mit außersteuerlichen Vorschriften wie NATO-Truppenstatut, Offshore-Steuerabkommen, AO und FinanzverwaltungsG)

UStDV

UStAE und BMF-Schreiben

EU-Recht

EuGH/Richterrecht

BFH/Richterrecht

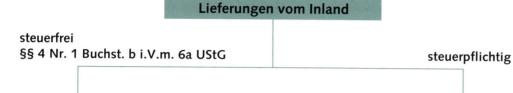

# Prinzip des innergemeinschaftlichen Warenverkehrs

**Lieferungen vom Inland**

**steuerfrei**
**§§ 4 Nr. 1 Buchst. b i.V.m. 6a UStG**

steuerpflichtig

in das übrige Gemeinschaftsgebiet

**an Unternehmer**
Besteuerung des innergemeinschaftlichen
Erwerbs im **Bestimmungsland**
(§§ 1 Abs. 5 i.V.m. 1a UStG)

**an private Abnehmer**
Keine Erwerbsbesteuerung
Ausnahme: neue Fahrzeuge (§ 1b UStG)

Versteuerung durch Lieferer bzw. privaten
Abnehmer im **Ursprungs- bzw. Bestimmungsland**

**Kontrollmechanismen**

- Umsatzsteuer-Identifikationsnummer (§ 27a UStG) mit qualifizierten Prüfmöglichkeiten über das Bundeszentralamt für Steuern (www.bzst.de) und die Datenbank MIAS der EU (http://ec.europa.eu/taxation_customs) und

- Zusammenfassende Meldungen (§ 18a UStG)

## Prinzip des innergemeinschaftlichen Dienstleistungsverkehrs

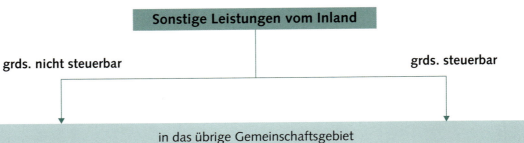

**Sonstige Leistungen vom Inland**

grds. nicht steuerbar

grds. steuerbar

in das übrige Gemeinschaftsgebiet

**an Unternehmer (B2B)**
Besteuerung grds. am Ort des Sitzes des Leistungsempfängers bzw. der Betriebsstätte (§ 3a Abs. 2 UStG) mit **Ausnahmen** in Bezug auf Lageort, Art, Nutzung etc.

**an private Abnehmer (B2C)**
Besteuerung grds. am Ort des Sitzes des Leistenden (§ 3a Abs. 1 UStG) mit **Ausnahmen** in Bezug auf Lageort, Art, Nutzung, Ausführung der Leistung etc.

**Kontrollmechanismen**

- Umsatzsteuer-Identifikationsnummer (§ 27a UStG) mit qualifizierten Prüfmöglichkeiten über das Bundeszentral- amt für Steuern (www.bzst.de) und die Datenbank MIAS der EU (http://ec.europa.eu/taxation_customs)
- Zusammenfassende Meldungen (§ 18a UStG)
- für Leistungen im B2B Bereich Reverse-Charge nach § 13b Abs. 1 UStG

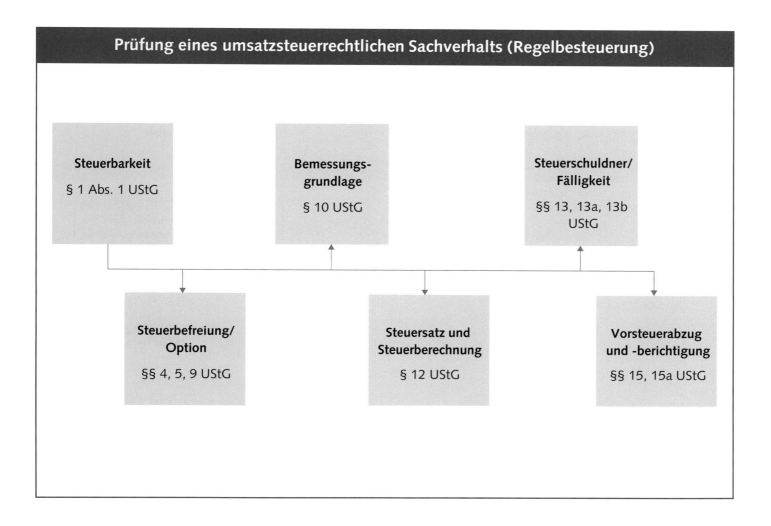

## Prüfung eines umsatzsteuerrechtlichen Sachverhalts (Regelbesteuerung)

**Steuerbarkeit**

§ 1 Abs. 1 UStG

**Bemessungs-grundlage**

§ 10 UStG

**Steuerschuldner/ Fälligkeit**

§§ 13, 13a, 13b UStG

**Steuerbefreiung/ Option**

§§ 4, 5, 9 UStG

**Steuersatz und Steuerberechnung**

§ 12 UStG

**Vorsteuerabzug und -berichtigung**

§§ 15, 15a UStG

## Checkliste zur Prüfung umsatzsteuerlicher Sachverhalte in Klausur und Praxis

### Allgemeine Angaben

| | | |
|---|---|---|
| 1 | Unternehmer (Organschaft) | § 2 UStG |
| 2 | Unternehmen (Einheitsbegriff) | § 2 UStG |
| 3 | Art der Umsatzbesteuerung | §§ 16, 20 UStG |
| 4 | Berechtigung zum VSt-Abzug/Art der Ausgangsumsätze | §§ 15, 4 UStG |
| 5 | Besteuerungszeitraum/Abgabe VA | § 18 UStG |
| 6 | Spezielle Besteuerungsverfahren | §§ 19, 24, 25, 25a UStG |

### Ausgangsumsätze

| | | |
|---|---|---|
| 7 | Umsatzart | (Werk-)Lieferung (§ 3 Abs. 1, 4 UStG) oder sonstige Leistung (§ 3 Abs. 9 UStG) bzw. Ersatztatbestände (§ 3 Abs. 1b und 9a UStG) |
| 8 | Rahmen des Unternehmens | Grund-, Neben- oder Hilfsgeschäft |
| 9 | Leistungsaustausch/Entgelt | Abgrenzung zum echten Schadensersatz bzw. echten Zuschuss |
| 10 | Ort der Leistung | §§ 3, 3a–3f UStG, § 25 Abs. 1 UStG |
| 11 | Steuerbarkeit | § 1 Abs. 1 UStG/Ausnahme: Geschäftsveräußerung § 1 Abs. 1a UStG |

## Checkliste zur Prüfung umsatzsteuerlicher Sachverhalte in Klausur und Praxis

**Ausgangsumsätze**

| 12 | Steuerpflicht | § 4 UStG (Meldung in ZM nach § 18a UStG?) |
|----|---------------|-------------------------------------------|
| 13 | Steuerschuldner | §§ 13a und 13b UStG (Meldung in ZM nach § 18a UStG?) |
| 14 | BMG | § 10 UStG |
| 15 | Steuersatz | § 12 UStG |
| 16 | Berechnung der USt | |
| 17 | Entstehung | §§ 13, 13b UStG |

**Eingangsumsätze**

| 18 | Reverse-Charge-Verfahren | § 13b UStG/i.g. Erwerb nach §§ 1 Abs. 1 Nr. 5, Abs. 1a UStG |
|----|--------------------------|-------------------------------------------------------------|
| 19 | Rechnung | §§ 14, 14a UStG |
| 20 | Vorsteuerabzug | abziehbar (§ 15 Abs. 1 UStG), abzugsfähig (§ 15 Abs. 1a, 1b und 2 UStG) |
| 21 | Berechnung des VSt-Betrags | ggf. Aufteilung § 15 Abs. 4 UStG |
| 22 | Berichtigung der Rechnung | § 17 UStG |
| 23 | Berichtigung der Vorsteuer | § 15a UStG |

# Kapitel II: Steuerbarkeit

Anders als die Ertragsteuern knüpft das Umsatzsteuerrecht nicht an eine territoriale Ansässigkeit des leistenden Unternehmers in Deutschland. Die umsatzsteuerlichen Rechtsfolgen treten unabhängig davon ein, ob der Unternehmer in Deutschland ansässig ist, eine Niederlassung oder Repräsentanz betreibt. Besteuert wird vielmehr der einzelne Umsatz, also der Verbrauch im Inland.

Ein Vorgang unterliegt nur dann der deutschen Umsatzsteuer, wenn er »steuerbar« ist. Die Steuerbarkeit ist somit Grundvoraussetzung und erster Prüfungsschritt bei jeder umsatzsteuerlichen Beurteilung und daher in § 1 UStG geregelt. Steuerbar sind danach, jeweils unter bestimmten Voraussetzungen, Lieferungen und sonstige Leistungen, die Einfuhr und der innergemeinschaftliche Erwerb von Gegenständen.

**Lieferungen** und **sonstige Leistungen** sind steuerbar, wenn sie von einem Unternehmer im Rahmen seines Unternehmens im Inland gegen Entgelt ausgeführt werden (§ 1 Abs. 1 Nr. 1 UStG). Eine Lieferung liegt vor, wenn die Verfügungsmacht an einem Gegenstand verschafft wird. Dies beinhaltet den von den Beteiligten endgültig gewollten Übergang von wirtschaftlicher Substanz, Wert und Ertrag eines Gegenstands, so dass es dem Abnehmer möglich ist, mit dem Gegenstand nach Belieben zu verfahren. Sonstige Leistungen sind Leistungen, die keine Lieferungen sind, z. B. Dienstleistungen, Vermietungen und Verpachtungen, Darlehensgewährung, Einräumung von Rechten, Reiseleistungen, Übertragung immaterieller Wirtschaftsgüter wie z. B. ein Firmenwert.

Nicht nur Übertragung eines Gegenstandes oder Erbringung einer sonstigen Leistung selbst fällt unter Umsatzbesteuerung. Auch die Vergabe eines **Gutscheins** über Erwerb eines bestimmten Gegenstandes bzw. einer bestimmten Leistung kann unter bestimmten Voraussetzungen der Umsatzsteuer unterliegen.

Damit die erbrachten Lieferungen oder sonstigen Leistungen der Umsatzsteuer unterliegen, müssen sie von einem **Unternehmer im Rahmen seines Unternehmens** erbracht worden sein. Unternehmer ist jedes Wirtschaftsgebilde, das selbständig und nachhaltig eine gewerbliche oder berufliche Tätigkeit mit Einnahmeerzielungsabsicht ausführt. Leistender Unternehmer ist in der Regel derjenige, der die Lieferungen oder sonstigen Leistungen im eigenen Namen ausführt, was sich üblicherweise aus den vertraglichen Vereinbarungen ergibt. Zum Unternehmen gehören sämtliche Betriebe oder berufliche Tätigkeiten eines Unternehmers, jeder Unternehmer kann also nur ein Unternehmen haben. Eine Leistung wird im Rahmen dieses Unternehmens erbracht, wenn sie aus dem unternehmerischen und nicht aus dem privaten Bereich des Unternehmers erfolgt.

Unter bestimmten Voraussetzungen können auch mehrere Wirtschaftsbeteiligte als ein Unternehmen angesehen werden. Sie bilden dann unter der Führung eines Organträgers eine umsatzsteuerliche **Organschaft**.

Eine Sonderstellung können juristische Personen des öffentlichen Rechts (JPdöR) einnehmen. Daher wurde ein neuer § 2b in das Umsatzsteuergesetz aufgenommen, der grundsätzlich ab dem 01.01.2017 auf Umsätze der JPdöR anzuwenden ist.

Für jede Lieferung und sonstige Leistung muss ein umsatzsteuerlicher Leistungsort bestimmt werden (siehe Kapitel III). Nur wenn dieser Ort im **Inland** liegt, unterliegt der Umsatz den Vorschriften des deutschen Umsatzsteuergesetzes. Das umsatzsteuerliche Inland umfasst gem. § 1 Abs. 2 UStG das Hoheitsgebiet der Bundesrepublik Deutschland mit Ausnahme der Freihäfen Bremerhaven und Cuxhaven.

Umsatzsteuer entsteht nur dann, wenn die Lieferung oder sonstige Leistung im Rahmen eines Leistungsaustausches gegen **Entgelt** stattfindet. Das Entgelt muss nicht zwingend in Geld bestehen. Möglich ist auch eine Gegenleistung in Form einer Lieferung oder sonstigen Leistung, was zu einem Tausch bzw. tauschähnlichen Umsatz führt. Für die Annahme eines Leistungsaustauschs müssen Leistung und Gegenleistung in einem wechselseitigen Zusammenhang stehen.

Für einige Fälle von unentgeltlichen Lieferungen und sonstigen Leistungen wird für Zwecke der Umsatzsteuer ein Leistungsaustausch unterstellt, um einen unversteuerten Endverbrauch zu vermeiden. Diese sog. unentgeltlichen Wertabgaben müssen vom leistenden Unternehmer wie entgeltliche Leistungen der Umsatzsteuer unterworfen werden.

Fehlt ein Leistungsaustausch, wie z.B. im Falle eines echten Schadenersatzes, fällt keine Umsatzsteuer an. Schadenersatz wird nicht geleistet, weil der Leistende eine Lieferung oder sonstige Leistung erhalten hat, sondern weil er nach Gesetz oder Vertrag für den Schaden und seine Folgen einzustehen hat (siehe Kapitel V).

Ebenfalls steuerbar ist die **Einfuhr** von Gegenständen in das Inland oder in die österreichischen Gebieten Jungholz und Mittelberg. Die Umsatzsteuer auf Einfuhren wird als Einfuhrumsatzsteuer bezeichnet und von der Zollverwaltung erhoben (siehe Kapitel XII).

Auch der grenzüberschreitende Erwerb von Gegenständen aus anderen EU-Mitgliedstaaten (innerhalb der EU-Gemeinschaft) unterliegt der deutschen Umsatzsteuer, wenn der Leistungsort im Inland liegt und die Lieferung gegen Entgelt erfolgt. Ein steuerbarer **innergemeinschaftlicher Erwerb** setzt voraus, dass die Gegenstände bei der Lieferung aus dem Gebiet eines EU-Mitgliedstaates in das Gebiet eines anderen EU-Mitgliedstaates gelangen. Lässt ein Unternehmer Gegenstände zu seiner eigenen Verfügung aus dem Gebiet eines EU-Mitgliedstaates in das Gebiet eines anderen EU-Mitgliedstaates transportieren, kann unter bestimmten Voraussetzungen ein steuerbares innergemeinschaftliches Verbringen vorliegen (siehe Kapitel XII).

Die Veräußerung eines gesamten Unternehmens oder Teilbetriebs (**Geschäftsveräußerung im Ganzen**) gilt aus Vereinfachungsgründen als nicht umsatzsteuerbar. Damit soll vermieden werden, dass für die vielen Gegenstände und sonstigen Leistungen, die im Rahmen eines Betriebsübergangs auf den Käufer übertragen werden, jeweils eigene umsatzsteuerliche Beurteilungen vorgenommen werden müssen. Eine Geschäftsveräußerung liegt vor, wenn die wesentlichen Grundlagen eines Unternehmens oder eines gesondert geführten Betriebs übertragen werden. Entscheidend ist, dass der Erwerber den übernommenen Betrieb fortführen kann und dies auch tut.

Kapitel II: Steuerbarkeit

# Lieferungen und sonstige Leistungen (1/3)

| Lieferung | Sonstige Leistung |
|---|---|
| Eine Lieferung liegt vor, wenn die Verfügungsmacht an einem Gegenstand verschafft wird (§ 3 Abs. 1 UStG). | Sonstige Leistungen sind Leistungen, die keine Lieferungen sind (§ 3 Abs. 9 Satz 1 UStG). |

## Gegenstände sind

Sachen gem. § 90 BGB

Tiere gem. § 90a BGB

Wirtschaftsgüter, die wie körperliche Sachen behandelt werden, z.B. Elektrizität, Wärme und Wasserkraft

Sachgesamtheiten = mehrere selbständige Gegenstände, die wirtschaftlich als ein eigenes Verkehrsgut angesehen werden (z.B. Geschenkkorb)

## Sonstige Leistungen können bestehen in

| positivem Tun | Dulden | Unterlassen |
|---|---|---|

**Beispiele**
- Dienstleistungen
- Vermietung und Verpachtung
- Darlehensgewährung
- Reiseleistungen
- Übertragung immaterieller Wirtschaftsgüter (z.B. Firmenwert, Kundenstamm)
- Einräumung (Dulden) von Nießbrauch oder Erbbaurecht
- Einräumung, Übertragung und Wahrnehmung von Patenten, Urheberrechten, Markenzeichenrechten und ähnlichen Rechten
- Unterlassung von Wettbewerb

## Lieferung

- Verschaffung der Verfügungsmacht an einem Gegenstand
- willentlicher Übergang von wirtschaftlicher Substanz, Wert und Ertrag eines Gegenstands
- Verfügungsmacht wird nicht mit dem Verpflichtungsgeschäft (Kaufvertrag), sondern erst mit dem Erfüllungsgeschäft (Einigung und Übergabe) verschafft

| | |
|---|---|
| Eigentumsübergang = umsatzsteuerliche Lieferung (Regelfall) | • Einigung und Übergabe bei beweglichen Sachen (§ 929 BGB)<br>• Einigung und Eintragung bei unbeweglichen Sachen (§ 843 BGB)<br>• Besitzkonstitut (§ 930 BGB)<br>• Abtretung des Herausgabeanspruchs (§ 931 BGB)<br>• Übergabe von Handelspapieren (§ 363 HGB) |
| Eigentumsübergang, aber (noch) **keine** umsatzsteuerliche Lieferung | • Sicherungsübereignung<br>• Treuhandverhältnis |
| Umsatzsteuerliche Lieferung, aber (noch) **kein** Eigentumsübergang | • Eigentumsvorbehalt (§ 449 BGB)<br>• einige Fälle von Leasing (ertragsteuerliche Leasingerlasse sind für Umsatzsteuer analog anzuwenden)<br>• Fälle der zivilrechtlichen Unwirksamkeit des Erfüllungsgeschäfts<br>• Kommissionsgeschäfte i.S.d. § 3 Abs. 3 UStG (siehe Kapitel III) |

## Lieferung

- Abnehmer muss faktisch in der Lage sein, mit Gegenstand nach Belieben zu verfahren
- Begriff der Lieferung richtet sich für Zwecke der Umsatzsteuer nach der MwStSystRL – nicht nach nationalem Zivilrecht (EuGH vom 08.02.1990, C-320/88)
- Lieferung wird auch bei Betrugsabsicht des liefernden Unternehmens angenommen (z.B. Lieferung gestohlener Ware)
- Lieferung auch, wenn zivilrechtliches Eigentum noch nicht übergeht bzw. bereits früher übergegangen ist:
  - bei Verkauf unter Eigentumsvorbehalt oder mit Rückgaberecht
  - Bei Sicherheitsübereignung liegt Lieferung erst im Zeitpunkt der Verwertung vor (vgl. A 1.2 UStAE)
  - Lieferung an den Kommissionär (siehe Kapitel III)

## Sonstige Leistung

- Definition des Begriffs der sonstigen Leistung durch Negativabgrenzung von der Lieferung
- gem. § 3 Abs. 9 Satz 1 UStG sind sonstige Leistungen alle Leistungen, die keine Lieferungen sind

# Gutscheine (1/4)

Durch die Vergabe eines Gutscheins über den Erwerb eines Gegenstandes oder einer sonstigen Leistung kann eine steuerbare Lieferung bzw. sonstige Leistung entstehen. Die umsatzsteuerliche Behandlung der Gutscheine ist bisher nicht gesetzlich geregelt. Durch die neue Gutscheinrichtlinie[1] hat der Gesetzgeber die Vorschriften aus der MwStSystRL mit Wirkung zum 01.01.2019 in das nationale Recht übernommen (§ 3 Abs. 13–15 UStG).

## Ein Gutschein ist ein …

… Instrument, bei dem
1. die **Verpflichtung zur Annahme** dessen als Gegenleistung für eine Lieferung oder sonstige Leistung besteht (d.h. Recht des Käufers eine Leistung zu fordern) und
2. der **Liefergegenstand** oder die **sonstige Leistung** oder die Identität des leistenden Unternehmers auf dem Instrument selbst oder in damit zusammenhängenden Unterlagen **angegeben** ist.

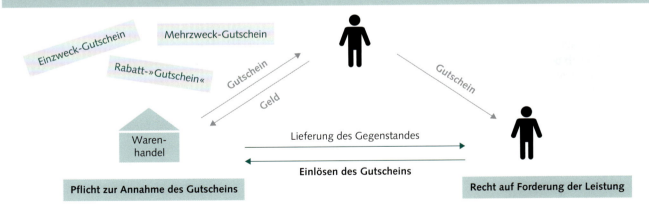

[1] vgl. RL EU 2016/1065 vom 27.06.2016

# Gutscheine (2/4)

**NEU**

**Mehrzweck**-Gutschein
(neue Definition laut EU-Richtlinie)

**Definition**

- Bekannt vorher als »Nennwert-gutschein«
- Gutschein über einen bestimmten Nennbetrag

**Umsatz-steuerliche Behandlung**

**Zahlungsmittel**

**Umsatz-steuerpflicht**

- Volle Besteuerung **erst bei der Einlösung des Gutscheins** durch den Kunden
- Erwerb des Gutscheins als Zahlungs-mittelwechsel (Geld in Gutschein) = kein umsatzsteuerbarer Vorgang

**BMG**

- Höhe des auf dem Gutschein angegebenen Betrages
- Sofern keine Angaben über die Höhe der Leistung, Geldwert des gelieferten Gegenstandes oder der erbrachten Dienstleistung

Gutschein über 20 €

Geld

Gutschein über 20 €

Buch-handlung

Lieferung des Buches i.H.v. 10 €

Einlösung des Gutscheins über 20 €

| Verkauf des Buches | 10,00 € |
|---|---|
| inkl. 7 % USt | 0,65 € |

Kapitel II: Steuerbarkeit

19

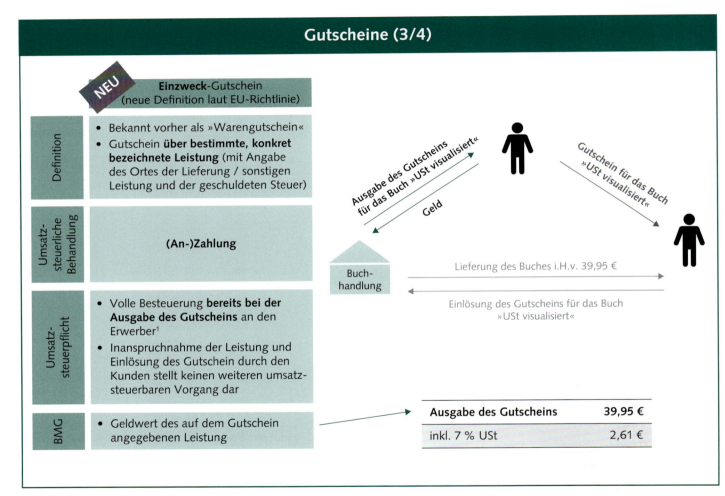

**Einzweck**-Gutschein
(neue Definition laut EU-Richtlinie)

**NEU**

**Definition**

- Bekannt vorher als »Warengutschein«
- Gutschein **über bestimmte, konkret bezeichnete Leistung** (mit Angabe des Ortes der Lieferung / sonstigen Leistung und der geschuldeten Steuer)

**Umsatzsteuerliche Behandlung**

(An-)Zahlung

**Umsatzsteuerpflicht**

- Volle Besteuerung **bereits bei der Ausgabe des Gutscheins** an den Erwerber[1]
- Inanspruchnahme der Leistung und Einlösung des Gutschein durch den Kunden stellt keinen weiteren umsatzsteuerbaren Vorgang dar

**BMG**

- Geldwert des auf dem Gutschein angegebenen Leistung

Ausgabe des Gutscheins für das Buch »USt visualisiert«

Geld

Gutschein für das Buch »USt visualisiert«

Buchhandlung

Lieferung des Buches i.H.v. 39,95 €

Einlösung des Gutscheins für das Buch »USt visualisiert«

| Ausgabe des Gutscheins | 39,95 € |
| --- | --- |
| inkl. 7 % USt | 2,61 € |

[1] Wird die im Gutschein bezeichnete Leistung von einem anderen Unternehmer als dem Gutscheinaussteller erbracht, so erbringt der leistende Unternehmer die im Gutschein bezeichnete Leistung an den Gutscheinaussteller (vgl. § 3 Abs. 14 Satz 4 UStG).

| | Rabatt-»Gutschein« (kein Gutschein im Sinne der EU-Richtlinie) |
|---|---|
| **Definition** | • Gutschein für Bezug einer **bestimmten Leistung** über einen **rabattierten Betrag**<br>• Erfüllt nicht die Voraussetzungen eines Gutscheins im Sinne der EU-Richtlinien, da lediglich Berechtigung zu einem Preisnachlass **(kein Recht auf Leistungsforderung)** |
| **Umsatzsteuerliche Behandlung** | **Entgeltsminderung** |
| **Umsatzsteuerpflicht** | • Besteuerung des **rabattierten** Betrages für die bezogene Leistung erst **bei der Einlösung des Gutscheins** durch den Kunden |
| **BMG** | • Höhe des auf dem Gutschein angegebenen Betrages |

Werbekampagne
Verteilung von Gutscheinen über
10 % Rabatt auf alle Fachbücher

Buchhandlung

Lieferung des Buches i.H.v. 40 €

Einlösung des Gutscheins über
10 % Rabatt auf alle Fachbücher

| Verkauf des Buches | 40,00 € |
|---|---|
| abzüglich 10 % Rabatt | 4,00 € |
| inkl. 7 % USt | 2,35 € |

- Natürliche und juristische Personen sowie Personenzusammenschlüsse können Unternehmer sein
- Die Mehrwertsteuersystemrichtlinie spricht vom Unternehmer als »Steuerpflichtiger« (Art. 9 MwStSystRL)

Damit ein Wirtschaftsgebilde als umsatzsteuerliches Unternehmen angesehen werden kann, müssen die folgenden Voraussetzungen erfüllt sein:

### Selbständigkeit

- wird auf eigene Rechnung und auf eigene Verantwortung ausgeübt
- Beurteilung der Selbständigkeit natürlicher Personen für USt, ESt und GewSt nach denselben Grundsätzen
- PersGes sind selbständig, wenn nicht Organgesellschaft (insbesondere GmbH & Co. KG)
- KapGes sind selbständig, wenn nicht Organgesellschaft

### Nachhaltigkeit

- Kriterien für die Nachhaltigkeit:

  mehrjährige Tätigkeit, planmäßiges Handeln, auf Wiederholung angelegte Tätigkeit, Intensität des Tätigwerdens, Beteiligung am Markt, Auftreten wie ein Händler, Unterhalten eines Geschäftslokals, Auftreten nach außen, z.B. gegenüber Behörden

**Unternehmer**

### Gewerbliche oder berufliche Tätigkeit

- Begriff i.S.d. UStG geht über Begriff des Gewerbebetriebes nach EStG und GewStG hinaus
- Ausführung von Leistungen im wirtschaftlichen Sinn
- das bloße Erwerben, Halten und Veräußern von gesellschaftsrechtlichen Beteiligungen ist keine unternehmerische Tätigkeit (ständige EuGH-Rechtsprechung)
- von der gewerblichen oder beruflichen Tätigkeit sind die nichtunternehmerischen Tätigkeiten zu unterscheiden

### Einnahmeerzielungsabsicht

- Tätigkeit muss auf Dauer zur Erzielung von Einnahmen angelegt sein
- Leistungen müssen gegen Entgelt erbracht werden
- Gewinnerzielung ist nicht erforderlich
- bei Neugründungen reicht auch Absicht zur nachhaltigen Erbringung von Leistungen gegen Entgelt aus

# Unternehmereigenschaft (2/3)

## Umfang des Unternehmens

- Zum Unternehmen gehören sämtliche Betriebe oder berufliche Tätigkeiten eines Unternehmers, jeder Unternehmer kann also nur ein Unternehmen haben.

- Innenumsätze innerhalb eines Unternehmens sind nicht umsatzsteuerbar (z.B. zwischen zwei unselbständigen Filialen)

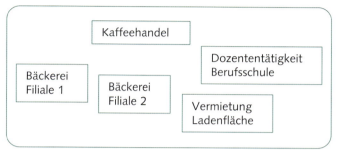

Bäcker B hat umsatzsteuerlich nur ein Unternehmen

## Beginn und Ende der Unternehmereigenschaft

### Beginn der Unternehmereigenschaft

- mit erstem nach außen erkennbaren, auf Unternehmer-tätigkeit gerichteten Tätigwerden

- Ernsthaftigkeit dieser Absicht muss durch objektive Merkmale nachgewiesen oder glaubhaft gemacht werden

- Vorbereitungshandlungen können sein:
  Erwerb umfangreichen Inventars, Wareneinkauf, Anmietung oder Errichtung von Büro- oder Lagerräumen, Anforderung einer Rentabilitätsstudie, Durchführung einer größeren Anzeigenaktion, Abgabe eines Angebots, etc.

### Ende der Unternehmereigenschaft

- Unternehmen und Unternehmereigenschaft erlöschen erst nach der Abwicklung aller Rechtsbeziehungen, die mit aufgegebenem Betrieb in Zusammenhang stehen

- Zeitpunkt der Einstellung oder Abmeldung eines Gewerbebetriebs unbeachtlich

# Unternehmereigenschaft (3/3)

Eine Leistung wird »im Rahmen des Unternehmens« erbracht, wenn sie aus dem unternehmerischen und nicht aus dem privaten Bereich des Unternehmers erfolgt.

Die Tätigkeit im Rahmen des Unternehmens kann drei Bereiche umfassen:

### Hauptgeschäfte

- Hauptgegenstand und Grundgeschäft der gewerblichen oder beruflichen Tätigkeit
- überwiegende Zahl der Umsätze wird aus Hauptgeschäft generiert
- Auftreten des Unternehmers am Markt wird von Hauptgeschäft bestimmt
- z.B. Hauptgeschäft eines Geigenbauers ist die Herstellung und der Verkauf von Musikinstrumenten

### Hilfsgeschäfte

- Lieferungen und sonstige Leistungen, die die Haupttätigkeit gelegentlich mit sich bringt
- z.B. Hilfsgeschäft eines Geigenbauers kann die Veräußerung einer gebrauchten Maschine oder des Firmenfahrzeugs sein

### Nebengeschäfte

- Tätigkeiten, die nicht zwingend zum Hauptgeschäft gehören, aber mit diesem wirtschaftlich verbunden sind
- z.B. Nebengeschäfte eines Geigenbauers können die Mitwirkung an einem Buch über Instrumentenbau oder entsprechende Vorträge gegen Entgelt sein

# Umsatzsteuerliche Betriebsstätte

Die Umsatzsteuer knüpft grds. nicht an eine territoriale Niederlassung eines Unternehmers im Inland an. Besteuert wird der Vorgang (Umsatz), wenn der Leistungsort im Inland liegt, auch wenn der leistende Unternehmer im Ausland ansässig ist. Dennoch gibt es auch für Zwecke der Umsatzsteuer einen Betriebsstättenbegriff, der sich von der ertragsteuerlichen und abgabenrechtlichen Definition (§ 12 AO) unterscheidet. Vor allem bei der Bestimmung des Leistungsorts für sonstige Leistungen findet die umsatzsteuerliche Betriebsstätte Bedeutung.

## Umsatzsteuerliche Betriebsstätte

- keine eindeutige Definition im UStG
- Hinweise enthalten A 3a.1 Abs. 3 UStAE und Art. 11 der MehrwertsteuerVO
- MwStSystRL verwendet Begriff »feste Niederlassung«

## Voraussetzungen

- feste Geschäftseinrichtung oder Anlage, die der Tätigkeit des Unternehmens dient
- ausreichender Mindestbestand an Personal und Sachmitteln
- hinreichende Beständigkeit
- Struktur, die autonome Erbringung von Leistungen ermöglicht (vgl. EuGH vom 20.02.1997, C-260/95) oder den Empfang und das Verwenden von Dienstleistungen möglich macht (vgl. EuGH vom 16.10.2014, C-605/12, Welmory)
- eigene Entscheidungskompetenzen der Mitarbeiter in der Betriebsstätte, z.B. Vertragsabschlüsse, Rechnungslegung und Aufzeichnungen vor Ort, Wareneinkauf

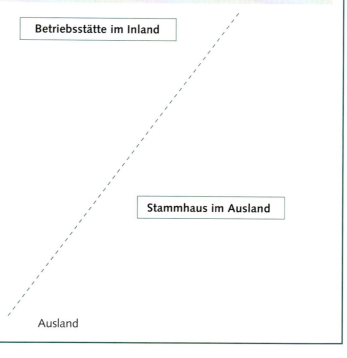

Betriebsstätte im Inland

Stammhaus im Ausland

Deutschland    Ausland

# Umsatzsteuerliche Organschaft (1/6)

Mehrere Wirtschaftsbeteiligte können unter bestimmten Voraussetzungen als **ein** Unternehmen angesehen werden. Sie bilden dann unter der Führung eines Organträgers eine umsatzsteuerliche Organschaft. Die Voraussetzungen für die umsatzsteuerliche Organschaft sind nicht identisch mit den Voraussetzungen der körperschaftsteuerlichen und gewerbesteuerlichen Organschaft.

### Organschaft nach § 2 Abs. 2 Nr. 2 UStG

Die gewerbliche oder berufliche Tätigkeit wird nicht selbst-ständig ausgeübt, wenn eine **juristische Person** nach dem Gesamtbild der tatsächlichen Verhältnisse finanziell, wirt-schaftlich und organisatorisch in das Unternehmen des Organträgers **eingegliedert ist** (Organschaft).

### Organschaft nach Art. 11 MwStSystRL

Jeder Mitgliedstaat kann in seinem Gebiet ansässige **Personen**, die zwar rechtlich unabhängig, aber durch gegenseitige finanzielle, wirtschaftliche und organisatorische Beziehungen **eng miteinander verbunden** sind, zusammen als einen Steuerpflichtigen behandeln.

### Folgen

- untergeordnete Gesellschaften (Organgesellschaften) sind als unselbständig anzusehen
- Organträger und Organgesellschaften gelten als ein Unternehmen
- Umsätze der Organgesellschaften werden dem Organträger zugerechnet
- Lieferungen und sonstige Leistungen zwischen Mitgliedern der Organschaft sind nicht umsatzsteuerbare Innenumsätze
- Unternehmer ist nur der Organträger, d.h. er erhält eine Steuernummer für die Organschaft und muss für das gesamte Unternehmen eine Umsatzsteuererklärung abgeben
- USt-IdNr. werden auch an die einzelnen Organgesellschaften vergeben; Organgesellschaften müssen eigene ZM abgeben

 Für die umsatzsteuerliche Organschaft besteht **kein** Wahlrecht. Auch ist sie nicht vom Abschluss bestimmter Vereinbarun-gen abhängig. Soweit die nachfolgend genannten Voraussetzungen vorliegen, ist eine umsatzsteuerliche Organschaft entstanden – unabhängig vom Willen des Unternehmers.

```
        Organträger
             |
   ┌─────────┼─────────┐
   ▼         ▼         ▼
 Organ-    Organ-    Organ-
gesell-   gesell-   gesell-
schaft    schaft    schaft
```

**Merkmale von Organträgern**

- jeder Unternehmer kann Organträger sein (z.B. Einzelunternehmer, PersGes, KapGes, unternehmerisch tätige juristische Personen des öffentlichen Rechts)

**Merkmale von Organgesellschaften**

- nur *juristische Personen*[1] kommen als Organgesellschaften in Betracht
- gleichzeitige Eingliederung einer Organgesellschaft in die Unternehmen mehrerer Organträger ist nicht möglich
- Organgesellschaften müssen finanziell, wirtschaftlich und organisatorisch in das Unternehmen des Organträgers eingegliedert sein
- Merkmale müssen nicht gleichmäßig stark ausgeprägt sein, aber alle vorliegen

---

[1] Der Begriff »juristische Person« umfasst auch eine GmbH & Co. KG (Entscheidungen des BFH vom 02.12.2015, V R 25/13, Urteil vom 19.01.2019, XI R 3/12 sowie Urteil vom 01.06.2016, XI R 17/11)

# Umsatzsteuerliche Organschaft (3/6)

**Merkmale für die Eingliederung einer Organgesellschaft (OG) in das Unternehmen eines Organträgers (OT):**

## finanzielle Eingliederung

- Besitz einer entscheidenden **Anteilsmehrheit** des OT an der OG
- **Unmittelbare oder mittelbare** Beteiligung durch OT an der OG

  (Ausnahme: Schwestergesellschaften, da fehlende direkte Beteiligung)
- Fehlen einer eigenen Beteiligung kann nicht durch einen Beherrschungs- und Gewinnabführungsvertrag ersetzt werden

## wirtschaftliche Eingliederung

- Wirtschaftliche Tätigkeit der OG nach dem Willen des OT im Rahmen des Gesamtunternehmens
- Tätigkeit der OG **in engem wirtschaftlichen Zusammenhang** mit der Tätigkeit der anderen OG und des OT (gegenseitige Förderung und Ergänzung)
- Erbringung von Leistungen des OT an die OG gegen Entgelt (wesentliche Bedeutung der Leistungen für die OG)

## organisatorische Eingliederung

- Möglichkeit der tatsächlichen Willensdurchsetzung des OT bei OG durch Mehrheitsbeschlüsse
- In der Regel durch **personelle** Verflechtungen in der Geschäftsführung der OG und des OT:
  - Bei **voller Personenidentität** der Geschäftsführer; einzelne Geschäftsführer des OT bei der OG ausreichend
  - Bei nur **teilweiser Personenidentität** mit Fremdgeschäftsführern in der OG gilt: Willensdurchsetzung des OT in Abhängigkeit von der Ausgestaltung der Geschäftsführungsbefugnis in der OG
- Auch durch Anstellung der **Mitarbeiter** des OT bei der OG als Geschäftsführer möglich
- in Ausnahmefällen auch ohne personelle Verflechtung über Beherrschungsverträge, Konzernrichtlinien oder Geschäftsführerordnungen möglich

Organschaft kann auch gegeben sein, wenn die Eingliederung auf einem dieser drei Gebiete nicht vollständig, dafür aber auf den anderen Gebieten um so eindeutiger ist, so dass sich die Eingliederung **aus dem Gesamtbild der tatsächlichen Verhältnisse** ergibt.

# Umsatzsteuerliche Organschaft (4/6)

## Beispiele für organisatorische Eingliederung

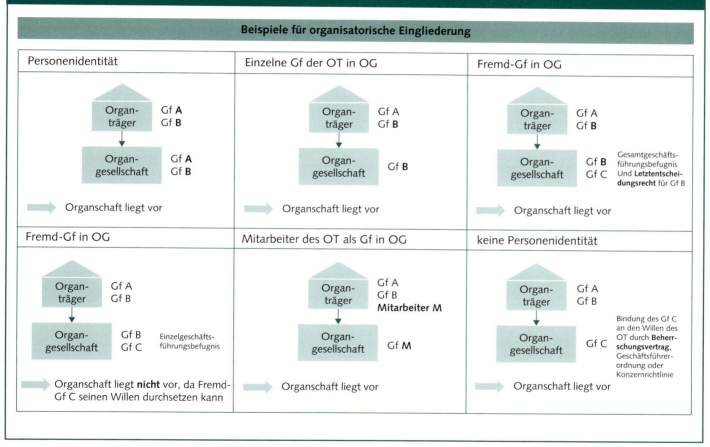

| Personenidentität | Einzelne Gf der OT in OG | Fremd-Gf in OG |
|---|---|---|

**Personenidentität**

Organträger — Gf **A** / Gf **B**
Organgesellschaft — Gf **A** / Gf **B**

➡ Organschaft liegt vor

**Einzelne Gf der OT in OG**

Organträger — Gf A / Gf **B**
Organgesellschaft — Gf **B**

➡ Organschaft liegt vor

**Fremd-Gf in OG**

Organträger — Gf A / Gf **B**
Organgesellschaft — Gf **B** / Gf C — Gesamtgeschäftsführungsbefugnis Und **Letztentscheidungsrecht** für Gf B

➡ Organschaft liegt vor

**Fremd-Gf in OG**

Organträger — Gf A / Gf B
Organgesellschaft — Gf **B** / Gf **C** — Einzelgeschäftsführungsbefugnis

➡ Organschaft liegt **nicht** vor, da Fremd-Gf C seinen Willen durchsetzen kann

**Mitarbeiter des OT als Gf in OG**

Organträger — Gf A / Gf B / **Mitarbeiter M**
Organgesellschaft — Gf **M**

➡ Organschaft liegt vor

**keine Personenidentität**

Organträger — Gf A / Gf B
Organgesellschaft — Gf C — Bindung des Gf C an den Willen des OT durch **Beherrschungsvertrag**, Geschäftsführerordnung oder Konzernrichtlinie

➡ Organschaft liegt vor

## Sonderfall GmbH & Co. KG

**NEU**

**Personengesellschaften als Organgesellschaften (Änderung der Rechtsprechung)[1]:**

Neben einer juristischen Person kann auch eine Personengesellschaft in das Unternehmen des Organträgers einge-gliedert sein, wenn Gesellschafter der Personengesellschaft neben dem Organträger nur Personen sind, die nach § 2 Abs. 2 Nr. 2 UStG in das Unternehmen des Organträgers finanziell eingegliedert sind. Mittelbare Beteiligung des Organträgers ist ausreichend.

➤ Eingliederung der GmbH & Co. KG in die AG liegt vor:

➤ Eingliederung liegt **nicht** vor, da nicht alle Gesellschafter der GmbH & Co. KG in das Unternehmen der AG finanziell eingegliedert sind:

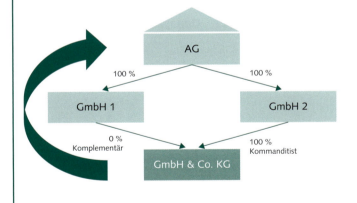

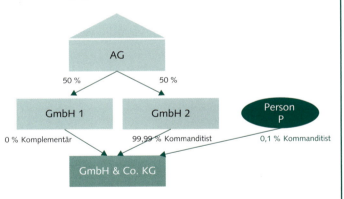

Kapitel II: Steuerbarkeit

[1] BMF vom 05.05.2017, III C 2 -S 7105/15/10002

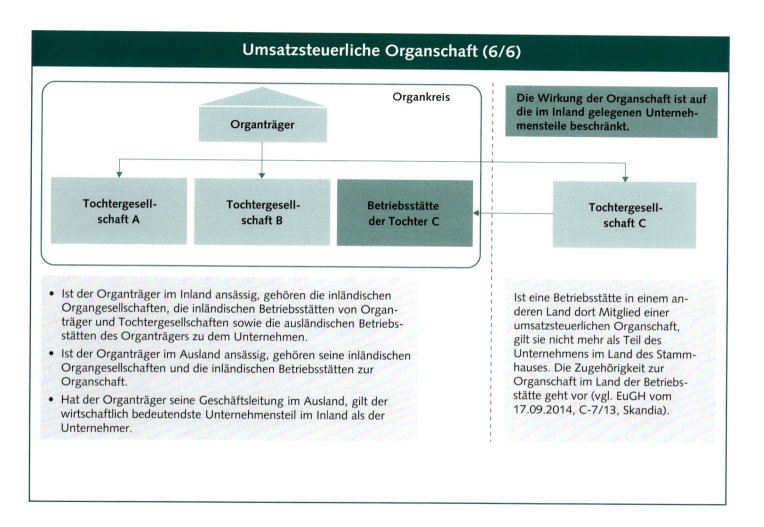

**Organkreis**

Organträger

Tochtergesell-schaft A

Tochtergesell-schaft B

Betriebsstätte der Tochter C

Tochtergesell-schaft C

Die Wirkung der Organschaft ist auf die im Inland gelegenen Unternehmensteile beschränkt.

- Ist der Organträger im Inland ansässig, gehören die inländischen Organgesellschaften, die inländischen Betriebsstätten von Organträger und Tochtergesellschaften sowie die ausländischen Betriebsstätten des Organträgers zu dem Unternehmen.
- Ist der Organträger im Ausland ansässig, gehören seine inländischen Organgesellschaften und die inländischen Betriebsstätten zur Organschaft.
- Hat der Organträger seine Geschäftsleitung im Ausland, gilt der wirtschaftlich bedeutendste Unternehmensteil im Inland als der Unternehmer.

Ist eine Betriebsstätte in einem anderen Land dort Mitglied einer umsatzsteuerlichen Organschaft, gilt sie nicht mehr als Teil des Unternehmens im Land des Stammhauses. Die Zugehörigkeit zur Organschaft im Land der Betriebsstätte geht vor (vgl. EuGH vom 17.09.2014, C-7/13, Skandia).

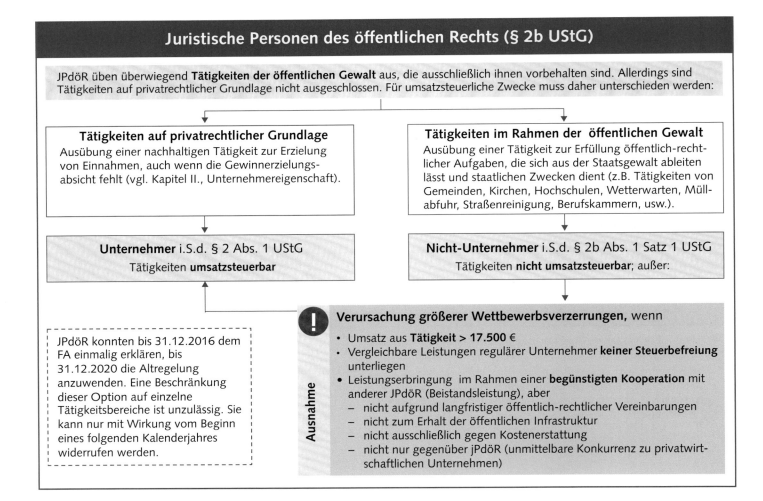

# Juristische Personen des öffentlichen Rechts (§ 2b UStG)

JPdöR üben überwiegend **Tätigkeiten der öffentlichen Gewalt** aus, die ausschließlich ihnen vorbehalten sind. Allerdings sind Tätigkeiten auf privatrechtlicher Grundlage nicht ausgeschlossen. Für umsatzsteuerliche Zwecke muss daher unterschieden werden:

## Tätigkeiten auf privatrechtlicher Grundlage
Ausübung einer nachhaltigen Tätigkeit zur Erzielung von Einnahmen, auch wenn die Gewinnerzielungs-absicht fehlt (vgl. Kapitel II., Unternehmereigenschaft).

## Tätigkeiten im Rahmen der öffentlichen Gewalt
Ausübung einer Tätigkeit zur Erfüllung öffentlich-recht-licher Aufgaben, die sich aus der Staatsgewalt ableiten lässt und staatlichen Zwecken dient (z.B. Tätigkeiten von Gemeinden, Kirchen, Hochschulen, Wetterwarten, Müll-abfuhr, Straßenreinigung, Berufskammern, usw.).

**Unternehmer** i.S.d. § 2 Abs. 1 UStG
Tätigkeiten **umsatzsteuerbar**

**Nicht-Unternehmer** i.S.d. § 2b Abs. 1 Satz 1 UStG
Tätigkeiten **nicht umsatzsteuerbar**; außer:

JPdöR konnten bis 31.12.2016 dem FA einmalig erklären, bis 31.12.2020 die Altregelung anzuwenden. Eine Beschränkung dieser Option auf einzelne Tätigkeitsbereiche ist unzulässig. Sie kann nur mit Wirkung vom Beginn eines folgenden Kalenderjahres widerrufen werden.

**Ausnahme**

**Verursachung größerer Wettbewerbsverzerrungen,** wenn

- Umsatz aus **Tätigkeit > 17.500 €**
- Vergleichbare Leistungen regulärer Unternehmer **keiner Steuerbefreiung** unterliegen
- Leistungserbringung im Rahmen einer **begünstigten Kooperation** mit anderer JPdöR (Beistandsleistung), aber
  - nicht aufgrund langfristiger öffentlich-rechtlicher Vereinbarungen
  - nicht zum Erhalt der öffentlichen Infrastruktur
  - nicht ausschließlich gegen Kostenerstattung
  - nicht nur gegenüber jPdöR (unmittelbare Konkurrenz zu privatwirt-schaftlichen Unternehmen)

# Umsatzsteuerliches Inland

## Umsatzsteuerliches Inland ist

- Gebiet der Bundesrepublik Deutschland
- Freizonen des Kontrolltyps II (Deggendorf und Duisburg)
- Botschaften, Gesandtschaften und Konsulate anderer Staaten, selbst bei Exterritorialität
- Einrichtung von Truppen anderer Staaten im Inland
- Transitbereich deutscher Flughäfen

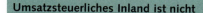

## Umsatzsteuerliches Inland ist nicht

- Gebiet von Büsingen
- Insel Helgoland
- Freizonen des Kontrolltyps I (Freihäfen Bremerhaven und Cuxhaven)
- Gewässer und Watten zwischen der Hoheitsgrenze und der jeweiligen Strandlinie
- deutsche Schiffe und deutsche Luftfahrzeuge in Gebieten, die zu keinem Zollgebiet gehören

 Wird ein Umsatz im Inland ausgeführt, kommt es für die Besteuerung nicht darauf an, ob der Unternehmer deutscher Staatsangehöriger ist, seinen Wohnsitz oder Sitz im Inland hat, im Inland eine Betriebsstätte unterhält, die Rechnung erteilt oder die Zahlung empfängt (§ 1 Abs. 2 Satz 3 UStG).

# Umsatzsteuerliches Ausland (übriges Gemeinschaftsgebiet)

**Ausland ist das Gebiet, das nicht Inland ist.**

**Übriges Gemeinschaftsgebiet**
Gebiete der übrigen Mitgliedstaaten der Europäischen Union, die nach dem Gemeinschaftsrecht als Inland dieser Mitgliedstaaten gelten

- Belgien
- Bulgarien
- Dänemark (ohne Grönland und die Färöer)
- Estland
- Finnland (ohne die Åland Inseln);
- Frankreich mit Fürstentums Monaco (ohne Guadeloupe, Französisch-Guyana, Martinique, Mayotte, Réunion, Saint-Barthélemy und Saint-Martin)
- Griechenland (ohne Berg Athos)
- Irland
- Italien (ohne Livigno, Campione d'Italia, San Marino und den zum italienischen Hoheitsgebiet gehörenden Teil des Luganer Sees)
- Kroatien
- Lettland
- Litauen
- Luxemburg
- Malta
- Niederlande (ohne das überseeische Gebiet Aruba und ohne die Inseln Curaçao, Sint Maarten, Bonaire, Saba und Sint Eustatius)

- Österreich
- Polen
- Portugal (einschließlich Madeira und der Azoren)
- Rumänien
- Schweden
- Slowakei
- Slowenien
- Spanien (mit Balearen, ohne Kanarische Inseln, Ceuta und Melilla)
- Tschechien
- Ungarn
- Vereinigtes Königreich Großbritannien und Nordirland[1] (ohne die überseeischen Länder und Gebiete und die Selbstverwaltungsgebiete der Kanalinseln Jersey und Guernsey) zuzüglich der Insel Man
- Zypern (ohne die Landesteile, in denen die Regierung der Republik Zypern keine tatsächliche Kontrolle ausübt) einschließlich der Hoheitszonen des Vereinigten Königreichs (Akrotiri und Dhekalia)

---

[1] Austritt aus EU (»BREXIT«) zum 31.01.2020 mit Übergangsfrist bis Ende 2020

# Umsatzsteuerliches Ausland (Drittland)

**Ausland ist das Gebiet, das nicht Inland ist.**

**Drittland**
**Definition des Begriffs Drittland durch Negativabgrenzung vom Gemeinschaftsgebiet**

Drittlandsgebiet ist das Gebiet, das nicht Gemeinschaftsgebiet ist:

- Gebiet von Büsingen
- Insel Helgoland
- Freizonen des Kontrolltyps I (Freihäfen  Bremerhaven und Cuxhaven)
- Gewässer und Watten zwischen der Hoheitsgrenze und der jeweiligen Strandlinie
- deutsche Schiffe und der deutsche Luftfahrzeuge in Gebieten, die zu keinem Zollgebiet gehören
- Andorra
- Gibraltar
- Vatikan
- Gebiete der übrigen Mitgliedstaaten der Europäischen Union, die nach dem Gemeinschaftsrecht nicht als Inland dieser Mitgliedstaaten gelten (z.B. Kanarische Inseln)

# Entgelt

Ein Leistungsaustausch setzt voraus, dass Leistender und Leistungsempfänger vorhanden sind und der Leistung eine Gegenleistung (Entgelt) gegenübersteht.

**Leistender**

**Leistung**
Lieferung oder sonstige Leistung

**Gegenleistung / Entgelt**
z.B. Geld, Lieferung, sonstige Leistung

**Leistungs-empfänger**

- Leistung und Gegenleistung stehen in wechselseitigem Zusammenhang
- Leistung und Gegenleistung müssen nicht zwingend gleichwertig sein
- Leistungsaustausch grds. gegeben, wenn sich Vertragsparteien in gegenseitigem Vertrag verpflichtet haben
- auch freiwillige Leistung stellt Entgelt dar
- Dividenden und andere Gewinnbeteiligungen aus Gesellschaftsverhältnissen sind nicht als umsatzsteuerrechtliches Entgelt im Rahmen eines Leistungsaustauschs anzusehen
- **kein Leistungsaustausch**, wenn keine Zahlung geleistet wird (z.B. Schenkung), keine Leistung erbracht wird (z.B. echter Zuschuss) oder ein Schaden ausgeglichen wird (z.B. Schadenersatz) – siehe Kapitel III

# Geschäftsveräußerung im Ganzen (1/3)

Die Veräußerung eines gesamten Unternehmens oder Teilbetriebs umfasst üblicherweise die Lieferung einer Vielzahl von Gegenständen (z.B. Gebäude, Maschinen, Waren, etc.) und einige sonstige Leistungen (z.B. Übertragung von Kundenstamm, Firmenwert, etc.). Um zu vermeiden, dass für jede einzelne Lieferung und sonstige Leistung eine eigene umsatzsteuerliche Beurteilung vorgenommen werden muss und der Kaufpreis ggf. aufzuteilen ist, werden Geschäftsveräußerungen aus Vereinfachungsgründen als nicht umsatzsteuerbar behandelt (§ 1 Abs. 1a UStG).

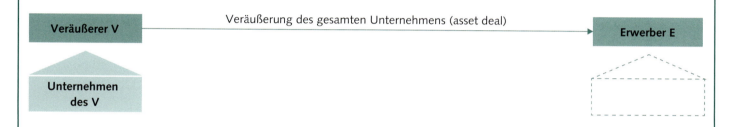

Eine Übereignung in mehreren Akten ist als Geschäftsveräußerung anzusehen, wenn die einzelnen Teilakte **in wirtschaftlichem Zusammenhang** stehen und der Wille auf Erwerb des ganzen Unternehmens gerichtet ist.

Wird nur ein Anteil an einer Gesellschaft übertragen (share deal), stellt dies grds. **keine** Geschäftsveräußerung dar. Dies gilt unabhängig von der Höhe des Anteils, also auch bei Veräußerung von 100%-Beteiligungen. Eine bloße Veräußerung von Anteilen ohne gleichzeitige Übertragung von Vermögenswerten versetzt den Erwerber nicht in die Lage, eine selbständige wirtschaftliche Tätigkeit fortzuführen (EuGH vom 30.05.2013, C-651/11). Eine Anwendung des § 1 Abs. 1a UStG ist nur möglich, wenn der Gesellschaftsanteil Teil einer **eigenständigen Einheit** ist, die eine selbständige wirtschaftliche Betätigung ermöglicht und diese Tätigkeit vom Erwerber fortgeführt wird.

## Voraussetzungen für die Anwendung des § 1 Abs. 1a UStG

- **Übertragung der wesentlichen Grundlagen** eines Unternehmens oder eines gesondert geführten Betriebs
- übertragene Vermögensgegenstände müssen ein »hinreichendes Ganzen« bilden
- einzelne unwesentliche Wirtschaftsgüter können vom Veräußerer zurückbehalten werden
- unschädlich ist auch die Zurückbehaltung wesentlicher Wirtschaftsgüter, wenn diese an den Erwerber vermietet oder verpachtet werden und so eine dauerhafte Fortführung des Unternehmens gewährleistet ist; eine Vermietung oder Verpachtung auf unbestimmte Zeit ist ausreichend (EuGH vom 10.11.2011, C-444/10)

- Veräußerung **an einen Unternehmer** für dessen Unternehmen
- unternehmerische Tätigkeit des Erwerbers kann auch erst mit Erwerb des Unternehmens oder Teilbetriebs beginnen

- Ein in der Gliederung eines Unternehmens **gesondert geführter Betrieb** liegt vor, wenn der veräußerte Teil des Unternehmens vom Erwerber als selbständiges wirtschaftliches Unternehmen fortgeführt werden kann.
- Im übertragenden Unternehmen muss der Teilbetrieb nicht bereits ein organisatorisch selbständiger Unternehmensteil gewesen sein.

- Eine GiG kann **auch bei unentgeltlicher Übergabe** eines Unternehmens oder Teilbetriebs vorliegen

- **Fortsetzung** der bisher ausgeübten unternehmerischen Tätigkeit durch den Erwerber
- leichte Änderungen oder Modernisierungen der Geschäftstätigkeit und Namensänderung sind unschädlich
- Veräußerer muss seine unternehmerische Betätigung nicht zwingend beenden, er kann auch eine ähnliche Tätigkeit weiterhin ausführen
- bei Veräußerung eines Vermietungsunternehmens muss Erwerber die Vermietungstätigkeit fortsetzen
- wird ein Gebäude übertragen und setzt der Erwerber die Vermietungstätigkeit nur **teilweise** fort, liegt hinsichtlich dieses Grundstücksteils eine GiG vor; dies gilt unabhängig von der Beurteilung nach deutschem Zivilrecht (vgl. BFH vom 06.07.2016, XI R 1/15).

# Geschäftsveräußerung im Ganzen (3/3)

Folgen der Geschäftsveräußerung im Ganzen

- Veräußerung unterliegt nicht der Umsatzsteuer (nicht steuerbar)
- nicht steuerbare GiG führt nicht zu einem vorsteuerschädlichen Ausgangsumsatz i.S.d. § 15 Abs. 2 UStG
- keine Vorsteuerkorrektur gem. § 15a UStG
- Erwerber tritt in die Berichtigungszeiträume gem. § 15a UStG des Veräußerers ein

**Risiken bei fälschlicher Annahme einer GiG**

- wird GiG fälschlicherweise angenommen, besteht Risiko, dass Vorgang nachträglich als steuerbar behandelt wird
- kritisch vor allem in Fällen, in denen Grundstücke mitveräußert werden, da Grundstücksveräußerungen grds. von der Umsatzsteuer befreit sind (siehe Kapitel IV)
- daher behandelt Finanzamt die Grundstücksveräußerung bei Versagung der GiG als steuerfreien Umsatz, was bei Veräußerer eine **Vorsteuerberichtigung** gem. § 15a UStG auslöst (siehe Kapitel X)
- Empfehlung: Aufnahme einer unbedingten Optionsklausel in den Kaufvertrag, z.B.

  *»Die Vertragsparteien gehen von einer Geschäftsveräußerung im Ganzen aus, erklären jedoch gleichzeitig und unbedingt, dass der Veräußerer auf die Steuerfreiheit gem. § 4 Nr. 9 Buchst. a UStG nach § 9 Abs. 1 UStG verzichtet.«*

- Option zur Steuerpflicht sowie die Rücknahme dieser Option sind zulässig, solange die Steuerfestsetzung für das Jahr der Leistungserbringung anfechtbar oder auf Grund eines Vorbehalts der Nachprüfung nach § 164 AO noch änderbar ist (materielle Bestandskraft); vgl. A 9.1 Abs. 3 Satz 1 UStAE

# Unentgeltliche Wertabgabe (1/4)

Um einem unversteuerten Endverbrauch von Gegenständen und Dienstleistungen vorzubeugen, enthält das Umsatzsteuergesetz Regelungen zu sog. unentgeltlichen Wertabgaben. Lieferungen oder sonstige Leistungen, die unentgeltlich erfolgen, werden danach entgeltlichen Leistungen gleichgestellt und damit zu steuerbaren Umsätzen erklärt.

**Unentgeltliche Wertabgaben**

- Entnahme von Gegenständen für außerunternehmerische Zwecke (§ 3 Abs. 1b Satz 1 Nr. 1 UStG)
- unentgeltliche Zuwendungen von Gegenständen eines Unternehmers an sein Personal für dessen privaten Bedarf, ausgenommen kleine Aufmerksamkeiten (§ 3 Abs. 1b Satz 1 Nr. 2 UStG)
- andere unentgeltliche Zuwendungen von Gegenständen, ausgenommen Geschenke von geringem Wert und Warenmuster (§ 3 Abs. 1b Satz 1 Nr. 3 UStG)
- Verwendung eines unternehmerischen Gegenstandes für Zwecke außerhalb des Unternehmens (§ 3 Abs. 9a Nr. 1 UStG)
- andere unentgeltliche Erbringung von sonstigen Leistungen für Zwecke außerhalb des Unternehmens (§ 3 Abs. 9a Nr. 2 UStG)

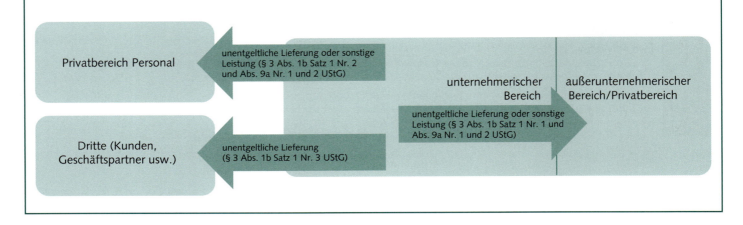

**Unentgeltliche Entnahme oder Zuwendung von Gegenständen (§ 3 Abs. 1b Nr. 1–3 UStG)**

- Entnahme ist die unentgeltliche Abgabe eines Gegenstandes für außerunternehmerische Zwecke nach dem **Willen** des Unternehmers

- Lieferung an das Personal führt nur dann zu unentgeltlicher Wertabgabe, wenn das Personal **keinerlei Gegenleistung** erbringt

  Wendet der Arbeitnehmer einen Teil seiner Arbeitsleistung auf, um die Lieferung zu erhalten, handelt es sich um einen tauschähnlichen Umsatz (Sachlohn) und keine unentgeltliche Wertabgabe (siehe Kapitel III).

- erhalten Arbeitnehmer Gegenstände aus überwiegend **betrieblichem Interesse**, liegt **keine** unentgeltliche Wertabgabe vor

- **Aufmerksamkeiten** stellen ebenfalls **keine** unentgeltliche Wertabgabe dar, wenn sie nach Art und Wert üblichen Geschenken entsprechen (z.B. Geburtstagsgeschenke). Für die Umsatzsteuer wird als Anhaltspunkt der lohnsteuerlich maßgebliche Wert von max. 60 € für Aufmerksamkeiten herangezogen (vgl. A 1.8 Abs. 3 UStAE)

  **(!)** Regelmäßige Sachleistungen an Arbeitnehmer i.S.d. § 8 Abs. 2 Satz 9 EStG, die lohnsteuerlich unter die 44 €-Freigrenze fallen, unterliegen als unentgeltliche Wertabgaben der Umsatzsteuer.

- kostenlose Abgabe von **Warenmustern** zu Werbezwecken führt **nicht** zu einer unentgeltlichen Wertabgabe

- Geschenke im Wert von bis zu 35 € (Nettobetrag) pro Jahr pro Person gelten als **Geschenke von geringem Wert**

Entnahme führt **nur dann** zu einer unentgeltlichen Wertabgabe, wenn der Gegenstand zum vollen oder teilweisen **Vorsteuerabzug** berechtigt hat.

Steht bereits bei Einkauf eines Gegenstandes fest, dass er für eine unentgeltliche Wertabgabe für den außerunternehmerischen Bereich genutzt werden soll, hat der Unternehmer hieraus **keinen** Vorsteuerabzug.

# Unentgeltliche Wertabgabe (3/4)

**Verwendung eines unternehmerischen Gegenstandes für Zwecke außerhalb des Unternehmens oder für den Privatbedarf des Personals (§ 3 Abs. 9a Nr. 1 UStG)**

- Gegenstand muss bei Erwerb zum vollen oder teilweisen **Vorsteuerabzug** berechtigt haben
- sonstige Leistung an das Personal führt nur dann zu unentgeltlicher Wertabgabe, wenn das Personal **keinerlei Gegenleistung** erbringt

    Wendet der Arbeitnehmer einen Teil seiner Arbeitsleistung auf, um die sonstige Leistung zu erhalten, handelt es sich um einen tauschähnlichen Umsatz und keine unentgeltliche Wertabgabe, z.B. arbeitsvertraglich geregelte Privatnutzung eines Geschäftswagens (siehe Kapitel III).

- verwenden Arbeitnehmer den Gegenstand aus überwiegend **betrieblichem Interesse**, liegt **keine** unentgeltliche Wertabgabe vor

**Unentgeltliche Erbringung einer sonstigen Leistung für außerunternehmerische Zwecke oder für den Privatbedarf des Personals (§ 3 Abs. 9a Nr. 2 UStG)**

- grds. anwendbar auf alle Dienstleistungen und Werkleistungen für unternehmensfremde Zwecke
- Dienstleistungen, die das Unternehmen fördern (z.B. Werbezwecke), führen nicht zu einer unentgeltlichen Wertabgabe
- **nicht** Voraussetzung ist ein voller oder teilweiser Vorsteuerabzug

 Steht bereits bei Einkauf einer Dienstleistung fest, dass sie für eine unentgeltliche Wertabgabe für den außerunternehmerischen Bereich genutzt werden soll, hat der Unternehmer hieraus **keinen** Vorsteuerabzug.

# Unentgeltliche Wertabgabe (4/4)

**Folgen des Vorliegens von unentgeltlichen Wertabgaben**

- unentgeltliche Lieferungen und sonstigen Leistungen müssen der Umsatzsteuer unterworfen werden (Steuerbarkeit)
- weitere umsatzsteuerliche Beurteilung wie bei entgeltlichen Umsätzen, z.B. hinsichtlich Steuerbefreiungen und Steuersatz
- Ortsbestimmung nach § 3 Abs. 5 bzw. § 3a UStG[1] (siehe Kapitel III)
- Bemessungsgrundlage gem. § 10 Abs. 4 UStG – Einkaufspreis, Selbstkosten oder entstandene Ausgaben (siehe Kapitel V)
- Meldung der Umsatzsteuer auf unentgeltliche Wertabgaben in separaten Kennziffern der Umsatzsteuer-Jahreserklärung

**Beispiele**
**unentgeltliche Wertabgaben**

- Ein Bäcker entnimmt Brot und Brötchen aus seinem Laden zum Verzehr in seiner Familie.
- Ein Bäcker erlaubt seinem Personal Brot und Brötchen zum privaten Verzehr unentgeltlich mitzunehmen.
- Ein Bäcker verlost anlässlich eines Betriebsfests unter seinen Stammkunden einen Fernseher.
- Ein Bäcker nutzt den Lieferwagen der Bäckerei um einem Freund beim privaten Umzug zu helfen.

 Beabsichtigt ein Unternehmer bereits bei Bezug der Leistung diese für Zwecke außerhalb seines Unternehmens zu verwenden, hat er aus der Eingangsleistung keinen Vorsteuerabzug. Somit entfällt ausgangsseitig die Verpflichtung zum Ansatz einer unentgeltlichen Wertabgabe.

**Beispiele**
**keine unentgeltlichen Wertabgaben**

- Ein Bäcker entnimmt aus seiner Bäckerei einige Kuchenformen, die er von einer Privatperson erworben hat und daher aus dem Erwerb keinen Vorsteuerabzug geltend machen konnte.
- Ein Bäcker schenkt seinem Lehrling anlässlich dessen Geburtstags ein Buch (Wert 10 €) und seiner Buchhalterin anlässlich deren Hochzeit einen Blumenstrauß (Wert 20 €).
- Ein Bäcker schenkt jedem Kunden zu Weihnachten einen Lebkuchen (Wert 3 €) oder einen Topflappen (Wert 5 €).
- Zur Einführung einer neuen Brötchensorte erhält jeder Kunde ein Brötchen kostenlos zum Probieren.
- Aufgrund arbeitsvertraglicher Regelung darf der Bäckergeselle den Firmen-PKW auch privat nutzen. Die Privatnutzung ist Gehaltsbestandteil (tauschähnlicher Umsatz).
- Ein Bäcker verlost anlässlich eines Betriebsfests unter seinen Stammkunden Eintrittskarten für ein Theaterstück.

[1] Wegfall des § 3f UStG zum 31.12.2019; Ortsbestimmung nach allgemeinen Grundsätzen

# Kapitel III: Ort der Lieferung und sonstigen Leistung

Das UStG regelt den Ort der Lieferung – vorbehaltlich der Sonderregelungen in §§ 3c, e und g UStG – in § 3 Abs. 6 bis 8 UStG (§ 3 Abs. 5a UStG). Es unterscheidet zwischen Lieferungen mit (§ 3 Abs. 6 Satz 1 UStG) und Lieferungen ohne Warenbewegung, den sogenannten ruhenden Lieferungen (§ 3 Abs. 7 UStG). Entsprechend der Reihenfolge in Art. 8 Abs. 1 der MwStSystRL stellt die Beförderungs- und Versendungslieferung mit dem Lieferort am Beginn der Warenbewegung bzw. Übergabe an den Spediteur den Grundfall dar. In bestimmten Fällen wird die Lieferortregelung des § 3 Abs. 6 UStG durch die Spezialregelungen des § 3 Abs. 8 UStG und des § 3c UStG ersetzt. Dann verlagert sich der Lieferort in ein anderes Land.

Wird der Liefergegenstand weder befördert noch versendet, richtet sich der Lieferort grundsätzlich nach § 3 Abs. 7 Satz 1 UStG und liegt dort, wo sich der Liefergegenstand zum Zeitpunkt des Verschaffens der Verfügungsmacht befindet. § 3 Abs. 7 Satz 1 UStG kommt damit eine Auffangfunktion zu. Beim Reihengeschäft nach § 3 Abs. 7 Satz 2 UStG liegt der Lieferort entweder dort, wo die Beförderung oder Versendung beginnt (Nr. 1) oder wo sie endet (Nr. 2). §§ 3e und 3g UStG behandeln Sonderfälle wie Warenverkauf und Restaurationsleistungen auf Schiffen und in Flugzeugen während der Beförderung sowie den Verkauf von Gas und Elektrizität.

Die Ortsregelungen für die sonstige Leistung differenzieren nach der Art des Leistungsempfängers. Bei Leistungen an
- Leistungsempfänger, die nicht Unternehmer sind,
- Unternehmer, wenn die Leistung nicht für ihr Unternehmen bezogen wird, oder
- nichtunternehmerisch tätige juristische Personen, denen keine USt-IdNr. erteilt wurde, bestimmt sich der Leistungsort grundsätzlich nach **§ 3a Abs. 1 UStG** (Nichtunternehmer, Business to Consumer/B2C-Umsätze) und es verbleibt bei der Besteuerung am Ort des leistenden Unternehmers (Ursprungslandprinzip). Allerdings gilt es insoweit die vorrangig zur Anwendung kommenden Tatbestände des § 3a Abs. 3 bis 8 UStG, des § 3b UStG, des § 3e und § 3g UStG zu berücksichtigen.

Bei Leistungen an
- einen Unternehmer für dessen Unternehmen oder
- an eine nicht unternehmerisch tätige juristische Person mit USt-IdNr. hingegen

bestimmt sich der Leistungsort grundsätzlich nach **§ 3a Abs. 2 UStG** (Business to Business/B2B-Umsätze). Die Dienstleistungen werden am Ort des Leistungsempfängers bewirkt (Bestimmungslandprinzip). Parallel dazu verlagert sich die Steuerschuld auf den leistungsempfangenden Unternehmer, sodass die Besteuerung im Gemeinschaftsgebiet sichergestellt ist (§ 13b Abs. 1 i. V. m. Abs. 5 UStG; vgl. Kapitel VIII).

Auch § 3a Abs. 2 UStG hat Auffangcharakter. Die Regelung findet nur dann Anwendung, wenn keiner der Tatbestände des § 3a Abs. 3 Nr. 1, 2, 3 Buchst. b und Nr. 5, Abs. 6 Satz 1 Nr. 1, Abs. 7 und Abs. 8 Sätze 1 und 3 UStG, des § 3b Abs. 1 Sätze 1 und 2 UStG, des § 3e UStG oder des § 3f UStG vorliegt.

Aktueller Hinweis: Die Ortsregelung des § 3f UStG für die Wertabgabentatbestände entfällt ab dem 01.01.2020 aufgrund der Anpassung an die MwSt SySRL, die keine § 3f UStG entsprechende Regelung enthält.

# Umsatzsteuerlicher Ort der Lieferung (1/3)

## Lieferung nach § 3 Abs. 5a–8 UStG mit Transport

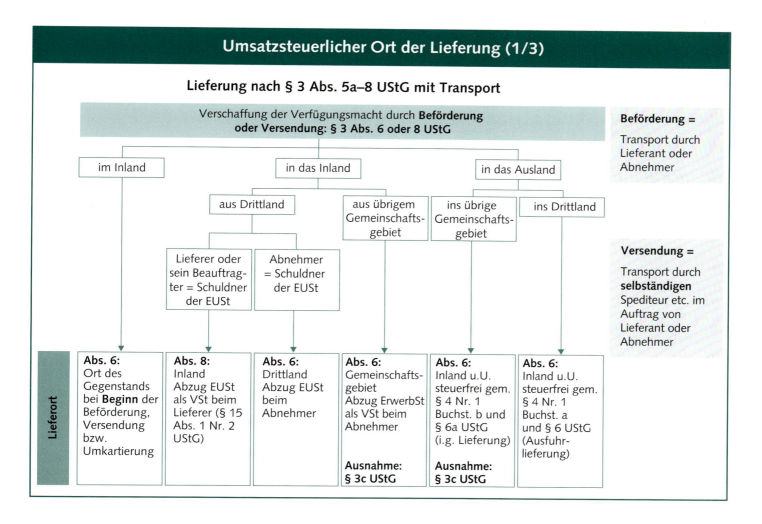

Verschaffung der Verfügungsmacht durch **Beförderung** oder Versendung: **§ 3 Abs. 6 oder 8 UStG**

**Beförderung =**

Transport durch Lieferant oder Abnehmer

| im Inland | in das Inland | | | in das Ausland | |
|---|---|---|---|---|---|
| | aus Drittland | | aus übrigem Gemeinschafts-gebiet | ins übrige Gemeinschafts-gebiet | ins Drittland |
| | Lieferer oder sein Beauftrag-ter = Schuldner der EUSt | Abnehmer = Schuldner der EUSt | | | |

**Versendung =**

Transport durch **selbständigen** Spediteur etc. im Auftrag von Lieferant oder Abnehmer

**Lieferort**

| **Abs. 6:** Ort des Gegenstands bei **Beginn** der Beförderung, Versendung bzw. Umkartierung | **Abs. 8:** Inland Abzug EUSt als VSt beim Lieferer (§ 15 Abs. 1 Nr. 2 UStG) | **Abs. 6:** Drittland Abzug EUSt beim Abnehmer | **Abs. 6:** Gemeinschafts-gebiet Abzug ErwerbSt als VSt beim Abnehmer **Ausnahme:** § 3c UStG | **Abs. 6:** Inland u.U. steuerfrei gem. § 4 Nr. 1 Buchst. b und § 6a UStG (i.g. Lieferung) **Ausnahme:** § 3c UStG | **Abs. 6:** Inland u.U. steuerfrei gem. § 4 Nr. 1 Buchst. a und § 6 UStG (Ausfuhr-lieferung) |

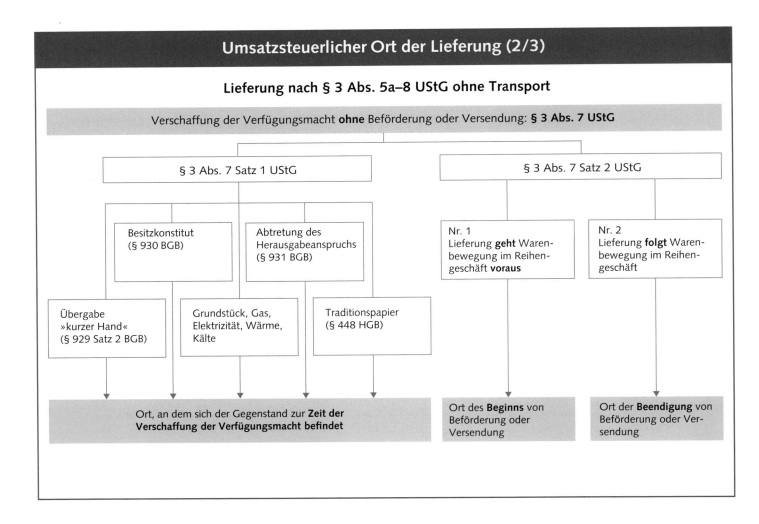

# Umsatzsteuerlicher Ort der Lieferung (2/3)

## Lieferung nach § 3 Abs. 5a–8 UStG ohne Transport

Verschaffung der Verfügungsmacht **ohne** Beförderung oder Versendung: **§ 3 Abs. 7 UStG**

§ 3 Abs. 7 Satz 1 UStG

§ 3 Abs. 7 Satz 2 UStG

Besitzkonstitut
(§ 930 BGB)

Abtretung des
Herausgabeanspruchs
(§ 931 BGB)

Nr. 1
Lieferung **geht** Waren-
bewegung im Reihen-
geschäft **voraus**

Nr. 2
Lieferung **folgt** Warenbewegung im Reihen-
geschäft

Übergabe
»kurzer Hand«
(§ 929 Satz 2 BGB)

Grundstück, Gas,
Elektrizität, Wärme,
Kälte

Traditionspapier
(§ 448 HGB)

Ort, an dem sich der Gegenstand zur **Zeit der
Verschaffung der Verfügungsmacht befindet**

Ort des **Beginns** von
Beförderung oder
Versendung

Ort der **Beendigung** von
Beförderung oder Ver-
sendung

# Umsatzsteuerlicher Ort der Lieferung (3/3)

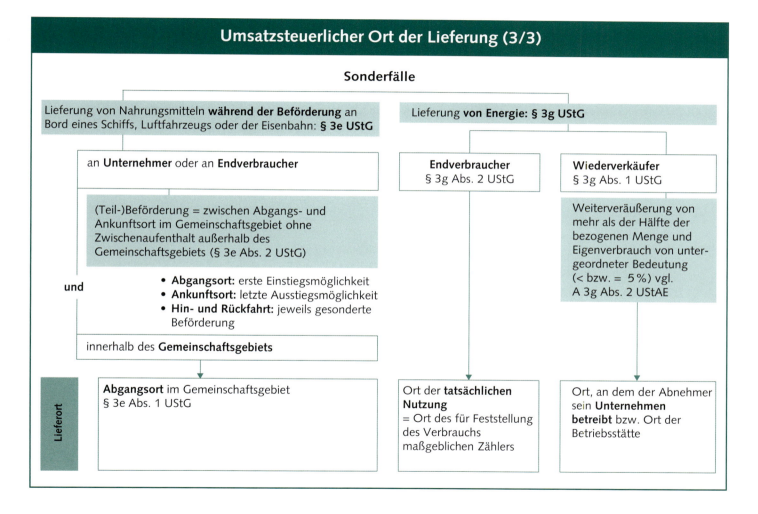

Sonderfälle

Lieferung von Nahrungsmitteln **während der Beförderung** an Bord eines Schiffs, Luftfahrzeugs oder der Eisenbahn: **§ 3e UStG**

Lieferung **von Energie: § 3g UStG**

an **Unternehmer** oder an **Endverbraucher**

(Teil-)Beförderung = zwischen Abgangs- und Ankunftsort im Gemeinschaftsgebiet ohne Zwischenaufenthalt außerhalb des Gemeinschaftsgebiets (§ 3e Abs. 2 UStG)

**und**

- **Abgangsort:** erste Einstiegsmöglichkeit
- **Ankunftsort:** letzte Ausstiegsmöglichkeit
- **Hin- und Rückfahrt:** jeweils gesonderte Beförderung

innerhalb des **Gemeinschaftsgebiets**

**Lieferort**

**Abgangsort** im Gemeinschaftsgebiet
§ 3e Abs. 1 UStG

**Endverbraucher**
§ 3g Abs. 2 UStG

**Wiederverkäufer**
§ 3g Abs. 1 UStG

Weiterveräußerung von mehr als der Hälfte der bezogenen Menge und Eigenverbrauch von untergeordneter Bedeutung (< bzw. = 5%) vgl. A 3g Abs. 2 UStAE

Ort der **tatsächlichen Nutzung**
= Ort des für Feststellung des Verbrauchs maßgeblichen Zählers

Ort, an dem der Abnehmer sein **Unternehmen betreibt** bzw. Ort der Betriebsstätte

# Umsatzsteuerlicher Ort der sonstigen Leistung – Prüfungsschema (1/2)

## Ort der sonstigen Leistung – Überblick und Prüfungsschema

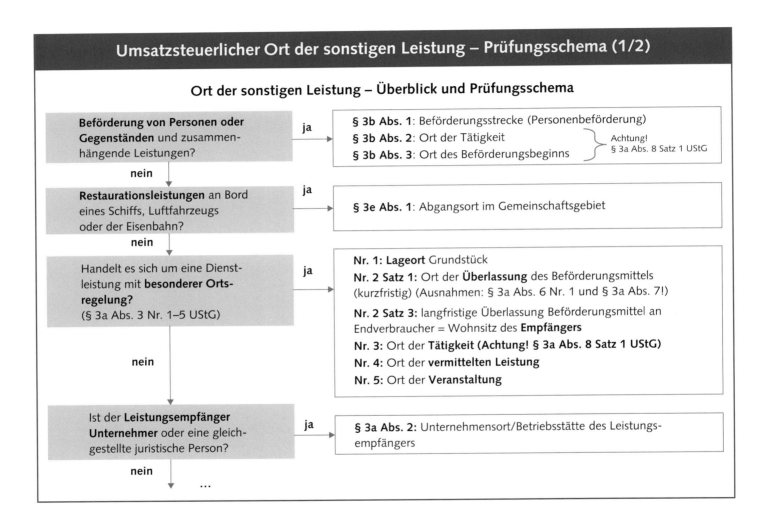

**Beförderung von Personen oder Gegenständen** und zusammenhängende Leistungen?

ja →

§ 3b Abs. 1: Beförderungsstrecke (Personenbeförderung)
§ 3b Abs. 2: Ort der Tätigkeit
§ 3b Abs. 3: Ort des Beförderungsbeginns ⎱ Achtung! § 3a Abs. 8 Satz 1 UStG

nein ↓

**Restaurationsleistungen** an Bord eines Schiffs, Luftfahrzeugs oder der Eisenbahn?

ja →

§ 3e Abs. 1: Abgangsort im Gemeinschaftsgebiet

nein ↓

Handelt es sich um eine Dienstleistung mit **besonderer Ortsregelung?**
(§ 3a Abs. 3 Nr. 1–5 UStG)

ja →

**Nr. 1: Lageort** Grundstück
**Nr. 2 Satz 1:** Ort der **Überlassung** des Beförderungsmittels (kurzfristig) (Ausnahmen: § 3a Abs. 6 Nr. 1 und § 3a Abs. 7!)
**Nr. 2 Satz 3:** langfristige Überlassung Beförderungsmittel an Endverbraucher = Wohnsitz des **Empfängers**
**Nr. 3:** Ort der **Tätigkeit (Achtung! § 3a Abs. 8 Satz 1 UStG)**
**Nr. 4:** Ort der **vermittelten Leistung**
**Nr. 5:** Ort der **Veranstaltung**

nein ↓

Ist der **Leistungsempfänger Unternehmer** oder eine gleichgestellte juristische Person?

ja →

§ 3a Abs. 2: Unternehmensort/Betriebsstätte des Leistungsempfängers

nein ↓

…

## Ort der sonstigen Leistung – Überblick und Prüfungsschema (Forts.)

...

| | | |
|---|---|---|
| Bestimmte **Dienstleistungen** an **Nichtunternehmer** im **Drittlandsgebiet?** (§ 3a Abs. 4 Nr. 1 – 14 UStG) | → **ja** → | **§ 3a Abs. 4 Satz 1:** Wohnsitz- oder Sitzort des Leistungsempfängers im Drittland |

**nein** ↓

| | | |
|---|---|---|
| **Telekommunikations-, Rundfunk-, Fernsehdienstleistungen oder elektronische Dienstleistungen an Nichtunternehmer?** | → **ja** → | **§ 3a Abs. 5:** Ort des Wohnsitzes, gewöhnlichen Aufenthalts oder Sitzes |

**nein** ↓

| | | |
|---|---|---|
| **Sonderregelung** gem. § 3a Abs. 6 bis 8 UStG? | → **ja** → | **§ 3a Abs. 6 bis 8:** Ort der tatsächlichen Nutzung |

**nein** ↓

Ort, von dem aus der **leistende Unternehmer sein Unternehmen betreibt** bzw. Ort der Betriebsstätte, von der aus die sonstige Leistung ausgeführt wird (**§ 3a Abs. 1 UStG**).

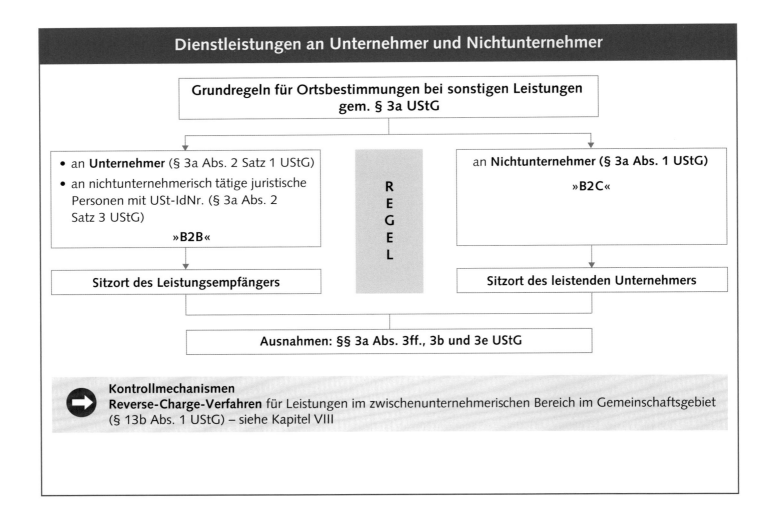

### Dienstleistungen an Unternehmer und Nichtunternehmer

**Grundregeln für Ortsbestimmungen bei sonstigen Leistungen gem. § 3a UStG**

- an **Unternehmer** (§ 3a Abs. 2 Satz 1 UStG)
- an nichtunternehmerisch tätige juristische Personen mit USt-IdNr. (§ 3a Abs. 2 Satz 3 UStG)

**»B2B«**

an **Nichtunternehmer** (§ 3a Abs. 1 UStG)

**»B2C«**

**REGEL**

**Sitzort des Leistungsempfängers**

**Sitzort des leistenden Unternehmers**

**Ausnahmen: §§ 3a Abs. 3ff., 3b und 3e UStG**

**Kontrollmechanismen**
**Reverse-Charge-Verfahren** für Leistungen im zwischenunternehmerischen Bereich im Gemeinschaftsgebiet (§ 13b Abs. 1 UStG) – siehe Kapitel VIII

# Grundstücksleistungen (§ 3a Abs. 3 Nr. 1 UStG) (1/2)

| **Sonstige Leistung** | im Zusammenhang<br>(Art. 31a–c DVO zur MwStSystRL) | **mit einem Grundstück** |

- Nutzung
- Verwertung
- Bebauung
- Unterhalt des Grundstücks

**B2B und B2C**

- Grund und Boden
- wesentliche Bestandteile (§§ 93, 94 BGB)
- grundstücksgleiche Rechte (§ 96 BGB)
- Scheinbestandteile (§ 95 BGB)

**Beispiele für Grundstücksleistungen**

a) Vermietung und Verpachtung von Grundstücken gem. § 4 Nr. 12 UStG (A 3a.3 Abs. 4 – 6 UStAE)

b) Leistungen der Notare, Sachverständigen und Makler bei Veräußerung und Erwerb eines Grundstücks sowie bei anderen Verträgen, z.B. Bestellung einer Grunddienstbarkeit (A 3a.3 Abs. 7 UStAE)

c) Sonstige Leistungen im Zusammenhang mit Bebauung des Grundstücks wie Leistungen der Architekten, Ingenieure und Bauunternehmer (A 3a.3 Abs. 8 UStAE)

 Ort der Grundstücksleistung = **Lageort** des Grundstücks

# Grundstücksleistungen (§ 3a Abs. 3 Nr. 1 UStG) (2/2)

## Zusammenhang zwischen Leistung und Grundstück

**Enger unmittelbarer Grundstücksbezug**, d.h. Leistungserbringung entweder am Grundstück selbst oder nur in Kenntnis seiner Beschaffenheit oder seiner Scheinbestandteile, z.B. bei Reinigungs- oder Wartungsleistungen an technischen Anlagen. Unmittelbarer Bezug, wenn ausdrücklich bestimmtes Grundstück oder Teil eines Grundstücks **zentraler und unverzichtbarer Bestandteil** der sonstigen Leistung ist (A 3a.3 Abs. 3a UStAE).

## Unmittelbarer Zusammenhang

- Einräumung dinglicher Rechte und Vermittlung langfristiger (!) Vermietungsleistungen (A 3a.3 Abs. 9 Nr. 1 und Nr. 2 UStAE)
- Lagerung von Gegenständen, wenn ein bestimmtes Grundstück oder ein bestimmter Grundstücksteil für die Lagerung festgelegt ist
- Überlassung von Messe- und Ausstellungsflächen (A 3a.4 UStAE)

## Kein Zusammenhang zwischen Leistung und Grundstück

### Negativbeispiele in A 3a.3 Abs. 10 UStAE

- Veröffentlichung von Immobilienanzeigen durch Zeitungen
- Finanzierungsberatung beim Grundstückserwerb
- Rechts- und Steuerberatung in Grundstückssachen, es sei denn bei Zusammenhang mit Erwerb oder Veräußerung.

Vgl. Art. 31a–c DVO zur MwStSystRL und BMF-Schreiben vom 10.02.2017, III C 3 – S 7117-a/16/10001.

# Vermietung von Beförderungsmitteln (§ 3a Abs. 3 Nr. 2 UStG) (1/2)

## Beförderungsmittel

Gegenstände, deren Hauptzweck auf Befördern von Personen und Gütern zu Lande, zu Wasser oder in der Luft gerichtet ist und die sich tatsächlich fortbewegen (Art. 38 Abs. 1 MwStVO, A 3a.5 Abs. 2 UStAE)

## Vermietung von Beförderungsmitteln

- Überlassung von betrieblichen Kfz durch Arbeitgeber an ihre Arbeitnehmer zur privaten Nutzung (vgl. A 15.23 Abs. 8 ff. UStAE)
- Vercharterung von Segel- oder Motorjachten ohne Festlegung der Reiseroute (vgl. A 3a.5 Abs. 3 UStAE)

Beispiel und Gegenbeispiele vgl. A 3a.5 Abs. 3 Sätze 2 und 3 UStAE.

# Vermietung von Beförderungsmitteln (§ 3a Abs. 3 Nr. 2 UStG) (2/2)

**Kurzfristig**
a) bis 90 Tage Wasserfahrzeuge
b) bis 30 Tage andere Beförderungsmittel

**Langfristig**
a) ab 90 Tage Wasserfahrzeuge
b) ab 30 Tage andere Beförderungsmittel

**B2B und B2C**

**Grundsatz**
**§ 3a Abs. 3 Nr. 2 Satz 1 UStG:** Übergabeort

**Sonderregeln**

**§ 3a Abs. 6 Satz 1 Nr. 1 und Satz 2 UStG**
**Inland**, wenn
- Vermieter im Drittland,
- Übergabe im Ausland und
- Nutzungsort im Inland

**§ 3a Abs. 7 Sätze 1 und 2 UStG**
**Drittland**, wenn
- Vermieter im Inland
- Vermietung von Schienenfahrzeug, Kraftomnibus oder Straßenfahrzeug ausschließlich zur Gegenstandsbeförderung,
- B2B und
- Nutzung im Drittland

**B2B**

**§ 3a Abs. 2 UStG**
**Sitzort** des Leistungsempfängers bzw. nutzender Betriebsstätte

**B2C**

**§ 3a Abs. 3 Nr. 2 Sätze 3 und 4 UStG**
**Sitzort** des Leistungsempfängers bzw. Ort der Zurverfügungstellung des Sportboots bei Sitz des Leistenden ebenda

**§ 3a Abs. 6 Satz 1 Nr. 1 und Satz 2 UStG**
**Inland**, wenn
- Vermieter im Drittland,
- Übergabe im Ausland und
- Nutzungsort im Inland

Vgl. A 3a.14 Abs. 1 bis 3 UStAE.

# Kulturelle, künstlerische u.ä. Leistungen (§ 3a Abs. 3 Nr. 3a UStG)

## Leistungen an Endverbraucher (B2C)

**§ 3a Abs. 3 Nr. 3a UStG**

**Leistungsort = Tätigkeitsort**

… dort, wo die entscheidende Bedingung für den Erfolg gesetzt bzw. Leistung tatsächlich erbracht wird

(A 3a.6 Abs. 1 UStAE)

## Leistungen an Unternehmer (B2B)

**§ 3a Abs. 2 UStG**

**Leistungsort = Sitzort Leistungsempfänger**

bzw. Ort der Betriebsstätte, die die Leistung nutzt

(A 3a.6 Abs. 2 UStAE)

**Beispiele**
- unterhaltende Leistungen (z.B. zur Ermöglichung der Benutzung von Geldspielautomaten in Spielhallen),
- ähnliche Leistungen (z.B. die Tätigkeit eines Fotomodells),
- Leistungen der Veranstalter derartiger Leistungen sowie
- unerlässliche andere Tätigkeiten (z.B. tontechnische Leistungen bei künstlerischen oder unterhaltenden Tätigkeiten)

**!** Abweichende Ortsbestimmung bei
- Einräumung von Eintrittsberechtigungen an Unternehmer (§ 3a Abs. 3 Nr. 5 UStG)
- Übertragung von Urheberrechten oder
- konkreten Beratungsleistungen

# Restaurationsleistungen (§ 3a Abs. 3 Nr. 3b UStG)

**Abgabe von Speisen und Getränken zum Verzehr an Ort und Stelle**

B2C und B2B

**Restaurationsleistungen in**
Hotels, Restaurants, Kantine etc.

**Restaurationsleistungen an**
Bord eines Schiffs, im Luftfahrzeug oder in einer Eisenbahn während der Beförderung innerhalb des Gemeinschaftsgebiets

**§ 3a Abs. 3 Nr. 3b UStG**
**Sitzort** des leistenden Gastronoms

**§ 3e Abs. 1 UStG**
**Abgangsort** des Beförderungsmittels im Gemeinschaftsgebiet (= § 3e Abs. 2 UStG)

## Arbeiten an beweglichen körperlichen Gegenständen (§ 3a Abs. 3 Nr. 3c UStG)

**Arbeiten an beweglichen körperlichen Gegenständen**
- Werkleistungen, z.B. Reparaturen an Kraftfahrzeugen ohne Einsatz selbst beschaffter Hauptstoffe,
- Wartungsleistungen an Maschinen (A 3a.6 Abs. 11 UStAE),
- Begutachtungen z.B. Gutachten von Kfz-Sachverständigen nach Unfällen

B2C

B2B

**Leistungsort = Tätigkeitsort (§ 3a Abs. 3 Nr. 3c UStG)**
… dort, wo entscheidende Bedingung für Erfolg gesetzt bzw. Leistung tatsächlich erbracht wird (A 3a.6 Abs. 10-12 UStAE; Vorrang vor § 3a Abs. 4 Nr. 3 UStG)

**Leistungsort = Sitzort des Leistungsempfängers (§ 3a Abs. 2 UStG)**
bzw. Ort der Betriebsstätte, die die Leistung nutzt (A 3a.6 Abs. 2 UStAE)

**Ausnahme** Verlagerung ins Drittland bei dortiger Nutzung oder Auswertung (§ 3a Abs. 8 UStG)

## Leistungen an Nichtunternehmer im Drittland (§ 3a Abs. 4 UStG)

| Leistung an Nichtunternehmer (B2C) | Ansässigkeit des Leistungsempfängers im Drittland | Katalogleistung nach § 3a Abs. 4 Satz 2 UStG |
|---|---|---|

- **Patent-, Urheberrechtsleistungen** (vgl. A 3a.9 Abs. 1 UStAE)
- **Werbeleistungen** (A 3a.9 Abs. 3 Satz 1 UStAE)
- Berufstypische **Beratungsleistungen** (A 3a.9 Abs. 9 UStAE)
- **Datenverarbeitungsleistungen** (A 3a.9 Abs. 15 UStAE)
- **Informationsleistungen** (A 3a.9 Abs. 16 Sätze 6, 7 UStAE)
- **Finanzumsätze** wie z.B. Kreditumsätze und Umsätze von Versicherungen (A 3a.9 Abs. 17 UStAE)
- **Personalgestellung**, d.h. gewerbliche Arbeitnehmer-Überlassung
- **Verzicht**, ganz oder z.T. gewerbliche oder berufliche Tätigkeit auszuüben (Unterlassen)
- **Vermietung beweglicher körperlicher Gegenstände** (A 3a.9 Abs. 19 UStAE)
- **Versorgungsleistungen**, d.h. Gewährung von Netzzugang für Gas etc.

**§ 3a Abs. 4 Satz 1 UStG**
**Sitzort** des Leistungsempfängers im **Drittland**

## Leistungen an Nichtunternehmer (§ 3a Abs. 5 UStG)

**Leistung an Endverbraucher (B2C)**

 Telekommunikationsdienstleistung

 Rundfunk- und Fernsehdienstleistung

 auf elektronischem Weg erbrachte sonstige Leistung

A 3a.9a – A 31.12 UStAE

Sowie Überschreiten der Geringfügigkeitsgrenze von 10.000 €
im vorangegangenen und im laufenden Kalenderjahr (§ 3a Abs. 5
Satz 3 UStG) bzw. Verzicht auf die Geringfügigkeitsgrenze
(§ 3a Abs. 5 Satz 4 UStG)

 **§ 3a Abs. 5 Satz 1 UStG**
Ort, an dem der **Leistungsempfänger** seinen Wohnsitz, gewöhnlichen Aufenthalt oder Sitz hat

Beachte: § 18 Abs. 4c und § 18h UStG.

# Beförderungsleistungen (§ 3b UStG)

Leistungen der Transportunternehmer, die Transporte als **Hauptleistungen** durchführen (Frachtführer, Spediteure etc.)

**Nicht:** Transporte als Nebenleistungen zur Warenlieferung

---

**Personenbeförderung B2B und B2C**

- steuerbar, wenn Strecke nur im Inland
- mit inländischem Streckenanteil steuerbar und mit ausländischen Streckenanteil nicht steuerbar bei grenzüberschreitender Beförderung
- nicht steuerbar, wenn die Beförderungsstrecke nur im Ausland liegt

**§ 3b Abs. 1 Sätze 1 und 2 UStG**
Ort = Beförderungsstrecke

Vgl. §§ 2–7 UStDV

---

**Güterbeförderungen B2B**

**§ 3a Abs. 2 UStG**
Sitzort Leistungsempfänger, ggf. Steuerbefreiung nach § 4 Nr. 3 Buchst. a UStG bei steuerbarer **grenzüberschreitender Güterbeförderung**

**§ 3a Abs. 8 UStG**
Nutzung oder Auswertung im Drittland (Ausnahme: Gebiete nach § 1 Abs. 3 UStG)

---

**Güterbeförderungen B2C**

- Innergemeinschaftlich
**§ 3b Abs. 3 UStG**
Abgangsort der Beförderung
- Andere
**§ 3b Abs. 1 Satz 3 UStG**
Zurückgelegte Beförderungsstrecke

---

Vgl. A 36.1–4 UStAE.

# Werklieferung/Werkleistung (§ 3 Abs. 4 und Abs. 10 UStG)

## § 3 Abs. 4 UStG Werklieferung[1]

Unternehmer stellt für seinen Kunden einen Gegenstand her und **verwendet** dabei selbst beschaffte Hauptstoffe.

## § 3 Abs. 10 UStG Werkleistung

Unternehmer bearbeitet für seinen Kunden einen Gegenstand oder erbringt Dienstleistungen und verwendet dabei **keine** selbst beschafften Hauptstoffe.

---

- Unternehmer beschafft Haupt- und Nebenstoff
- Unternehmer beschafft Hauptstoff, Werkbesteller Nebenstoff (ggf. Materialbeistellung)
- Unternehmer und Besteller beschaffen jeweils einen Teil des Hauptstoffes (Materialbeistellung)

- Unternehmer beschafft **keinen** (Haupt-)Stoff (ggf. Materialgestellung)
- Unternehmer verwendet **keinen** Hauptstoff (Reparatur)

---

**Ort der Werklieferung – § 3 Abs. 5a bis 8 UStG**
dort, wo dem Leistungsempfänger die Verfügungsmacht am fertigen Werk verschafft wird i.d.R. **§ 3 Abs. 7 Satz 1 UStG**, insbesondere bei Montage des Gegenstands durch Werkunternehmer am Bestimmungsort

**Ort der Werkleistung**
- **§ 3a Abs. 3 Nr. 1 UStG:** Werkleistungen an Grundstücken
- **§ 3a Abs. 3 Nr. 3c UStG:** Tätigkeitsort bei Arbeiten mit Gegenstandsbezug (B2C)
- **§ 3a Abs. 1 UStG:** Werkleistungen ohne Gegenstandsbezug (B2C)
- **§ 3a Abs. 2 UStG:** Werkleistungen (B2B)

**Ausnahme**
Zerlegen des fertigen Werks zwecks besseren Transports
**§ 3 Abs. 6, Abs. 8 oder § 3c UStG**

---

[1] Beachte: BFH vom 22.08.2013, V R 37/10, BStBl II 2014, 128; nicht ausreichend, wenn Herstellung des Gegenstands aus ausschließlich selbst beschafften Hauptstoffen erfolgt, dann liege eine reine Lieferung vor. Maßgebend für eine Wertlieferung sei, dass der Werkunternehmer einen fremden Gegenstand be- oder verarbeite. Dies wird bislang in A 3.8 bzw. 3.9 UStAE nicht berücksichtigt.

## Kommissionsgeschäft (§ 3 Abs. 3 und Abs. 11 UStG) (1/3)

Fiktion einer Leistungskette durch § 3 Abs. 3 UStG mit Gleichbehandlung der Leistungen hinsichtlich **Inhalt** und **Zeitpunkt**

**§ 383 HGB i.V.m. § 3 Abs. 3 UStG**
Kommissionär ist, wer es gewerbsmäßig übernimmt, Waren oder Wertpapiere **für Rechnung eines anderen** (des Kommittenten) in **eigenem** Namen zu kaufen **(Einkaufskommission)** …

**Beispiel**
Kommissionär D bestellt bei X am 01.05. in eigenem Namen, auf Rechnung des A Ware bei X. Er holt die Ware am 01.06. bei X ab und stellt sie zur Verwendung oder Abholung an A bereit. Am 06.06. übergibt D die Ware dem A.

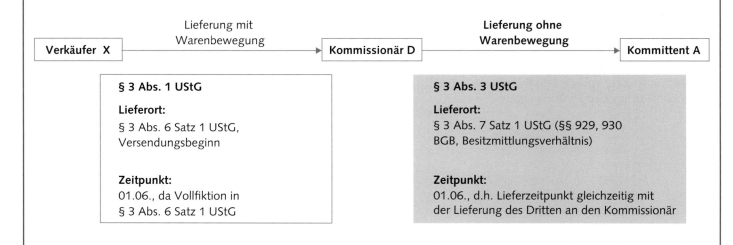

| Verkäufer X | Lieferung mit Warenbewegung → | Kommissionär D | Lieferung ohne Warenbewegung → | Kommittent A |

**§ 3 Abs. 1 UStG**

**Lieferort:**
§ 3 Abs. 6 Satz 1 UStG, Versendungsbeginn

**Zeitpunkt:**
01.06., da Vollfiktion in § 3 Abs. 6 Satz 1 UStG

**§ 3 Abs. 3 UStG**

**Lieferort:**
§ 3 Abs. 7 Satz 1 UStG (§§ 929, 930 BGB, Besitzmittlungsverhältnis)

**Zeitpunkt:**
01.06., d.h. Lieferzeitpunkt gleichzeitig mit der Lieferung des Dritten an den Kommissionär

# Kommissionsgeschäft (§ 3 Abs. 3 und Abs. 11 UStG) (2/3)

**… oder zu verkaufen (Verkaufskommission)**

**Beispiel**

K beauftragt D, eine Ware des K in seinem (D's) Ladenlokal zu verkaufen.

K bringt die Ware am 01.03. zu D. Dieser verkauft und versendet die Ware am 12.04. an C.

|  | **Lieferung ohne Warenbewegung** |  | **Lieferung mit Warenbewegung** |  |
|---|---|---|---|---|
| Kommittent K | → | Kommissionär D | → | Käufer C |

**§ 3 Abs. 3 UStG**

Lieferort:
§ 3 Abs. 7 Satz 1 UStG

**Zeitpunkt**
12.04., d.h. Lieferzeitpunkt eine Sekunde vor der Lieferung Kommissionär an Dritten; am 01.03. »rechtsgeschäftsloses Verbringen«

**§ 3 Abs. 1 UStG**

Lieferort:
§ 3 Abs. 6 UStG (ggf. auch § 3 Abs. 7, 8 oder § 3c UStG)

**Zeitpunkt**
12.04., da Vollfiktion in § 3 Abs. 6 Satz 1 UStG

**Ausnahme**

Gelangt Kommissionsgut bei der Zurverfügungstellung an den Kommissionär (also vor Veräußerung durch diesen an einen Kunden) von einem EU-Mitgliedstaat in einen anderen EU-Mitgliedstaat, liegt ein sog. **innergemeinschaftliches Verbringen** vor (§ 1a Abs. 2 UStG; siehe Kapitel XII).

**Lieferort:**

Beginn der Beförderung oder Versendung im **Ausgangsstaat (§ 3 Abs. 1a UStG)**

(vgl. Vereinfachungsregel in A 3.1 Abs. 3 Satz 8 i.V.m. A 1a.2 Abs. 7 Satz 2 UStAE)

## Kommissionsgeschäft (§ 3 Abs. 3 und Abs. 11 UStG) (3/3)

Bei Dienstleistungen wird zwischen der Leistungs**einkaufs-** und der Leistungs**verkaufs**kommission unterschieden.

**§ 3 Abs. 11 UStG:** … gilt diese Leistung als **an ihn** und **von ihm** erbracht
= zwei sonstige inhalts- und zeitgleiche Leistungen; Beurteilung gesondert nach allgemeinen Regeln des UStG
(A 3.15 Abs. 2 Satz 3 UStAE)

**Leistungsverkauf:** A beauftragt B mit der Vermietung seines Ferienhauses in Oberstaufen.

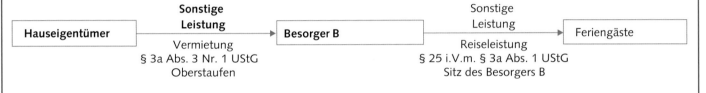

| Hauseigentümer | Sonstige Leistung<br>Vermietung<br>§ 3a Abs. 3 Nr. 1 UStG<br>Oberstaufen | Besorger B | Sonstige Leistung<br>Reiseleistung<br>§ 25 i.V.m. § 3a Abs. 1 UStG<br>Sitz des Besorgers B | Feriengäste |

**Leistungseinkauf:** Unternehmer A beauftragt B mit der Suche nach einem geeigneten Spediteur.

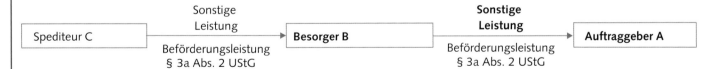

| Spediteur C | Sonstige Leistung<br>Beförderungsleistung<br>§ 3a Abs. 2 UStG | Besorger B | Sonstige Leistung<br>Beförderungsleistung<br>§ 3a Abs. 2 UStG | Auftraggeber A |

 **Fiktion einer Leistungskette, zivilrechtliche Geschäftsbesorgung zwischen Besorger und Auftraggeber unbeachtlich**

# Einschaltung eines Unternehmers in die Erbringung einer sonstigen Leistung

Wird ein Unternehmer in die Erbringung einer sonstigen Leistung über das Telekommunikationsnetz, eine Schnittstelle oder ein Portal eingeschaltet, gilt die gesetzliche Fiktion gemäß **§ 3 Abs. 11a Satz 1 UStG:**

| Dienstleistungskommission nach § 3 Abs. 11 UStG | Rückausnahme = Fiktion nach § 3 Abs. 11a Satz 1 UStG |
|---|---|
| **Ausnahme**: § 3 Abs. 11a **Satz 2** UStG<br><br>ausdrücklicher Hinweis auf Leistenden und entsprechende vertragliche Gestaltung | … wenn Besorger gem. § 3 Abs. 11a Satz 4 UStG<br>Nr. 1: Abrechnung autorisiert oder<br>Nr. 2: Erbringung der sonstigen Leistung genehmigt oder<br>Nr. 3: AGB festlegt |

 Keine Anwendbarkeit von § 3 Abs. 11a UStG für Unternehmer, der nur Zahlung abwickelt!

# Vermittlungsleistungen (§ 3a Abs. 2 und Abs. 3 Nr. 4 UStG)

Eine Vermittlungsleistung liegt vor, wenn ein Unternehmer **im Namen und auf Rechnung** eines anderen Unternehmers tätig wird (§ 164 Abs. 1 BGB). Der Vermittler oder Agent stellt lediglich eine Leistungsbeziehung zwischen zwei anderen Personen her, wird aber **selbst nicht** Teil der Liefer- oder Leistungskette.

| B2C | B2B |
|---|---|
| **§ 3a Abs. 3 Nr. 4 UStG** | **§ 3a Abs. 2 UStG** |
| **Leistungsort** = Ort, an dem vermittelter Umsatz als ausgeführt gilt | **Leistungsort** = Ort, von dem aus der Empfänger sein Unternehmen betreibt |
| **Auch:** Vermittlung der kurzfristigen Vermietung von Zimmern in Hotels, von Fremdenzimmern etc. und vergleichbaren Einrichtungen (A 3a.7 Abs. 1 Satz 3 UStAE) | |

**Ausnahme**

**§ 3a Abs. 3 Nr. 1 UStG:**

Vermittlungsleistungen im Zusammenhang mit Grundstücken

 Achtung: § 3a Abs. 3 Nr. 1 UStG gilt nicht für die Vermittlung von kurzfristigen Beherbergungsleistungen (A 3a.7 Abs. 1 Satz 7 und A 3a.3 Abs. 9 Nr. 2 UStAE)

# Tausch und tauschähnlicher Umsatz (§ 3 Abs. 12 UStG) (1/2)

Entgelt besteht in einer Gegenlieferung oder sonstigen Leistung.

**Tausch = (Werk-)Lieferung gegen (Werk-)Lieferung**

A → B
Lieferung
§ 3 Abs. 5a, Abs. 6 bzw. 8, 7 sowie §§ 3c, 3e und 3g UStG: allgemeine Regeln

A ← B
Lieferung
§ 3 Abs. 5a, Abs. 6 bzw. 8, 7 sowie §§ 3c, 3e und 3g UStG: allgemeine Regeln

**Tauschähnlicher Umsatz = sonstige Leistung gegen Lieferung oder sonstigen Leistung**

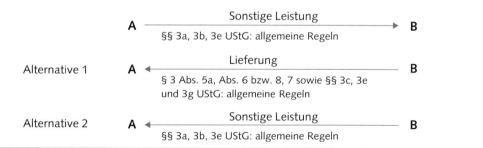

A → B
Sonstige Leistung
§§ 3a, 3b, 3e UStG: allgemeine Regeln

Alternative 1
A ← B
Lieferung
§ 3 Abs. 5a, Abs. 6 bzw. 8, 7 sowie §§ 3c, 3e und 3g UStG: allgemeine Regeln

Alternative 2
A ← B
Sonstige Leistung
§§ 3a, 3b, 3e UStG: allgemeine Regeln

# Tausch und tauschähnlicher Umsatz (§ 3 Abs. 12 UStG) (2/2)

## Bemessungsgrundlage

Wert jedes Umsatzes gilt als Entgelt für den anderen Umsatz (§ 10 Abs. 2 Satz 2 UStG) – siehe Kapitel V.
USt gehört nicht zum Entgelt.

## Wichtig für Rechnungsstellung

**Rechnungsbeleg** über vollen Wert des jeweils hingegebenen Gegenstandes bzw. der erbrachten sonstigen Leistung
= Sicherung von Umsatz- und Vorsteuer in korrekter Höhe

### Beispiel

Möbelhändler M liefert dem Rechtsanwalt R eine neue Büroausstattung im Wert von 10.000 € netto. Da M gerade mit einem Zulieferer einen Rechtsstreit hat, vereinbaren M und R, dass R die Büroausstattung nicht in bar bezahlt, sondern Rechtsberatungsleistungen im Wert von 10.000 € netto an M erbringt.

### Lösung

M liefert Büroausstattung, R erbringt eine sonstige Leistung (Leistungsaustausch). Es handelt sich um einen tauschähnlichen Umsatz. Obwohl kein Bargeld fließt, sollten sich beide Unternehmer jeweils Rechnungen über den Wert der Lieferung bzw. sonstigen Leistung ausstellen, damit der jeweils andere auch den Vorsteuerabzug geltend machen kann.

# Gutscheine (§ 3 Abs. 13-15 UStG)

**Definition** nach § 3 Abs. 13 UStG: Instrument, bei dem
Nr. 1: Vollständige oder teilweise Annahmeverpflichtung als Entgelt für Lieferung oder sonstige Leistung besteht
**und**
Nr. 2: Liefergegenstand, sonstige Leistung oder Identität des leistenden Unternehmers entweder im Gutschein oder den damit zusammenhängenden Unterlagen angegeben sind.

 **Achtung: keine Rabatte und Preisnachlässe ( § 3 Abs. 13 Satz 2 UStG)!**

| Einzweckgutschein (§ 3 Abs. 14 UStG): Ort der Leistung und geschuldete Steuer stehen bei Ausstellung des Gutscheins fest | | |
|---|---|---|
| »im eigenen Namen« (§ 3 Abs. 14 Satz 2) | = | Erbringung der im Gutschein verbrieften Leistung |
| »in fremdem Namen« (§ 3 Abs. 14 Satz 3) | = | Erbringung der im Gutschein verbrieften Leistung durch Unternehmer, in dessen Namen die Übertragung erfolgt |
| »Leistung durch anderen Unternehmer als den im Gutschein ausgewiesenen« (§ 3 Abs. 14 Satz 4) | = | Fiktion einer Leistungskette |

*Übertragung des Gutscheins...*

| Mehrzweckgutschein( §3 Abs. 15 UStG): kein Einzweckgutschein |
|---|
| **Folge**: allgemeine Regeln, wobei Übertragung des Mehrzweckgutscheins nicht steuerbar ist |

# Kapitel IV: Die wichtigsten Steuerbefreiungsvorschriften

Erzielt ein Unternehmer einen steuerbaren Umsatz (siehe Kapitel II), führt dies nicht automatisch dazu, dass auch tatsächlich Umsatzsteuer bezahlt werden muss. Es muss zunächst geprüft werden, ob für den Umsatz evtl. eine Steuerbefreiung greift. Unter welchen Voraussetzungen ein steuerbarer Umsatz steuerbefreit ist, wird in § 4 Nr. 1 bis Nr. 28 UStG aufgeführt. Die Steuerbefreiungsvorschriften können in zwei Kategorien eingeteilt werden:

• Die in § 4 Nr. 1 bis Nr. 7 UStG aufgeführten Steuerbefreiungen auf Ausgangsumsätze erlauben dem Unternehmer eingangsseitig einen Vorsteuerabzug nach § 15 Abs. 1 UStG aus den für sein Unternehmen bezogenen Leistungen. Diese Steuerbefreiungen sind also »vorsteuerunschädlich«. In diesen Fällen kommt es zu einer vollkommenen Umsatzsteuerentlastung, da die auf die Eingangsleistungen entstandene Umsatzsteuer vom Unternehmer als Vorsteuer zurückgeholt werden kann (siehe Kapitel X), während er aber auf Grund der Steuerbefreiung keine Umsatzsteuer auf seine Ausgangsleistungen abführen muss. Die § 4 Nr. 1 bis Nr. 7 UStG sind somit »echte Steuerbefreiungen«.

• Die »unechten Steuerbefreiungen« betreffen alle in **§ 4 Nr. 8 bis Nr. 28 UStG** aufgeführten Umsätze. Werden solche Ausgangsumsätze von einem Unternehmer erbracht, darf die Vorsteuer aus den damit im Zusammenhang stehenden Eingangsumsätzen nach § 15 Abs. 2 UStG nicht abgezogen

werden. Es kommt für den Unternehmer somit trotz der ausgangsseitigen Steuerbefreiung zu einer Steuerbelastung aufgrund der Nichtabziehbarkeit der Vorsteuerbeträge. Diese von § 4 Nr. 8 bis Nr. 28 UStG erfassten Umsätze werden auch als »vorsteuerschädlich« bezeichnet.

In einigen Fällen der Steuerbefreiung räumt der Gesetzgeber den Unternehmern in § 9 UStG die Möglichkeit ein, unter bestimmten Voraussetzungen auf die Steuerfreiheit der Ausgangsumsätze zu verzichten (**Option**), wenn es für sie günstiger erscheint. Dies kann beispielsweise für innerhalb einer Unternehmerkette erbrachte Umsätze der Fall sein, die ein Vorsteuerabzugsverbot auslösen, so dass es zu einer höheren Steuerbelastung kommen würde, als wenn die Steuerbefreiungsvorschriften nicht bestünden.

Ein häufiger Anwendungsfall der Option ist bei Vermietungsumsätzen von einem Unternehmer an einen anderen Unternehmer (z. B. Büroräumlichkeiten), die normalerweise nach § 4 Nr. 12 UStG steuerbefreit wären. Verzichtet der Vermieter auf die Steuerbefreiung, werden seine Umsätze steuerpflichtig. Eingangsseitig kann er jedoch aus den für das Gebäude bezogenen Eingangsleistungen (z. B. Handwerkerrechnungen) den Vorsteuerabzug geltend machen.

Aufgrund der vielen verschiedenen Steuerbefreiungsvorschriften des § 4 UStG wird in diesem Kapitel lediglich auf die wichtigsten und praxisrelevantesten Regelungen eingegangen.

# Prinzip der Steuerbefreiungen nach § 4 UStG

Die Steuerbefreiungsvorschriften können in **zwei Kategorien** eingeteilt werden:
- **§ 4 Nr. 1 bis Nr. 7 UStG** – Unternehmer kann eingangsseitig den Vorsteuerabzug aus den für sein Unternehmen bezogenen Leistungen vornehmen.
- **§ 4 Nr. 8 bis Nr. 28 UStG** – Vorsteuer aus Eingangsumsätzen kann nicht abgezogen werden.

Ausnahme: Unternehmer verzichtet wirksam auf die Anwendung der Steuerfreiheit (**Option**).

# Steuerbefreiung für Ausfuhr und innergemeinschaftliche Lieferung (§ 4 Nr. 1 UStG)

## Ausfuhrlieferung

Unter den Voraussetzungen des § 4 Nr. 1 Buchst. a UStG können Lieferungen steuerfrei sein, wenn die Liefergegenstände in das **Drittlandsgebiet** transportiert wurden.

- Beförderung oder Versendung durch liefernden Unternehmer – Steuerfreiheit auch wenn Kunde nicht ausländischer Abnehmer ist
- Beförderung oder Versendung durch den Kunden (Abholfall) – Steuerfreiheit nur, wenn Kunde ausländischer Abnehmer ist
- Liefergegenstand muss tatsächlich in das Drittlandsgebiet transportiert worden sein
- Steuerfreiheit kann nur in Anspruch genommen werden, wenn **Buch- und Belegnachweis** ordnungsgemäß geführt wird
- Belegnachweis: i.d.R. ATLAS-Ausgangsvermerk
- Buchnachweis: Voraussetzungen für die Steuerbefreiung müssen sich eindeutig aus der Buchführung ergeben

## Innergemeinschaftliche Lieferung

Unter den Voraussetzungen des § 4 Nr. 1 Buchst. b UStG können Lieferungen steuerfrei sein, wenn die Liefergegenstände in das übrige **Gemeinschaftsgebiet** transportiert wurden.

- Beförderung oder Versendung durch den liefernden Unternehmer oder Kunden
- Liefergegenstand muss tatsächlich in das übrige Gemeinschaftsgebiet transportiert worden sein
- Abnehmer muss Unternehmer oder juristische Person sein (bei neuen Fahrzeugen auch bei jedem anderen Erwerber)
- Abnehmer muss gültige USt-IdNr. aus anderem EU-Land verwenden
- Erwerb muss im anderen Mitgliedstaat der Erwerbsbesteuerung unterliegen
- Steuerfreiheit kann nur in Anspruch genommen werden, wenn **Buch- und Belegnachweis** ordnungsgemäß geführt wird
- Belegnachweis: i.d.R. Gelangensbestätigung
- Buchnachweis: Voraussetzungen für die Steuerbefreiung und gültige USt-IdNr. des Kunden müssen sich eindeutig aus der Buchführung ergeben

Ausführliche Darstellung der Ausfuhrlieferungen und innergemeinschaftlichen Lieferungen siehe Kapitel XII.

# Grenzüberschreitende Beförderung (§ 4 Nr. 3 UStG) (1/2)

Eine grenzüberschreitende Beförderung von Gegenständen, die im Zusammenhang mit einer Ausfuhr in das Drittland, einer Durchfuhr oder einer Einfuhr aus dem Drittland steht, kann unter den Voraussetzungen des § 4 Nr. 3 UStG steuerfrei sein.

**Allgemeine Voraussetzungen für die Steuerbefreiung**

es werden Gegenstände befördert

die Beförderung erfolgt grenzüberschreitend

die Beförderungsleistung ist selbständige Hauptleistung

**! Unselbständige Nebenleistungen** teilen das Schicksal der Leistung, zu der sie nebensächlich sind z.B. Beförderung des Reisegepäcks von Fahrgästen als Nebenleistung zur Personenbeförderung.

**Belegnachweise gem. § 20 UStDV werden erbracht**

- Bei Güterbeförderungsleistungen, die sich auf eine Ausfuhr oder Durchfuhr beziehen:
  Belege, die die Ausfuhr oder Durchfuhr nachweisen – grds. **Zollpapiere**, die auch für den Nachweis der Ausfuhr verwendet werden können (§§ 9–11 UStDV) – (s. Kapitel XII)

- Bei Güterbeförderungsleistungen in Zusammenhang mit der Einfuhr eines Gegenstands:
  Belege, die nachweisen, dass die Kosten für die Beförderungsleistung in der Bemessungsgrundlage für die Einfuhr enthalten sind (**Einfuhrzollpapiere**)

**Buchnachweise gem. § 21 UStDV werden erbracht; aufzuzeichnen sind:**

- Art und Umfang der Güterbeförderungsleistung

- Name und Anschrift des Auftraggebers

- Tag der Güterbeförderungsleistung

- Vereinbartes bzw. vereinnahmtes Entgelt und den Tag der Vereinnahmung

- Einbeziehung der Kosten für die Leistung in die Bemessungsgrundlage für die Einfuhr **oder** die tatsächliche Ausfuhr oder Wiederausfuhr der Gegenstände, auf die sich die Leistung bezogen hat

# Grenzüberschreitende Beförderung (§ 4 Nr. 3 UStG) (2/2)

## Anwendungsbereich der Steuerbefreiung des § 4 Nr. 3 UStG im Einzelnen

### Umsatzsteuerfrei sind:

**die grenzüberschreitende Güterbeförderung mit Drittlandsbezug**

von Gegenständen der Ein- oder Ausfuhr oder von Gegenständen, die im externen Versandverfahren in ein Drittland befördert werden

**grenzüberschreitende Beförderungsleistungen, die sich auf Gegenstände der Einfuhr beziehen,**

wenn die Kosten für diese Leistung in der Bemessungsgrundlage für die Einfuhrabgaben enthalten sind

**grenzüberschreitende Güterbeförderung im internationalen Eisenbahnfrachtverkehr**

- Beförderung von Gütern mit durchgehendem Frachtbrief auf dem Schienenweg im Inland und mind. einem Nachbarland
- Beförderung von Gegenständen der Ein- oder Ausfuhr oder von Gegenständen, die im externen Versandverfahren in ein Drittland befördert werden

**andere sonstige Leistungen**, die sich unmittelbar auf Gegenstände der Ein- oder Ausfuhr oder auf Gegenstände, die im externen Versandverfahren in ein Drittland befördert werden, beziehen

Anwendungsbeispiele:
- Inländische oder innergemeinschaftliche Beförderung von Gegenständen, die einer grenzüberschreitenden Beförderung in ein Drittland vorausgehen, z.B. Beförderung von zur Ausfuhr bestimmten Waren durch einen Spediteur zum Flughafen oder Bahnhof
- Umschlag und Lagerung von Gegenständen der Ausfuhr bzw. der Wiederausfuhr
- Typische Nebenleistungen, die bei grenzüberschreitender Güterbeförderung vorkommen, z.B. Wiegen oder Messen

**Ausnahmen**

**Nicht nach § 4 Nr. 3 UStG steuerfrei sind:**
- Umsätze, die nach § 4 Nr. 8, 10 und 11 steuerfrei sind, z.B. Versicherungsumsätze
- Bearbeitung oder Verarbeitung von Gegenständen (Werklieferungen und -leistungen)

# Vermittlungsleistungen (§ 4 Nr. 5 UStG)

## Umsatzsteuerfrei sind:

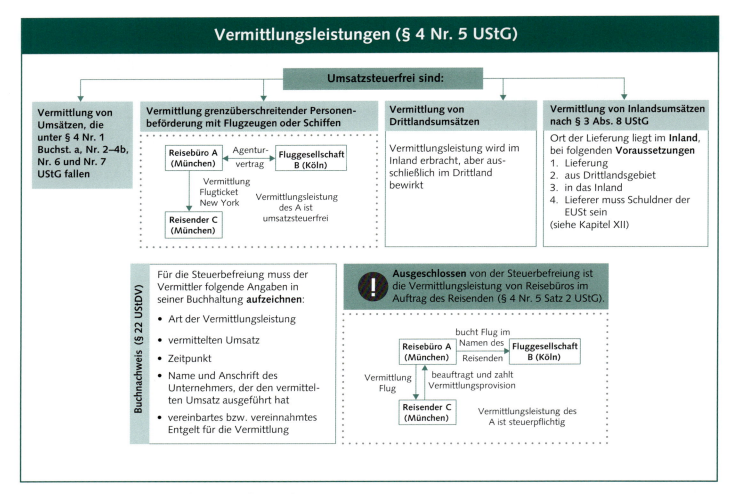

**Vermittlung von Umsätzen, die unter § 4 Nr. 1 Buchst. a, Nr. 2–4b, Nr. 6 und Nr. 7 UStG fallen**

**Vermittlung grenzüberschreitender Personenbeförderung mit Flugzeugen oder Schiffen**

Reisebüro A (München) — Agenturvertrag — Fluggesellschaft B (Köln)

Vermittlung Flugticket New York

Reisender C (München)

Vermittlungsleistung des A ist umsatzsteuerfrei

**Vermittlung von Drittlandsumsätzen**

Vermittlungsleistung wird im Inland erbracht, aber ausschließlich im Drittland bewirkt

**Vermittlung von Inlandsumsätzen nach § 3 Abs. 8 UStG**

Ort der Lieferung liegt im **Inland**, bei folgenden **Voraussetzungen**
1. Lieferung
2. aus Drittlandsgebiet
3. in das Inland
4. Lieferer muss Schuldner der EUSt sein
(siehe Kapitel XII)

**Buchnachweis (§ 22 UStDV)**

Für die Steuerbefreiung muss der Vermittler folgende Angaben in seiner Buchhaltung **aufzeichnen**:

- Art der Vermittlungsleistung
- vermittelten Umsatz
- Zeitpunkt
- Name und Anschrift des Unternehmers, der den vermittelten Umsatz ausgeführt hat
- vereinbartes bzw. vereinnahmtes Entgelt für die Vermittlung

**!** **Ausgeschlossen** von der Steuerbefreiung ist die Vermittlungsleistung von Reisebüros im Auftrag des Reisenden (§ 4 Nr. 5 Satz 2 UStG).

Reisebüro A (München) — bucht Flug im Namen des Reisenden — Fluggesellschaft B (Köln)

Vermittlung Flug

beauftragt und zahlt Vermittlungsprovision

Reisender C (München)

Vermittlungsleistung des A ist steuerpflichtig

Zur Ortsbestimmung von Vermittlungsleistungen siehe Kapitel III

# Bestimmte Finanzumsätze (§ 4 Nr. 8 UStG)

Bestimmte **Finanzumsätze** und Leistungen des **Geldverkehrs** sind von der Umsatzsteuer befreit (A 4.8 UStAE)

- Steuerbefreiungen gem. § 4 Nr. 8 UStG führen zu einem Vorsteuerabzugsverbot, sofern sie sich nicht auf den Export von Gegenständen/Leistungen in ein Drittland beziehen.
- Für einige Finanzumsätze (§ 4 Nr. 8 Buchst. a–g UStG) besteht Optionsmöglichkeit gem. § 9 UStG.

## Steuerfrei sind insbesondere…

$ die Gewährung und Vermittlung von **Krediten** (auch Darlehensgewährung und Cash-Pooling im Konzern!).

$ Umsätze und Vermittlung von **gesetzlichen Zahlungsmitteln** (außer wenn wegen Metallgehalt oder Sammlerwert verkauft).

$ Umsätze und Vermittlung von Geschäften mit **Forderungen** und anderen Handelspapieren (außer Factoringleistungen).

$ Umsätze und Vermittlung im Einlagengeschäft, im Kontokorrentverkehr, im **Zahlungs-und Überweisungsverkehr** und Inkasso von Handelspapieren.

$ Umsätze aus und Vermittlung von Geschäften mit Wertpapieren; ausgenommen Verwahrung und Verwaltung von Wertpapieren.

$ Umsätze und Vermittlung von **Anteilen an Gesellschaften** und anderen Vereinigungen.

$ die Übernahme und Vermittlung von **Verbindlichkeiten**, von Bürgschaften und anderen Sicherheiten.

$ die **Verwaltung** von Investmentvermögen.

$ Umsätze mit im Inland gültigen **amtlichen Wertzeichen** zum aufgedruckten Wert (z.B. Briefmarken).

# Umsätze, die unter das Grunderwerbsteuergesetz fallen (§ 4 Nr. 9 Buchst. a UStG)

- Umsatzsteuerfrei sind Umsätze, die unter das GrEStG fallen
- dadurch Vermeidung von Doppelbelastung durch GrESt und USt
- greift auch bei Befreiungsvorschriften des GrEStG

 Vorgang muss nicht grunderwerbsteuerpflichtig, lediglich grunderwerbsteuerbar sein

## Beurteilung Umsatz

Umsatz kann nur steuerfrei sein, wenn die Voraussetzungen des § 1 Abs. 1 Nr. 1 UStG (siehe Kapitel II) **und** des GrEStG erfüllt sind:

Bestimmung des umsatzsteuerlichen Leistungsgegenstands

Grundstücksveräußerung im Rahmen einer GiG an einen anderen Unternehmer für dessen Unternehmen?

Ja?        Nein?

Umsatz unterliegt nach § 1 Abs. 1a UStG nicht der Umsatzsteuer (nicht steuerbar)

Erfüllt die Leistung die Voraussetzungen der §§ 1, 2 GrEStG?

Ja?        Nein?

Steuerbar, aber steuerfrei

Steuerbar und steuerpflichtig

---

Voraussetzungen für Umsätze nach den §§ 1, 2 Grunderwerbs-steuergesetz

**Rechtsvorgang:** Begründet Anspruch auf Übereignung des Grundstücks oder Übergang des Eigentums; Vorgang bedarf einer notariellen Beurkundung.

**Beispiele für steuerfreie Umsätze gem. § 4 Nr. 9 Buchst. a UStG**
- Veräußerung eines unbebauten Grundstücks
- Veräußerung eines bebauten Grundstücks (auch bei getrennten Verträgen für Grundstück und Gebäude)
- Bestellung von Erbbaurechten
- Übertragung von Miteigentumsanteilen an einem Grundstück
- Entnahme von Grundstücken

---

Umsatz muss im Inland bewirkt werden (inländisches Grundstück)

**Grundstücksbegriff:** Mit Grund und Boden fest und dauerhaft verbundene Sachen (z.B. Gebäude, Erzeugnisse des Grundstücks)

**Scheinbestandteile:** gehören nicht zum Grundstück, da nur vorübergehend mit Grund und Boden verbunden

**Zubehör:** gehört nicht zum Grundstück

**Ausgenommen sind auch**
- Betriebsvorrichtung
- Mineralgewinnungsrechte
- sonstige Gewerbeberechtigungen

# Versicherungsumsätze (§ 4 Nr. 10 und 11 UStG)

## Umsatzsteuerfreie Versicherungsleistungen

### § 4 Nr. 10 Buchst. a UStG
Leistungen aufgrund eines Versicherungsverhältnisses i.S.d. Versicherungssteuergesetzes (A 4.10.1 UStAE)

**Versicherungsvertrag** ist eine Vereinbarung zwischen mehreren Personen oder Personenvereinigungen, Verluste oder Schäden gemeinsam zu tragen, die den Gegenstand einer Versicherung bilden können.

**Versicherungsentgelt** ist jede Leistung, die für die Begründung und zur Durchführung des Versicherungsverhältnisses an den Versicherer zu bewirken ist.

 Umsatzsteuerfreiheit betrifft auch Leistungen aus Versicherungsverträgen, die mangels der in § 1 Abs. 1 bis 4 VersStG genannten Voraussetzungen nicht der Versicherungsteuer unterliegen.

### § 4 Nr. 10 Buchst. b UStG
Leistungen, die darin bestehen, anderen Personen Versicherungsschutz zu verschaffen (A 4.10.2 UStAE)

Unternehmer (Versicherungsnehmer) ← Versicherungsvertrag zu Gunsten eines Dritten — Versicherer

verschafft Versicherungsschutz → Begünstigte Person

Versicherungsvertrag muss den Begünstigten in die Lage versetzen, im Versicherungsfall die Versicherungsleistung zu fordern. Das Recht kann sowohl unmittelbar gegenüber dem Versicherungsunternehmer als auch mittelbar gegenüber dem Unternehmer geltend gemacht werden.

Nicht von der Steuerfreiheit umfasst werden Verträge, die Dritten die Möglichkeit einräumen, einen Versicherungsvertrag direkt mit dem Versicherer zu günstigeren Konditionen abzuschließen!

## Steuerfrei nach § 4 Nr. 11 UStG sind auch die Umsätze aus der Tätigkeit als ...

### Bausparkassenvertreter
Vermittlung/Abschluss von Bausparkassenverträgen

### Versicherungsvertreter
Vermittlung/Abschluss von Versicherungsverträgen

### Versicherungsmakler
Vermittlung von Versicherungsverträgen aufgrund eines Handelsvertrags für mehrere Versicherungsunternehmen

 Die Befreiung erstreckt sich nur auf berufstypische Tätigkeiten, die dem jeweiligen Beruf vorbehalten sind. Hilfsgeschäfte sind von der Befreiung ausgeschlossen, können aber nach § 4 Nr. 28 UStG steuerfrei sein.

# Vermietungs- und Verpachtungsumsätze (§ 4 Nr. 12 UStG) (1/2)

## Umsatzsteuerfrei sind …

**Vermietung und Verpachtung von Grundstücken und gleichgestellten Rechten, die Nutzung von Grund und Boden betreffen**

### Definition: Grundstück

Grundstücksbegriff für Zwecke der USt ist ein **eigenständiger Begriff des Unionsrechts**, er richtet sich nicht nach den nationalen zivilrechtlichen Vorschriften

**Beispiele**
- unbebauter Grund und Boden
- Gebäude, die mit Grund und Boden fest verbunden sind
- Gebäudeteile, wie einzelne Wohnungen/ Zimmer
- Campingplätze, wenn den Benutzern eine abgrenzbare Fläche zur Verfügung gestellt wird
- Sportanlagen, soweit die Miete auf Grundstücksteile entfällt (ausgenommen Betriebsvorrichtungen! – vgl. A 4.12.11 UStAE)

### Definition: Vermietung und Verpachtung

Entgeltliche Gebrauchsüberlassung eines ausschließlichen Nutzungsrechts an einem Grundstück oder Grundstücksteil für eine gewisse Zeit (§ 535 BGB)

Dauer ist ohne Bedeutung; auch kurzfristige Überlassung kann Vermietung sein

Verpachtung liegt vor, wenn Grundstück nicht nur zur Nutzung überlassen, sondern auch Gewährung des Fruchtgenuss (§ 581 BGB)

## Umsatzsteuerfrei sind außerdem …

- Überlassung von Grundstücken zur Nutzung aufgrund eines auf Übertragung des Eigentums gerichteten Vertrages

- Bestellung, Übertragung und Überlassung der Ausübung von dinglichen Nutzungsrechten an Grundstücken

Mit der Vermietung unmittelbar in wirtschaftlichem Zusammenhang stehende **Nebenleistungen** sind ebenfalls steuerfrei! Nebenleistungen können sein: Lieferung von Wärme/Strom, Versorgung mit Wasser, Flur- und Treppenreinigung und Treppenbeleuchtung **Keine** Nebenleistungen, sondern selbstständige Hauptleistungen, können z.B. sein: Lieferung von Heizöl/-gas, Nutzung der mitvermieteten Einrichtungsgegenstände und Nutzung der zentralen Telefonanlage eines Bürohauses

# Vermietungs- und Verpachtungsumsätze (§ 4 Nr. 12 UStG) (2/2)

## Aufteilung bei Verträgen besonderer Art (A 4.12.6 UStAE)

| steuerfrei | | | steuerpflichtig | |
|---|---|---|---|---|
| **Reiner Miet- oder Pacht-vertrag:** Leistung des Unternehmers beschränkt auf die Überlassung des Gebrauchs des Grundstücks | **Verträge besonderer Art:** Grundstücksvermietung ist zu weiteren, wesentlichen Leistungen nur von unter-geordneter Bedeutung (einheitliche Leistung) | | Beispiele für Verträge besonderer Art: <br>• Überlassung einer Außenwandfläche des Gebäudes zu Reklamezwecken <br>• Golfclub erlaubt vereinsfremden Spielern seine Anlage gegen Entgelt zu nutzen (Greenfee) <br>• Unternehmer räumt das Recht zum Aufstellen eines Getränkeauto-maten in seinen Räumlichkeiten ein | |

**Gemischte Verträge:** Grundstücksvermietung und weitere Leistungensind gleichgestellt (mehrere Hauptleistungen)

**Aufteilungsgebot**

## Ausnahmen von der Steuerbefreiung nach § 4 Nr. 12 UStG

| | |
|---|---|
| Beherbergungsumsätze aus kurzfristiger Vermietung an Fremde | Auf die tatsächliche Dauer der Vermietung kommt es nicht an, lediglich auf die Absicht des Unternehmers, die Räume kurzfristig zu vermieten (z.B. Hotels, Pensionen, etc.). Es wird kein gaststätten-ähnliches Verhältnis vorausgesetzt |
| Vermietung von Plätzen für das Abstellen von Fahrzeugen | Kann nur steuerfrei sein, wenn Abstellplatz als unselbständige Nebenleistung (z.B. Vermietung im Zusammenhang mit einer Wohnung) überlassen wird. Mitvermietung des Stellplatzes teilt dann das Schicksal der steuerfreien Hauptleistung |
| Kurzfristige Vermietung auf Camping-plätzen | Kurzfristige Vermietung liegt vor, wenn die Gebrauchsüberlassung **weniger als 6 Monate** dauert |
| Vermietung von Betriebsvorrichtungen, auch wenn sie wesentlicher Bestandteil eines Grundstücks sind | Begriff der Betriebsvorrichtung ergibt sich aus dem Bewertungsgesetz, z.B. Maschinen und Anlagen, die in besonderer und unmittelbarer Beziehung zu dem auf dem Grundstück ausgeübten Gewerbebetrieb stehen |

# Heilberufliche Leistungen (§ 4 Nr. 14 UStG) (1/2)

## Steuerbefreiungen nach § 4 Nr. 14 Buchst. a UStG

Leistungen im Bereich der **Humanmedizin,** die im Rahmen folgender Berufe ausgeübt werden:

| Arzt | Zahnarzt | Heilpraktiker | Physiotherapeut |

| Hebamme | ähnliche heilberufliche Tätigkeit (A 4.14.4 UStAE) |

Die Unternehmer müssen eine entsprechende **Befähigung** für die Berufsausübung haben.

### Steuerfreie Leistungen (A 4.14.1 UStAE)

Heilberufliche Leistung, bei der ein therapeutisches Ziel im Vordergrund steht (nicht z.B. ein kosmetisches Ziel)

Tätigkeit muss Teil eines konkreten, individuellen, der Diagnose, Behandlung, Vorbeugung und Heilung von Krankheiten dienenden Leistungskonzepts sein und auf Verordnung stattfinden

### Sonderregelung für Zahnärzte

**Keine** Steuerbefreiung für Lieferung oder Wiederherstellung von Zahnprothesen oder kieferorthopädischer Apparate, wenn die Gegenstände im eigenen Unter-Unternehmen hergestellt oder repariert werden

## Steuerbefreiungen nach § 4 Nr. 14 Buchst. b UStG

Krankenhausbehandlungen und ärztliche Heilbehandlungen einschließlich der
- Diagnostik
- Befunderhebung
- Vorsorge
- Rehabilitation
- Geburtshilfe
- Hospizleistungen

sowie damit **eng verbundene Umsätze** die von Einrichtungen des öffentlichen Rechts oder den folgenden Einrichtungen des Privatrechts erbracht werden.

Krankenhäuser

Zentren für ärztliche Heilbehandlungen und Diagnostik

Einrichtungen der gesetzlichen Unfallversicherung

Vorsorge- und Rehabilitationseinrichtungen

Einrichtungen zur Geburtshilfe

Hospize

### Eng verbundene Umsätze sind u.a. (A 4.14.6 UStAE):

Überlassung von Einrichtungen und Geräten und damit verbundenem medizinischen Hilfspersonal

Lieferung von Körperersatzstücken

Lieferung der zur Behandlung erforderlichen Medikamente

Ambulante Versorgung von Patienten

Erstellung von ärztlichen Gutachten zu therapeutischen Zwecken

# Heilberufliche Leistungen (§ 4 Nr. 14 UStG) (2/2)

## Steuerbefreiungen nach § 4 Nr. 14 Buchst. c UStG

Heilbehandlungen, die im Rahmen der hausarztzentrierten Versorgung (§73b SGB V) oder der besonderen ambulanten ärztlichen Versorgung (§ 73c SGB V) erbracht werden.
Außerdem Leistungen von Einrichtungen nach § 140b Abs. 1 SGB V, mit denen Verträge zur integrierten Versorgung nach § 140a SGB V bestehen.
Diese Verträge sollen eine flächendeckende Versorgung der Patienten durch heilberufliche Leistungserbringer sicherstellen.

## Steuerbefreiungen nach § 4 Nr. 14 Buchst. d UStG

Sonstige Leistungen von Gemeinschaftspraxen, die an ihre Mitglieder erbracht werden, soweit sie für die Ausübung der Tätigkeit nach Buchst. a und b verwendet werden (z.B. Röntgenaufnahmen, Laboruntersuchungen).

## Steuerbefreiungen nach § 4 Nr. 14 Buchst. d UStG

Infektionshygienische Leistungen in Praxen oder Krankenhäusern.

## Besondere Aufzeichnungspflichten

Erbringt ein Arzt sowohl steuerfreie therapeutische Heilbehandlung als auch steuerpflichtige Leistungen (z.B. Schönheitsoperationen, Lieferung von Zahnprothesen), muss aus seinen Aufzeichnungen ersichtlich sein, wie sich die vereinnahmten Entgelte oder Teilentgelte (§ 22 UStG) auf die steuerfreien und steuerpflichtigen Umsätze verteilen

## Nicht als steuerfreie Heilbehandlungsleistungen sind anzusehen, z.B.

- schriftstellerische oder wissenschaftliche Autorentätigkeit, auch wenn es sich um einen Betrag für eine ärztliche Fachzeitschrift handelt
- Lehrtätigkeit und Vortragstätigkeit, auch wenn der Vortrag im Rahmen einer Fortbildung für Berufskollegen gehalten wird
- Lieferung von medizinischen Hilfsmitteln, z.B. Hörgeräte, Brillen, Kontaktlinsen, Schuheinlagen
- Erstellung von Gutachten und Zeugnissen über Berufstauglichkeit und in Versicherungsangelegenheiten sowie Untersuchungsleistungen in diesem Zusammenhang
- Einstellungsuntersuchungen
- kosmetische und ästhetisch-plastische Leistungen, soweit ein therapeutisches Ziel nicht im Vordergrund steht
- Leistungen zur Prävention und Selbsthilfe, die keinen unmittelbaren Krankheitsbezug haben

# Bildungsleistungen (§ 4 Nr. 21 UStG)

| Unmittelbar dem **Schul- und Bildungszweck** dienende Leistungen **privater Schulen** und anderer allgemein bildender oder berufsbildender Einrichtungen | **Umsatzsteuerfrei sind** | Unmittelbar dem Schul- und Bildungszweck dienende Unterrichtsleistungen **selbstständiger Lehrer** an |
|---|---|---|

**Ersatzschulen** = Privatschulen, die als Ersatz für grundsätzlich vorhandene öffentliche Schulen dienen

- staatlich genehmigt oder nach Landesrecht erlaubt
- Nachweis erforderlich (Bescheinigung der Schulaufsichtsbehörde)

**Andere allgemein bildende oder berufsbildende Einrichtungen**

Vorbereitung auf einen Beruf oder auf eine vor einer juristischen Person des öffentlichen Rechts abzulegende Prüfung (berufliche Ausbildung, Fortbildung und Umschulung, Nachhilfeeinrichtungen und Repetitorien)

Bescheinigung der zuständigen Landesbehörde erforderlich:
- Beantragung von Unternehmer oder FA möglich
- Grundlagenbescheid i.S.d. § 171 Abs. 10 AO
- rückwirkende Erteilung möglich

**Keine steuerfreien Bildungsleistungen sind, z.B.:**
- einzelne Vorträge oder Vortragsreihen außerhalb eines Lehrplans
- Kurse, die überwiegend der Freizeitgestaltung dienen

- Hochschulen i.S.d. Hochschulrahmengesetz
- öffentlichen allgemein bildenden oder berufsbildenden Schulen
- privaten Bildungseinrichtungen i.S.d. § 4 Nr. 21 Buchst. a UStG

**Voraussetzungen**

**Erbringung von Unterrichtsleistungen:**
- Vermittlung von Kenntnissen im Rahmen festgelegter Lehrprogramme und Lehrpläne
- Ausübung regelmäßig und für gewisse Dauer

Der deutsche Gesetzgeber ist zur zwingenden Umsetzung von EU-Recht zur Anpassung des § 4 Nr. 21 UStG verpflichtet. Eine Neuregelung im Rahmen des JStG 2019 war geplant, wurde aber letztlich nicht umgesetzt.

# Lieferung von bestimmten Gegenständen (§ 4 Nr. 28 UStG)

## Umsatzsteuerfrei sind

Lieferungen von Gegenständen, für die der Vorsteuerabzug beim Einkauf nach § 15 Abs. 1a UStG ausgeschlossen war oder wenn der Unternehmer die gelieferten Gegenstände ausschließlich für eine nach den § 4 Nr. 8 – 27 UStG steuerfreie Tätigkeit verwendet hat.

**Ziel:** Gegenstände die ein Unternehmer für eine den Vorsteuerabzug ausschließende Tätigkeit erworben hat, sollen nur einmal beim Erwerb mit USt belastet werden. Der Verkauf kann deshalb steuerfrei erfolgen.

## Voraussetzungen

### Lieferung von Gegenständen

- steuerbare Lieferung wird vorausgesetzt
- sonstige Leistungen werden **nicht** von § 4 Nr. 28 UStG erfasst

### Ausschluss des Vorsteuerabzugs für den Gegenstand bei Einkauf

- der Unternehmer darf beim Einkauf keinen Vorsteuerabzug geltend gemacht haben

### Ausschluss für Repräsentationsaufwendungen nach § 15 Abs. 1a UStG

§ 4 Abs. 5 Nr. 1-4,7 EStG
- Geschenke an Geschäftskunden
- Einrichtung von Gästehäusern außerhalb des Ortes des Betriebs
- Jagd- und Fischereigeräte, Segel- und Motorjachten

§ 12 Nr. 1 EStG
- Aufwendungen der Lebensführung

### Ausschließliche Verwendung des Gegenstands für eine nach § 4 Nr. 8 – 27 UStG steuerfreie Tätigkeit

- maßgebend ist die tatsächliche Verwendung seit Beginn der Nutzung des Gegenstands bis zum Zeitpunkt der Lieferung
- geringfügige Nutzung des Gegenstandes bis höchstens 5 % für eine Tätigkeit, die nicht nach § 4 Nr. 8 – 27 UStG steuerfrei ist, ist unschädlich, vorausgesetzt, es wurde kein anteiliger Vorsteuerabzug geltend gemacht

**Beispiel**
Unternehmer veräußert die im UV gehaltene Mortoryacht für die bei Erwerb gem. § 15 Abs. 1a UStG kein Vorsteuerabzug geltend gemacht werden konnte

**Beispiel**
Ein Arzt veräußert medizinische Geräte, die er ausschließlich für seine steuerfreie Tätigkeit verwendet hat

# Option (§ 9 UStG) (1/2)

**Steuerfreie Umsätze gem. § 4 UStG**

**ohne Optionsmöglichkeit**

**mit Optionsmöglichkeit (§ 9 UStG)**

Unternehmer können, wenn es für sie günstiger ist, auf bestimmte Steuerbefreiungen verzichten und diese Umsätze als steuerpflichtig behandeln, wenn die Leistungen an einen anderen Unternehmer für dessen Unternehmen ausgeführt werden:

- Bestimmte Bank- und Finanzumsätze (§ 4 Nr. 8 Buchst. a – g UStG)
- Grundstücksumsätze (§ 4 Nr. 9 Buchst. a UStG)
- Umsätze im Zusammenhang mit Grundstücken (§ 4 Nr. 12 UStG)
- Leistungen von Wohnungseigentümergemeinschaften (§ 4 Nr. 13 UStG)
- Umsätze von blinden Unternehmern und Blindenwerkstätten (§ 4 Nr. 19 UStG)

Der Verzicht auf die Steuerfreiheit ist nach **§ 9 Abs. 2 UStG** bei
- der Bestellung und Übertragung von Erbbaurechten (§ 4 Nr. 9 Buchst. a UStG)
- der Vermietung und Verpachtung von Grundstücken (§ 4 Nr. 12 Buchst. a UStG)
- den in § 4 Nr. 12 Buchst. b und 12 Buchst. c UStG bezeichneten Umsätzen
nur zulässig, soweit der Leistungsempfänger das Grundstück ausschließlich für Umsätze verwendet, die den Vorsteuerabzug nicht ausschließen.

**nicht optiert**

**zulässig optiert**

**Umsätze sind steuerfrei**

**Umsätze sind steuerpflichtig**

# Option (§ 9 UStG) (2/2)

**Verzichtserklärung**

- Optionserklärung muss nicht ggü. dem FA abgegeben werden, d.h. schlüssiges Handeln genügt

- Ausübung der Option bis zur formellen Bestandskraft der Jahresfestsetzung möglich[1]

- Besonderheiten bei Grundstücksumsätzen nach § 9 Abs. 3 UStG

**Grundstückslieferungen im Zwangsversteigerungsverfahren:** Option kann durch Vollstreckungsschuldner nur bis zur Abgabe von Geboten im Versteigerungstermin ggü. dem Vollstreckungsgericht erklärt werden.

Bei der Veräußerung von **Grundstücken** i.S.d. § 4 Nr. 9 Buchst. a UStG muss der Verzicht zwingend im ursprünglichen notariell beurkundeten Kaufvertrag erklärt werden (spätere notariell beglaubigte Ergänzung ist unwirksam).

**Umfang des Verzichts**

- Verzicht auf Steuerbefreiung für jeden optionsfähigen Umsatz gesondert möglich.

- Bei teilbaren Leistungen ist der Verzicht auf einen Teil der Leistung möglich (z.B. einzelne Gebäudeteile).

- Bei Grundstücken und Grundstücksteilen muss die Option für das Gebäude und den dazugehörigen Grund und Boden einheitlich ausgeübt werden, d.h. es ist ausgeschlossen beim Gebäude zur Steuerpflicht zu optieren und den dazugehörigen Anteil des Grund und Bodens steuerfrei nach § 4 Nr. 9 UStG zu liefern.

**Widerruf einer Option**

- nach Auffassung der Finanzverwaltung bis zur formellen Bestandskraft möglich.[1]

- bei Veräußerung von Grundstücken nur durch notariell beurkundete Vertragsänderung möglich.

- Im Falle der Option durch Erteilung einer Rechnung mit gesondertem Steuerausweis, kann der Widerruf nur im Zusammenhang mit einer Rechnungsberichtigung ggü. dem Leistungsempfänger erfolgen.

- Widerruf der Option bewirkt, dass der Umsatz rückwirkend steuerfrei ist.

---

[1] Mit zwei Urteilen vom 19.12.2013 – V R 6/12 und V R 7/12 – hat der BFH klargestellt, dass die Rücknahme einer Option (entgegen A 9.1 Abs. 3 Satz 1 UStAE) geändert werden kann, solange die Steuerfestsetzung für das Jahr der Leistungserbringung noch änderbar ist (materielle Bestandskraft).

# Kapitel V: Das Entgelt

Lieferungen und sonstige Leistungen unterliegen nur dann der Umsatzsteuer, wenn ihnen eine Gegenleistung (Entgelt) gegenübersteht oder eine solche per gesetzlicher Fiktion angenommen wird. Ein umsatzsteuerlich relevanter Sachverhalt setzt also immer eine Leistung und eine Gegenleistung voraus. Die Gegenleistung muss im **unmittelbaren** Zusammenhang mit der Leistung stehen.

Keine Gegenleistung liegt beispielsweise in den Fällen der Schenkung, des echten Schadenersatzes, des echten Zuschusses und der Gewährung eines Trinkgeldes an das Bedienungspersonal vor. Daher sind diese Vorgänge nicht umsatzsteuerbar.

Das Entgelt bildet die **Bemessungsgrundlage zur Berechnung der Umsatzsteuer** (§ 10 Abs. 1 UStG). Dabei ist Entgelt alles, was den Wert der Gegenleistung bildet, die der leistende Unternehmer vom Leistungsempfänger oder von einem anderen als dem Leistungsempfänger für die Leistung erhält oder erhalten soll, einschließlich der unmittelbar mit dem Preis dieser Umsätze zusammenhängender Subventionen, jedoch abzüglich der für diese Leistung gesetzlich geschuldeten Umsatzsteuer.

Besonderheiten bei der Ermittlung der Bemessungsgrundlage ergeben sich beispielsweise bei Tausch- oder Kommissionsgeschäften. Beim **Tausch bzw. tauschähnlichen Umsatz** wird das Entgelt nicht mit Geld beglichen, sondern der Leistungsempfänger führt seinerseits wieder eine Lieferung oder sonstige Leistung aus. Dabei gilt als Entgelt eines jeden Umsatzes der Wert des jeweiligen anderen Umsatzes, also das was der jeweilige Leistungsempfänger bereit ist für die vereinbarte Gegenleistung aufzuwenden. Bei **Kommissionsgeschäften** wird für umsatzsteuerliche Zwecke eine Liefer- bzw. Leistungskette fingiert. Die zivilrechtliche Geschäftsbesorgung und die dafür vereinbarte Provision sind umsatzsteuerrechtlich unbeachtlich. Die Provision fließt vielmehr in die Ermittlung des **Entgelts** für die fingierte Lieferung oder Dienstleistung des Kommissionärs an den Kommittenten oder umgekehrt ein.

Manche unentgeltlichen Lieferungen und sonstige Leistungen, z. B. solche an nahe Angehörige des Unternehmers oder an sein Personal, werden per gesetzlicher Fiktion einer Leistung gegen Entgelt gleichgestellt. Für solche Vorgänge, bei denen kein tatsächliches Entgelt vorliegt, regelt § 10 Abs. 4 UStG eine **Ersatzbemessungsgrundlage**, die sich in der Regel an den Kosten des Unternehmers für die Ausführung der unentgeltlichen Leistungen orientiert. So soll ein unversteuerter Letztverbrauch und damit ein ungerechtfertigter Vorteil der Unternehmer und seiner Mitarbeiter verhindert werden.

Führt ein Unternehmer an Gesellschafter, Anteilseigner, Mitarbeiter oder sonstige nahestehende Personen Lieferungen oder sonstige Leistungen zu einem besonders günstigen Preis aus, greift nach § 10 Abs. 5 UStG die **Mindestbemessungsgrundlage**. Auch sie soll gewährleisten, dass die Umsatzbesteuerung auf einer zumindest kostendeckenden Bemessungsgrundlage aufbaut, um einen unversteuerten Endverbrauch zu vermeiden.

Gewährt ein Unternehmer seinem Kunden einen nachträglichen Rabatt oder Bonus, ändert sich die umsatzsteuerliche Bemessungsgrundlage. In diesem Fall muss der Unternehmer, der diesen Umsatz ausgeführt hat, den dafür geschuldeten Steuerbetrag berichtigen (§ 17 Abs. 1 UStG). Korrespondierend muss der Vorsteuerabzug bei dem Unternehmer, an den dieser Umsatz ausgeführt wurde, berichtigt werden. Eine Pflicht zur **Berichtigung** der Bemessungsgrundlage besteht auch, wenn das Entgelt uneinbringlich wird, z. B. aufgrund einer Insolvenz des Kunden. Wurde eine Anzahlung vereinnahmt, die Lieferung oder Dienstleistung dann aber tatsächlich nicht ausgeführt, liegt auch ein Berichtigungstatbestand vor.

Im nachfolgenden Kapitel werden die grundlegenden Begriffe des Entgelts sowie die wichtigsten Fälle der Berichtigung der Bemessungsgrundlage erläutert und grafisch dargestellt.

## Leistung und Gegenleistung (1/2)

Lieferungen und sonstige Leistungen sind nach § 1 Abs. 1 Nr. 1 UStG nur dann **steuerbar**, wenn sie im **Leistungsaustausch** erbracht werden.

Ein Leistungsaustausch im umsatzsteuerlichen Sinne setzt

- einen **Leistenden** und einen **Leistungsempfänger** sowie
- eine **Gegenleistung (Entgelt)** voraus, die erbracht werden muss, um die **Leistung** zu erhalten.

Leistung

**Leistungsaustausch**
**=**
**Leistung gegen Entgelt**

**Leistender**     **Leistungsempfänger**

Gegenleistung/Entgelt

> **!** Leistung und Gegenleistung müssen **im wechselseitigen Zusammenhang** stehen.
> Leistung und Gegenleistung müssen jedoch **nicht zwingend gleichwertig** sein.

# Leistung und Gegenleistung (2/2)

## Leistungsaustausch

### Eine **Leistung** kann bestehen in …

- einer Lieferung von Gegenständen
- einer Dienstleistung (Tun, Dulden, Unterlassen)

➡️ Wird die Leistung zurückgenommen, liegt kein Leistungsaustausch vor!

### Die **Gegenleistung (Entgelt)** kann bestehen in …

- Geld/Zahlungsmittel
- Lieferung/sonstige Leistung = Tausch oder tauschähnlicher Umsatz i.S.d. § 3 Abs. 12 UStG
- auch freiwillige Leistung stellt Entgelt dar (z.B. Trinkgeld an den Unternehmer)
- Zahlungen Dritter, soweit diese in direktem Zusammenhang mit der erbrachten Leistung stehen

## Kein Leistungsaustausch

### **Kein Leistungsaustausch** besteht bei …

- Schenkungen
- **echtem** Schadenersatz
- **echten** Zuschüssen
- Spenden/Sponsoring
- Trinkgeldern, die direkt an das Personal gezahlt werden

### fehlende Gegenleistung (Entgelt)

# Fehlende Gegenleistung

Fehlt es an einer Gegenleistung, liegt kein Leistungsaustausch zwischen dem leistenden Unternehmer und dem Leistungsempfänger vor. Soweit der Umsatz auch nicht per gesetzlicher Fiktion als entgeltlich behandelt wird, werden solche **unentgeltlichen Leistungen** außerhalb des Leistungsaustauschprozesses getätigt und sind somit **nicht umsatzsteuerbar**.

## Mögliche Fälle für fehlende Gegenleistungen

| Schenkung | echter Schadenersatz | echter Zuschuss | Spenden/Sponsoring | Trinkgeld |
|---|---|---|---|---|
| • **nicht unternehmerisch** veranlasste (private) Geschenke<br><br>• **keine unentgeltliche Wertabgabe** i.S.d. § 3 Abs. 1b UStG<br><br>**Hinweis:** Mangels unternehmerischer Verwendung besteht kein Vorsteuerabzug aus der Anschaffung des Geschenks. | • Zahlung, die zum Ausgleich eines Schadens **nach Gesetz oder Vertrag** gezahlt wird<br><br>• Abgrenzung zum unechten Schadenersatz (= Entgelt für eine Leistung) | • Zahlung (z.B. Zuwendung, Beihilfe, Prämie), die **nicht aufgrund eines Leistungsaustauschverhältnisses** geleistet wird<br><br>• Abgrenzung zum unechten Zuschuss (= Entgelt für eine Leistung) | • regelmäßig keine Gegenleistung des Sponsoringempfängers, wenn lediglich auf Plakaten oder Homepage etc. auf die Unterstützung durch den Sponsor hingewiesen wird<br><br>• Abgrenzung zur Werbeleistung, wenn Hinweise über bloße Nennung hinausgehen (vgl. BMF-Schreiben vom 25.07.2014, BStBl I 2014, 1114) | • freiwillige Zuzahlung direkt an das **Personal**<br><br>• Abgrenzung zum Trinkgeld an den Unternehmer (z.B. Trinkgeld an einen selbständigen Friseur oder Taxifahrer als Entgelt für eine Leistung) |

Geschenke sind **unentgeltliche Zuwendungen**, die nicht als Gegenleistung für bestimmte Leistungen gedacht sind und auch nicht in unmittelbarem wirtschaftlichen Zusammenhang mit diesen Leistungen stehen. Bei Geschenken handelt es sich meistens um **Geld- oder Sachzuwendungen** (auch in Form von Gutscheinen), die zur Kundenpflege, zur Verbesserung der Geschäftsbeziehungen oder als Aufmerksamkeiten zu Weihnachten oder Geburtstagen getätigt werden.

Ob das Geschenk als unentgeltliche Zuwendung tatsächlich außerhalb des Leistungsaustausches liegt und somit als nicht steuerbare Leistung angesehen werden kann, richtet sich u.a. danach, ob das Geschenk unternehmerisch oder privat veranlasst ist.

Bei rein **privaten Geschenken** ist mangels unternehmerischer Nutzung kein Vorsteuerabzug möglich. Die Schenkung ist dann **nicht steuerbar**.

Bei **unternehmerisch veranlassten Geschenken** sowie bei **privaten Geschenken, die bisher unternehmerisch genutzt wurden**, ist der Vorsteuerabzug grundsätzlich immer möglich. Somit ist auch die Schenkung **steuerbar und ggf. steuerpflichtig**.

Hieraus ergibt sich ein **dreistufiges Prüfungsschema:**

| | |
|---|---|
| 3. Stufe | Ist das Geschenk **umsatzsteuerpflichtig**? |
| 2. Stufe | Ist aus der Anschaffung des Geschenkes der **Vorsteuerabzug** zulässig gewesen? |
| 1. Stufe | Ist das Geschenk **unternehmerisch** oder **privat** veranlasst? |

Kunde · Arbeit-nehmer · nahe stehende Personen

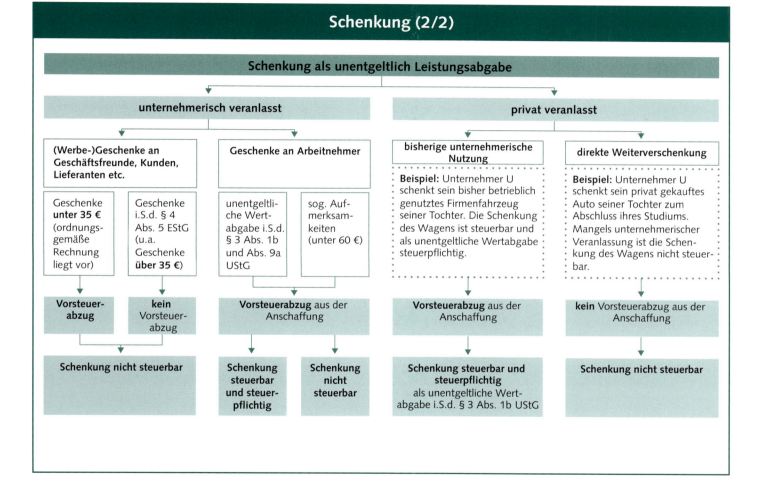

## Schenkung als unentgeltlich Leistungsabgabe

### unternehmerisch veranlasst

**(Werbe-)Geschenke an Geschäftsfreunde, Kunden, Lieferanten etc.**

| Geschenke **unter 35 €** (ordnungsgemäße Rechnung liegt vor) | Geschenke i.S.d. § 4 Abs. 5 EStG (u.a. Geschenke **über 35 €**) |

| **Vorsteuer-abzug** | **kein** Vorsteuer-abzug |

Schenkung nicht steuerbar

**Geschenke an Arbeitnehmer**

| unentgeltliche Wertabgabe i.S.d. § 3 Abs. 1b und Abs. 9a UStG | sog. Aufmerksamkeiten (unter 60 €) |

**Vorsteuerabzug** aus der Anschaffung

| Schenkung steuerbar und steuerpflichtig | Schenkung nicht steuerbar |

### privat veranlasst

**bisherige unternehmerische Nutzung**

**Beispiel:** Unternehmer U schenkt sein bisher betrieblich genutztes Firmenfahrzeug seiner Tochter. Die Schenkung des Wagens ist steuerbar und als unentgeltliche Wertabgabe steuerpflichtig.

**Vorsteuerabzug** aus der Anschaffung

Schenkung steuerbar und steuerpflichtig
als unentgeltliche Wertabgabe i.S.d. § 3 Abs. 1b UStG

**direkte Weiterverschenkung**

**Beispiel:** Unternehmer U schenkt sein privat gekauftes Auto seiner Tochter zum Abschluss ihres Studiums. Mangels unternehmerischer Veranlassung ist die Schenkung des Wagens nicht steuerbar.

**kein** Vorsteuerabzug aus der Anschaffung

Schenkung nicht steuerbar

# Schadenersatz

Fügt ein Unternehmer einem anderen einen Schaden zu, muss er diesen Schaden ersetzen. Für umsatzsteuerliche Zwecke muss zwischen echtem und unechtem Schadenersatz unterschieden werden.

| echter Schadenersatz | unechter Schadenersatz |
|---|---|
| Der Schädiger beseitigt den Schaden aufgrund Gesetz oder Vertrag (§§ 340, 341 BGB) | **Typische Fälle:**<br>• Geschädigter beseitigt Schaden im Auftrag des Schädigers (A 1.3 Abs. 11 UStAE)<br>• Ausgleichzahlung für Handelsvertreter (A 1.3 Abs. 12 UStAE)<br>• Entschädigungen für die vorzeitige Räumung der Mieträume (A 1.3 Abs. 13 UStAE)<br>• Vergütung für Mehrkilometer bei Leasingfahrzeugen<br>• weitere Fälle siehe A 1.3 Abs. 14f. UStAE |
| **Typische Fälle:**<br>• Versicherungszahlungen (Ersatz eines materiellen Schadens)<br>• Vertragsstrafen (Entschädigung aufgrund von Nichterfüllung oder nicht gehöriger Erfüllung des Vertrages)<br>• Kostenerstattungen (Erstattung von Mahn-/Vollstreckungsgebühren sowie Verzugs-/Prozesszinsen) | |
| ↓ | ↓ |
| Ersatzleistung stellt **keine** Gegenleistung für eine Leistung dar | Ersatzleistung stellt eine **Gegenleistung für eine Leistung** dar |
| ↓ | ↓ |
| kein steuerbarer Vorgang | steuerbarer Vorgang i.S.d. § 1 Abs. 1 Nr. 1 UStG |

# Zuschüsse

Zuschüsse sind Zahlungen, die einem Unternehmer entweder von einem anderen Unternehmer oder einem Dritten für eine bestimmte Leistung (**unechter** Zuschuss) oder unabhängig von einer bestimmten Leistung (**echter** Zuschuss) gewährt werden. Umsatzsteuerbar sind lediglich die unechten Zuschüsse.

| echter Zuschuss | unechter Zuschuss |
|---|---|
| Zahlungen werden nicht geleistet, damit der Zuschuss-empfänger eine bestimmte Lieferung oder Dienstleistung erbringt, sondern sie sollen der Förderung allgemein volks-wirtschaftlicher oder strukturpolitischer Ziele dienen. | Zahlungen werden zwar als »Zuschuss« bezeichnet, jedoch verspricht sich der Zahlende von der Bezuschussung einen eigenen wirtschaftlichen Vorteil (z.B. Werbeeffekt) oder erhält eine Gegenleistung von dem Zahlungsempfänger. |
| **Typische Fälle:** <br> • staatliche Zuschüsse, die bestimmten Unternehmen zu Löhnen und Ausbildungsvergütungen gewährt werden <br> • Zuschüsse zu Qualifizierungsmaßnahmen <br> • Zuschüsse zu Betriebs- und Unterhaltskosten von Sportstätten nach Kriterien des Deutschen Olympischen Sportbunds | **Typische Fälle:** <br> • Zahlungen einer Gemeinde an einen Verein zur Durchführung einer vertragsgemäßen Werbeveran-staltung <br> • Zahlungen einer Gemeinde an einen Unternehmer, der auf seinem Grundstück Parkplätze für die Allgemeinheit zur Verfügung stellt |
| Zahlung erfolgt unabhängig von einer Gegenleistung | Zahlung stellt **Entgelt für eine Leistung** dar |
| kein steuerbarer Vorgang | steuerbarer Vorgang i.S.d. § 1 Abs. 1 Nr. 1 UStG |

# Bemessungsgrundlage (§ 10 Abs. 1 UStG)

Die Umsatzsteuer bemisst sich gem. § 10 Abs. 1 Satz 1 UStG nach dem **Entgelt.** Entgelt ist alles, was den Wert der Gegenleistung bildet, die der leistende Unternehmer vom Leistungsempfänger oder von einem anderen als den Leistungsempfänger für die Leistung erhält oder erhalten soll, einschließlich der unmittelbar mit dem Preis dieser Umsätze zusammenhängenden Subventionen, jedoch abzüglich der für diese Leistung gesetzlich geschuldeten Umsatzsteuer (§ 10 Abs. 1 Satz 2 UStG).

## Grundsätzliches zum Entgelt

- Das Entgelt ist auch dann Bemessungsgrundlage, wenn es dem objektiven Wert der Leistung nicht entspricht (Ausnahme: Mindestbemessungsgrundlage gem. § 10 Abs. 5 UStG)

- Zum Entgelt gehört alles, was der Leistungsempfänger tatsächlich aufwendet, um die Leistung zu erhalten – auch sämtliche Nebenkosten und irrtümliche Überzahlungen

- Stellt sich heraus, dass eine bisher als steuerfrei oder nicht steuerbar behandelte Leistung steuerpflichtig ist, ist der ursprünglich vereinbarte und bezahlte Betrag in Entgelt und darauf entfallende Umsatzsteuer aufzuteilen:

| | |
|---|---|
| **vom Leistungsempfänger aufgewendeter (Brutto-)betrag (19% USt)** $\times$ 100/119 = Entgelt (Nettobetrag) | **vom Leistungsempfänger aufgewendeter (Brutto-)betrag (7% USt)** $\times$ 100/107 = Entgelt (Nettobetrag) |

## Bemessungsgrundlage bei Tausch und tauschähnlichem Umsatz

Beim Tausch oder tauschähnlichen Umsatz wird das Entgelt für eine Lieferung oder sonstige Leistung nicht in Geld entrichtet, sondern durch eine gegenläufige Lieferung oder sonstige Leistung (siehe Kapitel III).

Da sich fremde Unternehmer i.d.R. nichts schenken, ist der Wert der Lieferung/sonstigen Leistung und Gegenlieferung/Gegenleistung üblicherweise gleich hoch. Beim Tausch und tauschähnlichen Umsatz gilt der Wert jedes Umsatzes als Entgelt für den anderen Umsatz.

 **Wert des anderen Umsatzes =** subjektiver Wert, den der jeweilige Leistungsempfänger der Leistung beimisst, die er erhalten möchte

Soweit zwischen den Parteien kein Wert vereinbart ist, muss der Wert der Gegenleistung anhand der entstandenen Kosten bzw. dem gemeinen Wert der ausgetauschten Wirtschaftsgüter oder Dienstleistungen ermittelt werden.

**Beispiel**

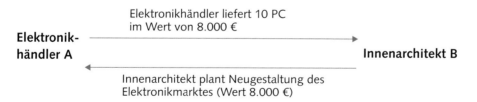

Entgelt für die Umsätze ist jeweils der Wert des anderen Umsatzes = der Wert, den der jeweilige Empfänger der Leistung beimisst, so dass er bereit ist, seine Lieferung oder Dienstleistung dagegen zu geben:

- Entgelt für Lieferung des Elektronikhändlers = Wert der Planungsleistung (8.000 €)
- Entgelt für die Planungsleistung des Innenarchitekten = Wert der 10 gelieferten PC (8.000 €)

# Bemessungsgrundlage bei Kommissionsgeschäften

Handelt ein Unternehmer bei einer Lieferung oder sonstigen Leistung im **eigenen Namen** aber für **fremde Rechnung** wird er im Rahmen eines Kommissionsgeschäfts tätig. Das Umsatzsteuerrecht fingiert bei Kommissionsgeschäften eine Leistungskette, so dass die Lieferung oder sonstige Leistung an und von dem Kommissionär als erbracht gilt (siehe Kapitel III).

Die aus zivilrechtlicher Sicht vom Kommissionär an den Kommittenten erbrachte Geschäftsbesorgungsleistung wird umsatzsteuerlich nicht berücksichtigt. Daher darf der Kommissionär für die vereinbarte Geschäftsbesorgung keine Rechnung mit Umsatzsteuerausweis ausstellen. Die für die Besorgungsleistung vereinbarte Provision findet vielmehr bei der **Ermittlung der Bemessungsgrundlage** für die fingierte Lieferung oder Dienstleistung des Kommissionärs Eingang.

## Bemessungsgrundlage bei Verkaufskommission

**Lieferung Kommissionär an Käufer**

Entgelt = alles, was der Kommissionär vom Käufer für die Lieferung erhält, abzgl. USt

**Lieferung Kommittent an Kommissionär**

Entgelt = alles, was der Kommittent aus dem Geschäft an den Kommisionär als Erlös erhält; i.d.R. von Käufer erhaltener Kaufpreis abzüglich seiner Provision

## Bemessungsgrundlage bei Einkaufskommission

**Lieferung Lieferant an Kommissionär**

Entgelt = alles, was der Lieferant vom Kommissionär für die Lieferung erhält, abzgl. USt

**Lieferung Kommissionär an Kommittent**

Entgelt = alles, was der Kommissionär für das Geschäft an den Kommittent erhält; i.d.R. Erstattung des Einkaufspreises zzgl. einer Provision

## Bemessungsgrundlage bei Leistungsverkaufskommission

**Dienstleistung Kommissionär an Empfänger**

Entgelt = alles, was der Kommissionär vom Empfänger für die Dienstleistung erhält, abzgl. USt

**Dienstleistung des Kommittenten an Kommissionär**

Entgelt = alles, was der Kommittent aus dem Geschäft an den Kommissionär als Erlös erhält; i.d.R. von Käufer erhaltenes Honorar abzüglich seiner Provision

## Bemessungsgrundlage bei Leistungseinkaufskommission

**Dienstleistung Leistender an Kommissionär**

Entgelt = alles, was der Leistende vom Kommissionär für die Dienstleistung erhält, abzgl. USt

**Dienstleistung Kommissionär an Kommittent**

Entgelt = alles, was der Kommissionär für das Geschäft an den Kommittent erhält; i.d.R. Erstattung des Honorars zzgl. einer Provision

# Ersatzbemessungsgrundlage (§ 10 Abs. 4 UStG)

Manche **unentgeltlichen Lieferungen und sonstige Leistungen**, z.B. solche an nahe Angehörige des Unternehmers oder an sein Personal, werden per gesetzlicher Fiktion einer Leistung gegen Entgelt gleichgestellt. Mangels tatsächlichem Entgelt bemisst sich die Umsatzsteuer in diesen Fällen nach einer Ersatzbemessungsgrundlage. Diese orientiert sich an den Kosten des Unternehmers für die Ausführung der unentgeltlichen Leistungen.

Eine Ersatzbemessungsgrundlage wird außerdem in den Fällen des **innergemeinschaftlichen Verbringens** i.S.d. § 1a Abs. 2 UStG gebraucht, da es sich auch hierbei um eine gesetzliche Fiktion handelt und kein tatsächliches Entgelt existiert.

| Norm des UStG | Anwendungsfälle | Ersatzbemessungsgrundlage |
|---|---|---|
| § 10 Abs. 4 Nr. 1 | • Innergemeinschaftliches Verbringen eines Gegenstandes i.S.d. § 1a Abs. 2 UStG und § 3 Abs. 1a UStG<br>• Unentgeltliche Wertabgaben (Lieferungen) i.S.d. § 3 Abs. 1b UStG | **Einkaufspreis** zzgl. Nebenkosten oder **Selbstkosten**, wenn Einkaufspreis nicht ermittelt werden kann<br>*jeweils zum Zeitpunkt des Umsatzes* |
| § 10 Abs. 4 Nr. 2 | • Unentgeltliche Wertabgaben (sonstige Leistung) i.S.d. § 3 Abs. 9a Nr. 1 UStG | entstandene **Ausgaben**, soweit sie zum VSt-Abzug berechtigt haben; einzubeziehen sind auch AHK der unternehmerischen Wirtschaftsgüter, die zur Ausführung der unentgeltlichen Dienstleistung verwendet werden – bei AHK von mind. 500 € sind diese gleichmäßig auf den Berichtigungszeitraum gem. § 15a UStG zu verteilen |
| § 10 Abs. 4 Nr. 3 | • Unentgeltliche Wertabgaben (sonstige Leistung) i.S.d. § 3 Abs. 9a Nr. 2 UStG | entstandene **Ausgaben**; einzubeziehen sind auch AHK der unternehmerischen Wirtschaftsgüter, die zur Ausführung der unentgeltlichen Dienstleistung verwendet werden – bei AHK von mind. 500 € sind diese gleichmäßig auf den Berichtigungszeitraum gem. § 15a UStG zu verteilen |

# Mindestbemessungsgrundlage (§ 10 Abs. 5 UStG) (1/2)

Führt ein Unternehmer an Gesellschafter, Anteilseigner, Mitarbeiter oder sonstige nahestehende Personen **Lieferungen oder sonstige Leistungen zu einem besonders günstigen Preis** aus, greift nach § 10 Abs. 5 UStG die Mindestbemessungsgrundlage ein. Sie soll gewährleisten, dass die Umsatzbesteuerung auf einer zumindest kostendeckenden Bemessungsgrundlage aufbaut, um einen unversteuerten privaten Endverbrauch zu vermeiden.

## Anwendung der Mindestbemessungsgrundlage, wenn …

**1. Voraussetzung**

| tatsächlich entrichtetes Entgelt i.S.d. § 10 Abs. 1 UStG | < | Ersatzbemessungsgrundlage i.S.d. § 10 Abs. 4 UStG |

**2. Voraussetzung**

- Körperschaft oder Personenvereinigung i.S.d. § 1 Abs. 1 Nr. 1 bis 5 KStG, nichtrechtsfähige Personenvereinigung oder Gemeinschaft Lieferung oder sonstige Leistung an Anteilseigner, Gesellschafter, Mitglieder, Teilhaber oder diesen nahestehenden Personen ausführt
- Einzelunternehmer Lieferung oder sonstige Leistung an ihm nahestehende Personen ausführt
- Unternehmer Lieferung oder sonstige Leistung an sein Personal oder dessen Angehörige auf Grund des Dienstverhältnisses ausführt

 Leistung jeweils den privaten Bedürfnissen des Leistungsempfängers dient

 Nahestehende Personen sind:

- Angehörige i.S.d. § 15 AO
- andere Personen und Gesellschaften, zu denen der Einzelunternehmer oder ein Anteilseigner, Gesellschafter, etc. eine enge rechtliche, wirtschaftliche oder persönliche Beziehung hat

# Mindestbemessungsgrundlage (§ 10 Abs. 5 UStG) (2/2)

Sind die Voraussetzungen für die Anwendung der Mindestbemessungsgrundlage erfüllt, muss zur Ermittlung der Umsatzsteuer die Ersatzbemessungsgrundlage gem. § 10 Abs. 4 UStG statt des tatsächlichen Entgelts herangezogen werden. Dabei ist jedoch das marktübliche Entgelt zu berücksichtigen.

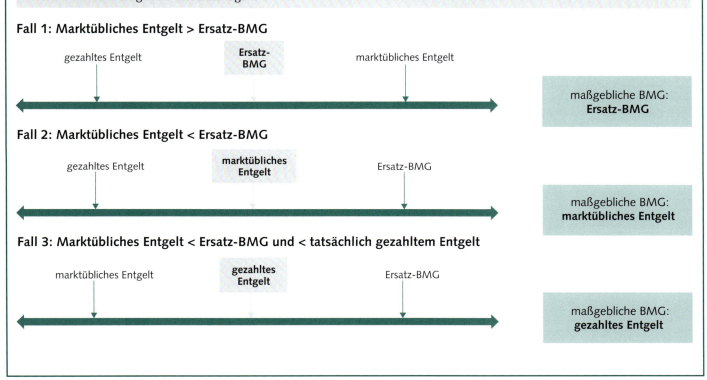

**Fall 1: Marktübliches Entgelt > Ersatz-BMG**

gezahltes Entgelt     **Ersatz-BMG**     marktübliches Entgelt

maßgebliche BMG:
**Ersatz-BMG**

**Fall 2: Marktübliches Entgelt < Ersatz-BMG**

gezahltes Entgelt     **marktübliches Entgelt**     Ersatz-BMG

maßgebliche BMG:
**marktübliches Entgelt**

**Fall 3: Marktübliches Entgelt < Ersatz-BMG und < tatsächlich gezahltem Entgelt**

marktübliches Entgelt     **gezahltes Entgelt**     Ersatz-BMG

maßgebliche BMG:
**gezahltes Entgelt**

# Exkurs: Bemessungsgrundlage bei privater Kfz-Nutzung eines unternehmerischen Fahrzeugs

Häufig werden unternehmenseigene Fahrzeuge auch für private Fahrten genutzt. Die Privatnutzung kann durch den Unternehmer selbst aber auch durch Mitarbeiter erfolgen. Um diese Arbeitnehmer nicht besser zu stellen als Personen, die für ihr privates Kfz Umsatzsteuer bezahlen müssen, wird auch die private Nutzung der Unternehmensfahrzeuge der Umsatzsteuer unterworfen. Hierbei gibt es zwei Fallgruppen, die unterschieden werden müssen.

| Unentgeltliche private Kfz-Nutzung (z.B. durch einen Einzelunternehmer) | Entgeltliche private Kfz-Nutzung (z.B. durch einen Arbeitnehmer) |
|---|---|
| = **Unentgeltliche Wertabgabe** i.S.d. § 3 Abs. 9a Nr. 1 UStG | = **Tauschähnlicher Umsatz** i.S.d. § 3 Abs. 12 UStG |
| **Bemessungsgrundlage** (§ 10 Abs. 4 Satz 1 Nr. 2 UStG) <br>• Ausgaben für das Kfz, die zu VSt-Abzug berechtigt haben <br>• anteilige AK, verteilt auf Berichtigungszeitraum gem. § 15a UStG | **Bemessungsgrundlage** (§ 10 Abs. 1 UStG) <br>• Gegenleistung des Arbeitnehmers ist seine anteilige Arbeitsleistung <br>• Privatnutzung ist Teil des Arbeitslohns, der nicht in bar beglichen wird |

Zur Ermittlung der Ausgaben, die auf die Privatnutzung des Kfz entfallen, hat der Unternehmer die Wahl zwischen den folgenden Methoden:

• Bei Kfz, die zu **mehr als 50 %** unternehmerisch genutzt werden: pauschale **1%-Regelung** aus dem Ertragsteuerrecht
  – für nicht mit VSt belastete Kosten (z.B. Kfz-Steuer, Versicherungen, etc.) kann ein pauschaler Abschlag von 20 % erfolgen, ermittelter Wert ist ein Nettowert, d.h. USt ist hinzuzurechnen

• Führen eines **Fahrtenbuchs** – aus den Gesamtaufwendungen sind die nicht mit VSt belasteten Kosten in belegmäßiger Höhe auszuscheiden

• **Sachgerechte Schätzung** anhand geeigneter Unterlagen – aus den Gesamtaufwendungen sind die nicht mit VSt belasteten Kosten in belegmäßiger Höhe auszuscheiden

Zur Ermittlung des Werts der Fahrzeugüberlassung, hat der Unternehmer die Wahl zwischen den folgenden Methoden:

• Pauschale **1%-Regelung** aus dem Ertragsteuerrecht
  – ein pauschaler Abschlag von 20 % ist in diesem Fall nicht möglich
  – ermittelter Wert ist ein Bruttowert, d.h. USt ist herauszurechnen

• Führen eines **Fahrtenbuchs** – zur BMG für den tauschähnlichen Umsatz gehören auch die nicht mit VSt belasteten Kosten

• Regelung eines Wertes im **Arbeitsvertrag**
  Vereinbaren Arbeitgeber und Arbeitnehmer einen Wert, so gilt dieser als BMG, wenn er die tatsächlichen Ausgaben übersteigt

Zur Besteuerung der privaten Kfz-Nutzung vgl. BMF-Schreiben vom 05.06.2014, IV D 2 – S 7300/07/10002:001.

# Änderung der Bemessungsgrundlage (§ 17 UStG) (1/3)

Ändert sich das Entgelt für einen Umsatz, muss der Unternehmer die Bemessungsgrundlage und die Umsatzsteuer entsprechend berichtigen. Dasselbe gilt korrespondierend für den Vorsteuerabzug beim Leistungsempfänger.

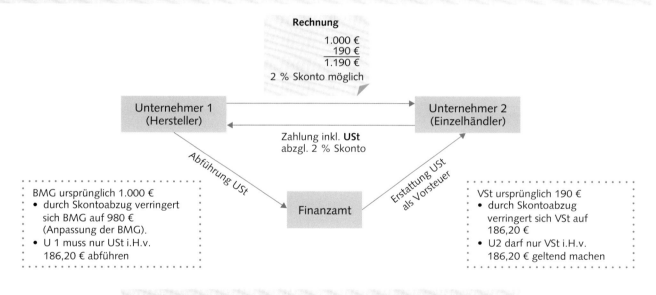

**Rechnung**

1.000 €
190 €
1.190 €

2 % Skonto möglich

Unternehmer 1 (Hersteller)

Unternehmer 2 (Einzelhändler)

Zahlung inkl. **USt** abzgl. 2 % Skonto

Abführung USt

Erstattung USt als Vorsteuer

Finanzamt

BMG ursprünglich 1.000 €
- durch Skontoabzug verringert sich BMG auf 980 € (Anpassung der BMG).
- U 1 muss nur USt i.H.v. 186,20 € abführen

VSt ursprünglich 190 €
- durch Skontoabzug verringert sich VSt auf 186,20 €
- U2 darf nur VSt i.H.v. 186,20 € geltend machen

 Durch korrespondierende Berichtigung der Umsatzsteuer und Vorsteuer bleibt die **Neutralität der Umsatzsteuer** innerhalb der Unternehmerkette **erhalten**

**Typische Fälle, die eine Änderung der Bemessungsgrundlage notwendig machen:**

Entgeltsminderung (z.B. Rabatte, Skonti)

Nachträgliche Anpassung des Entgelts

Ausgebuchte Forderung wird doch noch realisiert

Anzahlung vereinnahmt, aber Leistung nicht ausgeführt

**Änderung der BMG (§ 17 UStG)**

Erwerber führt Nachweis über Versteuerung i.g. Erwerbs nach § 3d Satz 2 UStG

Leistung wird rückgängig gemacht

Unternehmer tätigt Aufwendungen i.S.d. § 15 Abs. 1a UStG

Uneinbringlichkeit des Entgelts (z.B. wegen Insolvenz des Kunden)

**Entgeltminderung** (A 10.3 UStAE)
- Gewährung von Skonti, Rabatten, Preisnachlässen, Boni Rückgewähr von Beträgen an den Leistungsempfänger (z.B. wegen Mängel)
- auf die Gründe für die Minderung oder Rückzahlung kommt es bei der Änderung der BMG nicht an

**Uneinbringlichkeit des Entgelts** (A 17.1 Abs. 5 UStAE)
- Uneinbringlichkeit i.S.d. § 17 Abs. 2 UStG, wenn der Schuldner **zahlungsunfähig** ist und bei objektiver Betrachtung damit gerechnet werden kann, dass das Entgelt ganz oder teilweise auf **absehbare Zeit nicht** vereinnahmt werden kann
- Uneinbringlichkeit kann auch vorliegen, wenn der Schuldner das Bestehen oder die Höhe des Entgelts **substantiiert bestreitet**
- Ertragsteuerlich zulässige pauschale Wertberichtigungen führen **nicht** zu einer Berichtigung der umsatzsteuerlichen BMG nach § 17 Abs. 2 UStG!

**Rückgängigmachung einer Lieferung** (A 17.1 Abs. 8 UStAE)
- Ob die Rückabwicklung einer Lieferung (= Änderung der BMG) oder eine selbständige Rücklieferung (= neues Umsatzgeschäft) vorliegt, ist aus Sicht des Empfängers und nicht aus Sicht des ursprünglichen Lieferers zu betrachten

# Änderung der Bemessungsgrundlage (§ 17 UStG) (3/3)

## Berichtigung der Umsatzsteuer bzw. Vorsteuer

### Zeitpunkt

- Korrektur muss für den Besteuerungszeitraum vorgenommen werden, in dem die **Änderung der BMG eingetreten** ist
- die bloße Vereinbarung der Rückgewährung oder Erhöhung einer Anzahlung ist **nicht** ausreichend, die Rückzahlung/Nachzahlung muss **tatsächlich erfolgt** sein
- ergeben sich Änderungen während des laufenden Jahres, muss Berichtigung bereits in den **Voranmeldungen** berücksichtigt werden

### Pflichten

- Berichtigung ist **unabhängig** von einer Korrektur des Steuerbetrags auf der ursprünglich ausgestellten Rechnung, d.h. das Rechnungsdokument muss nicht geändert oder neu ausgestellt werden (Ausnahme: § 17 Abs. 4 UStG!)
- Im Falle der Uneinbringlichkeit des Entgelts muss der Gläubiger dem Schuldner nicht mitteilen, dass er die Forderung als nicht mehr realisierbar betrachtet
- Schuldner muss VSt bereits berichtigen, wenn sich aus längerem Zeitablauf seit Eingehung der Verbindlichkeit ergibt, dass Zahlungsverpflichtung wohl nicht mehr nachgekommen wird
- Wird eine bereits ausgebuchte und berichtigte Forderung später doch noch realisiert, muss eine erneute Umsatzsteuerberichtigung erfolgen

 **Pflicht zur Berichtigung** besteht sowohl auf Seiten des Leistenden als auch auf Seiten des Leistungsempfängers selbst dann, wenn sich berichtigte USt beim Leistenden und VSt beim Leistungsempfänger ausgleichen!

# Kapitel VI: Steuersätze

Der Steuersatz ist für die Berechnung der Umsatzsteuer neben der Bemessungsgrundlage die wesentliche Größe. Neben der unrichtigen Beurteilung einer eventuell vorliegenden Steuerbefreiung, ist der falsch angewandte Steuersatz die Hauptursache für eine unrichtig in Rechnung gestellte Steuer.

Die Vorschriften für den Steuersatz (§ 12 UStG) finden für die Umsätze Anwendung, die nach § 1 Abs. 1 UStG im Inland steuerbar und steuerpflichtig sind. Auf die Herkunft bzw. Nationalität des leistenden Unternehmers kommt es nicht an, es ist ausschließlich auf den umsatzsteuerlichen Leistungsort abzustellen. Soweit ein Inländer (deutscher Unternehmer) einen Umsatz in einem anderen Staat als in der BRD ausführt, kommt grundsätzlich der Steuersatz dieses Staates zur Anwendung.

Seit dem 01.01.2007 beträgt der **Regelsteuersatz** in Deutschland **19 %** und bewegt sich somit im unteren Bereich der in der EU derzeit gültigen Regelsteuersätze von 17 % bis 27 %. Der Regelsteuersatz kommt immer dann zur Anwendung, wenn ein steuerpflichtiger Umsatz ausgeführt wird, für den keine Ermäßigung nach § 12 Abs. 2 UStG vorgesehen ist.

Der **ermäßigte Steuersatz** beträgt in Deutschland derzeit 7 % und kommt lediglich für die in § 12 Abs. 2 Nr. 1 bis 14 UStG aufgeführten Umsätze in Betracht. Eine Ermäßigung ergibt sich insbesondere für die Lieferung, Einfuhr und innergemeinschaftlicher Erwerb der in der Anlage 2 zum Gesetz bezeichneten Gegenstände. Wenn der leistende Unternehmer in der Rechnung aufgrund eines falschen Steuersatzes eine

zu hohe Umsatzsteuer gesondert ausweist, schuldet er auch den zu hoch ausgewiesenen Umsatzsteuerbetrag (»unrichtiger Steuerausweis«) nach **§ 14c Abs. 1 UStG**. Die weitere Rechtsfolge ist, dass der Leistungsempfänger diese Steuer nicht als Vorsteuer abziehen kann.

Der **Leistungsempfänger** darf nur die für die Leistung gesetzlich geschuldete Umsatzsteuer als Vorsteuer ziehen. Hat er entgegen § 15 Abs. 1 Satz 1 Nr. 1 UStG einen höheren Betrag als die für die Lieferung oder sonstige Leistung gesetzlich geschuldete Steuer als Vorsteuer geltend gemacht, muss er den Mehrbetrag an das FA zurückzahlen. Die Rückzahlung ist für den Besteuerungszeitraum vorzunehmen, für den der Mehrbetrag als Vorsteuer abgezogen wurde.

Hat ein Rechnungsaussteller in der Rechnung einen Steuerbetrag gesondert ausgewiesen, obwohl er zum gesonderten Ausweis der Steuer nicht berechtigt ist (»unberechtigter Steuerausweis«), schuldet er den ausgewiesenen Betrag nach **§ 14c Abs. 2 UStG**. Demnach betrifft diese Vorschrift grundsätzlich jedermann, da auch Privatpersonen Umsatzsteuer nach § 14c Abs. 2 UStG schulden können, wenn sie eine entsprechende Rechnung ausstellen.

In der Regel muss jede Lieferung und sonstige Leistung für umsatzsteuerliche Zwecke einzeln betrachtet werden. Aus der wirtschaftlichen Betrachtungsweise im Umsatzsteuerrecht ergibt sich allerdings auch, dass ein **einheitlicher wirtschaftlicher Vorgang** nicht in mehrere Leistungen aufgeteilt werden darf.

Umsatzsteuerrechtlich ist eine einheitliche, nicht aufteilbare Leistung anzunehmen, wenn deren einzelne Faktoren so ineinander greifen, dass sie bei natürlicher Betrachtung hinter dem Ganzen zurücktreten.

Eine einheitliche, nicht aufteilbare Leistung liegt nicht schon deshalb vor, weil sie auf einem einheitlichen Vertrag beruht und gegen ein einheitliches Entgelt erfolgt. Entscheidend ist vielmehr der wirtschaftliche Gehalt der erbrachten Leistungen.

Die Frage der »wirtschaftlich einheitlichen Leistung« stellt sich, wenn eine Mehrzahl von Leistungselementen vorliegt, die für sich genommen jeweils Gegenstand einer eigenständigen Leistung sein könnten.

Ob von einer einheitlichen Leistung oder von mehreren getrennt zu beurteilenden selbständigen Einzelleistungen auszugehen ist, hat umsatzsteuerlich vor allem **Bedeutung für die Bestimmung** des Orts und des Zeitpunkts der Leistung sowie für die Anwendung von Befreiungsvorschriften und **des Steuersatzes**.

Bei einer einheitlichen Leistung, die in der Regel aus einer Haupt- und einer oder mehrerer Nebenleistungen besteht, ist nach dem **Grundsatz der Einheitlichkeit der Leistung** der Steuersatz der Hauptleistung für die gesamte Leistung maßgebend.

Handelt es sich bei den einzelnen Leistungselementen nicht um Nebenleistungen, so unterliegen diese – als selbständige Einzelleistungen – den jeweiligen Steuersätzen, die für diese gesetzlich bestimmt sind.

Die Aufteilung der Entgelte bei Abgabe mehrerer unterschiedlich zu besteuernder Leistungen zu einem pauschalen Gesamtverkaufspreis muss nach der »einfachst möglichen Aufteilungsmethode« erfolgen. Die Finanzverwaltung nimmt als einfachst mögliche Aufteilungsmethode grundsätzlich das Verhältnis der Einzelverkaufspreise zueinander an. Der Unternehmer kann aber auch begründete andere Maßstäbe anwenden.

# Regelsteuersatz und ermäßigter Steuersatz (§ 12 UStG)

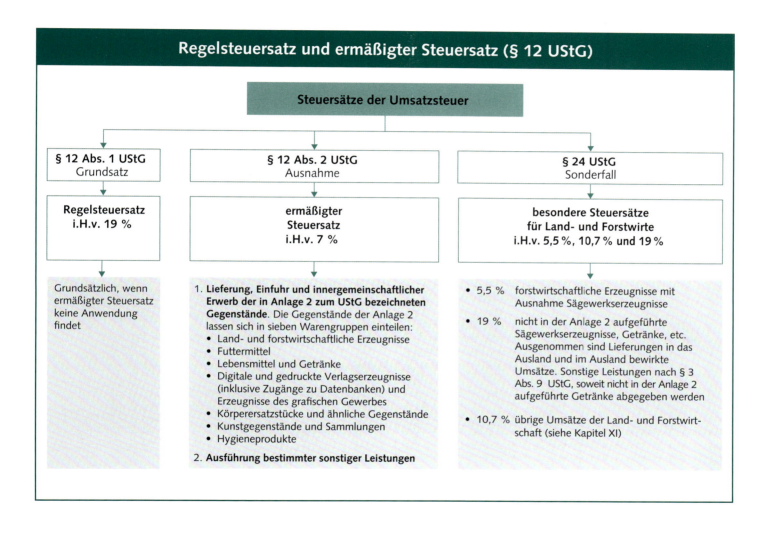

**Steuersätze der Umsatzsteuer**

| § 12 Abs. 1 UStG<br>Grundsatz | § 12 Abs. 2 UStG<br>Ausnahme | § 24 UStG<br>Sonderfall |
|---|---|---|
| **Regelsteuersatz<br>i.H.v. 19 %** | **ermäßigter<br>Steuersatz<br>i.H.v. 7 %** | **besondere Steuersätze<br>für Land- und Forstwirte<br>i.H.v. 5,5 %, 10,7 % und 19 %** |

Grundsätzlich, wenn ermäßigter Steuersatz keine Anwendung findet

1. **Lieferung, Einfuhr und innergemeinschaftlicher Erwerb der in Anlage 2 zum UStG bezeichneten Gegenstände.** Die Gegenstände der Anlage 2 lassen sich in sieben Warengruppen einteilen:
   - Land- und forstwirtschaftliche Erzeugnisse
   - Futtermittel
   - Lebensmittel und Getränke
   - Digitale und gedruckte Verlagserzeugnisse (inklusive Zugänge zu Datenbanken) und Erzeugnisse des grafischen Gewerbes
   - Körperersatzstücke und ähnliche Gegenstände
   - Kunstgegenstände und Sammlungen
   - Hygieneprodukte
2. **Ausführung bestimmter sonstiger Leistungen**

- 5,5 % forstwirtschaftliche Erzeugnisse mit Ausnahme Sägewerkserzeugnisse

- 19 % nicht in der Anlage 2 aufgeführte Sägewerkserzeugnisse, Getränke, etc. Ausgenommen sind Lieferungen in das Ausland und im Ausland bewirkte Umsätze. Sonstige Leistungen nach § 3 Abs. 9 UStG, soweit nicht in der Anlage 2 aufgeführte Getränke abgegeben werden

- 10,7 % übrige Umsätze der Land- und Forstwirtschaft (siehe Kapitel XI)

# Anwendungsbereich des ermäßigten Steuersatzes (1/2)

**Dem ermäßigten Steuersatz i.H.v. 7 % unterliegen folgende Umsätze:**

- Lieferungen und fiktiv entgeltliche Lieferungen, Einfuhr und innergemeinschaftlicher Erwerb sowie Vermietung der Gegenstände in der Anlage 2 zu § 12 Abs. 2 UStG; außer Sammlerbriefmarken (Nr. 49 Buchst. f), andere Sammlungsstücke (Nr. 54) und Kunstgegenstände (Nr. 53)

- Aufzucht und Halten von landwirtschaftlichen Nutztieren, Anzucht von Pflanzen, Leistungsprüfungen für Tiere (insbes. auch die als Entgelt zufließenden Leistungsprämien, Rennpreise, etc.)

- Vatertierhaltung, Förderung der Tierzucht, künstliche Tierbesamung oder Leistungs- und Qualitätsprüfung in der Landwirtschaft

- Leistungen und fiktiv entgeltliche Leistungen der Zahntechniker und der Zahnärzte mit ihren nicht steuerfreien »Technikerleistungen« (Prothetikumsätze)

- Leistungen auf kulturellem Gebiet und im Bereich des Urheberrechts
    a) Eintrittsberechtigungen für Theater, Konzerte und Museen sowie die den Theatervorführungen und Konzerten vergleichbaren Darbietungen ausübender Künstler
    b) Überlassung von Filmen zur Auswertung und Vorführung sowie die Filmvorführungen (soweit nicht jugendgefährdend)
    c) Einräumung, Übertragung und Wahrnehmung von Rechten, die sich aus dem Urhebergesetz ergeben
    d) Zirkusvorführungen, die Leistungen aus der Tätigkeit als Schausteller sowie die unmittelbar mit dem Betrieb von zoologischen Gärten verbundenen Umsätze (sofern nicht bereits steuerfrei nach § 4 Nr. 20 bis 22 UStG)

# Anwendungsbereich des ermäßigten Steuersatzes (2/2)

- Leistungen gemeinnütziger, kirchlicher oder mildtätiger Körperschaften, die sie unter bestimmten Voraussetzungen im Rahmen ihrer Zweckbetriebe erbringen und die Vermögensverwaltung dieser Körperschaften (sofern nicht bereits steuerfrei nach § 4 Nr. 18 und 23 bis 25 UStG)

- Leistungen der Schwimm- und Heilbäder sowie Bereitstellung von Kureinrichtungen (Entgelt = Kurtaxe)

- Personenbeförderungen im Nahbereich innerhalb einer Gemeinde oder Strecke < 50 km; nicht begünstigt ist die Überlassung von Mietwagen

- kurzfristige Beherbergungsleistungen und kurzfristige Vermietung von Campingflächen; der ermäßigte Steuersatz gilt nicht für Leistungen, die mit dem Entgelt für die Vermietung abgegolten sind, aber nicht unmittelbar damit zusammen-hängen (Nebenleistungen) z.B. Vermietung Hotelzimmer 7 %, Frühstück und Parkmöglichkeiten 19 %

- Einfuhr von Sammlerbriefmarken, Sammlungsstücken und Kunstgegenständen (Nr. 49 Buchst. f, Nr. 53, Nr. 54 aus Anlage 2 des UStG)

- Lieferungen und innergemeinschaftlicher Erwerb von Kunstwerken, wenn
  - der Künstler selbst oder dessen Erben die Lieferungen bewirken
  - die Lieferungen von einem Unternehmer bewirkt werden, der kein Wiederverkäufer i.S.d. § 25a UStG ist und er die Kunstgegenstände in die EU eingeführt, vom Künstler oder dessen Erben direkt erworben oder von einem anderen Unternehmer mit vollem Vorsteuerabzug eingekauft hat

- Überlassung von Büchern, Zeitungen und anderen Verlagserzeugnissen gem. Nr. 49 Buchst. a bis e und Nr. 50 der Anlage 2 des UStG in elektronischer Form (eBooks, ePaper) sowie Zugang zu entsprechenden Datenbanken

Ob von einer einheitlichen Leistung oder mehreren Einzelleistungen auszugehen ist, muss aus der Sicht eines **»Durchschnittsverbrauchers«** beurteilt werden.

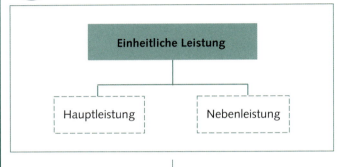

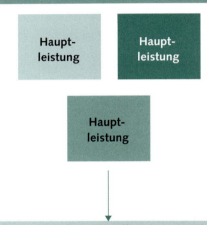

### einheitliche Leistung
(bestehend aus Haupt- und Nebenleistung)

Bei einer einheitlichen Leistung, die aus **Haupt- und Nebenleistung** besteht, ist nach dem Grundsatz der Einheitlichkeit der Leistung der **Steuersatz der Hauptleistung** für die gesamte Leistung maßgebend. Für die umsatzsteuerliche Beurteilung müssen die Einzelleistungen also nicht unterschieden werden. Die Nebenleistungen teilen das »Schicksal« der Hauptleistung, auch wenn gesondertes Entgelt vereinbart ist.

### mehrere Einzelleistungen
(Hauptleistungen)

Setzt sich eine Lieferung aus **mehreren Liefergegenständen** zusammen, ohne dass es sich dabei um Nebenleistungen handelt (Sachgesamtheit) und unterliegen die einzelnen Liefergegenstände **unterschiedlichen Steuersätzen**, so ist die Lieferung der Sachgesamtheit in Bezug auf die Anwendung der Steuersätze aufzuteilen, z.B. die Lieferung eines Warenkorbes bestehend aus Wein und Konfekt. Dasselbe gilt bei der Erbringung **mehrerer eigenständiger Dienstleistungen**.

Sicht des
**»Durchschnittsverbrauchers«**

## Definition von Haupt- und Nebenleistung

Eine Leistung ist grundsätzlich dann als Nebenleistung zu einer Hauptleistung anzusehen,
wenn sie im Vergleich zu der Hauptleistung
**nebensächlich** ist, mit ihr eng zusammenhängt
und **üblicherweise in ihrem Gefolge** vorkommt.
Insbesondere ist davon auszugehen, wenn die
Leistung für den Leistungsempfänger **keinen
eigenen Zweck** hat, sondern das Mittel darstellt,
um die Hauptleistung unter **optimalen Bedingungen** in Anspruch zu nehmen.
Gegenstand einer Nebenleistung kann sowohl
eine unselbständige Lieferung von Gegenständen
als auch eine unselbständige sonstige Leistung sein.

## Definition Einzelleistungen

Von Einzelleistungen ist auszugehen, wenn alle
Bestandteile der Leistung für den Leistungs-
empfänger einen eigenen Zweck erfüllen, z.B.
Warenkorb mit verschiedenen Produkten oder
Kombinationsabonnement aus gedruckter
Zeitung und ePaper.

**Beispiel einheitliche Leistung**

Der Obsthändler U verkauft 1 kg Orangen (Hauptleistung), die in einem Jutesäckchen (Nebenleistung) verpackt sind, an diverse Kunden.

Der Steuersatz wird nach der Hauptleistung einheitlich mit 7 % bestimmt. Das Jutesäckchen dient lediglich dem Transport der 1 kg Orangen und hat für die Bestimmung des Steuersatzes keine Bedeutung.

**Wichtig für Handelsunternehmen:**

Die **Hingabe von nicht für den Kunden bestimmten Transporthilfsmittel gegen Pfandgeld** (z.B. Paletten) ist als eigenständige Lieferung und die **Rückgabe gegen Rückzahlung des Pfandgeldes** als Rücklieferung zu beurteilen.

Warenumschließungen und Verpackungen, die der Kunde mitnimmt und die ihm zum besseren Transport dienen sollen, gelten als Nebenleistung und teilen stets das Schicksal der Hauptleistung (vgl. A 3.10 Abs. 5a UStAE).

# Aufteilungsmaßstab bei mehreren Hauptleistungen (1/2)

## Trennung der Entgelte bei Abgabe mehrerer unterschiedlich zu besteuernder Leistungen zu einem pauschalen Gesamtverkaufspreis

Erbringt ein Unternehmer mehrere unterschiedlich zu besteuernde Leistungen zu **einem pauschalen Gesamtverkaufspreis**, ist der einheitliche Preis zur zutreffenden Besteuerung der einzelnen Leistungen sachgerecht aufzuteilen.

Der **einheitliche Preis** kann **über** oder **unter** der Summe der Einzelveräußerungspreise liegen

Die Aufteilung des **Gesamtverkaufspreises** erfolgt grundsätzlich nach der »einfachsten« Aufteilungsmethode

- Liefert der Unternehmer die **im Rahmen eines Gesamtverkaufspreises** gelieferten Gegenstände **auch einzeln**, ist der Gesamtverkaufspreis grundsätzlich **nach Maßgabe der Einzelverkaufspreise** aufzuteilen.
- Die Aufteilung ist dabei nach der einfachsten Berechnungs- oder Bewertungsmethode vorzunehmen, die zu **sachgerechten Ergebnissen** führt. Bestehen mehrere sachgerechte, gleich einfache Aufteilungsmethoden, kann der Unternehmer zwischen diesen Methoden frei wählen.
- Daneben sind auch andere Aufteilungsmethoden wie **das Verhältnis des Wareneinsatzes** zulässig, sofern diese gleich einfach sind und zu sachgerechten Ergebnissen führen. Die Aufteilung nach den betrieblichen Kosten ist **keine zulässige Aufteilungsmethode**!

 In der Praxis ist eine Aufteilung nur dann notwendig, wenn die einzelnen Hauptleistungen unterschiedlichen Steuersätzen unterliegen.

**Trennung der Entgelte bei Abgabe mehrerer unterschiedlich zu besteuernder Leistungen zu einem pauschalen Gesamtverkaufspreis**

Bei der **Rechnungsausstellung** sind folgende Punkte zu beachten:
- Die Aufteilung des Gesamtkaufpreises auf unterschiedlich zu besteuernde Waren ist **eine Pflichtangabe nach § 14 Abs. 4 Nr. 8 UStG** und muss daher auf der Rechnung klar ersichtlich sein.
- Für Kleinbetragsrechnungen (§ 33 UStDV) **gilt dies** für den in der Rechnung anzugebenden Steuerbetrag **entsprechend**.

 Nach § 162 AO kann eine Schätzung der Besteuerungsgrundlagen vorgenommen werden, wenn die vom Unternehmer gewählte Berechnungs- oder Bewertungsmethode nicht zu einem sachgerechten Aufteilungsergebnis führt.

**Praxisbeispiele:**
- Überlassung eines digitalen Abonnements einer Zeitung (ePaper; Steuersatz 7 %) mit Lieferung eines Tablets (Steuersatz 19 %)
- Lieferung eines Menüs »zum Mitnehmen«, bestehend aus Speise (Steuersatz 7 %) und Getränk (Steuersatz 19 %)

# Kapitel VII: Entstehung der Steuer

Im deutschen Umsatzsteuergesetz gibt es zwei Besteuerungsarten. Zum einen die Besteuerung nach vereinbarten Entgelten (**Sollversteuerung**) und zum anderen die Besteuerung nach vereinnahmten Entgelten (**Istversteuerung**). Die Sollbesteuerung ist der Normalfall, die Istbesteuerung eine Ausnahme, die nur von bestimmten Unternehmern auf Antrag angewandt werden kann.

Bei der Sollbesteuerung muss der Unternehmer die Umsatzsteuer nach den mit seinen Kunden vereinbarten Entgelten berechnen. Es wird also darauf abgestellt, wann die Leistung tatsächlich erbracht wurde. Dies bedeutet, dass die Umsatzsteuer grundsätzlich dann entsteht, wenn die Leistung oder Teilleistung von dem Unternehmer ausgeführt worden ist. Auf die Ausstellung einer Rechnung oder auf die tatsächliche Zahlung kommt es nicht an.

Die Umsatzsteuer entsteht gem. § 13 Abs. 1 Nr. 1a Satz 1 UStG mit Ablauf des Voranmeldungszeitraumes, in dem die Leistung ausgeführt worden ist. Wird eine Leistung in wirtschaftlich teilbaren Einzelschritten erbracht (**Teilleistungen**), entsteht die Umsatzsteuer ebenfalls mit Ablauf des Voranmeldungszeitraums, in dem die Teilleistung ausgeführt bzw. fertiggestellt wurde.

Erhält der Unternehmer bereits eine **Anzahlung oder Abschlagzahlung** auf eine noch zu erbringende Leistung oder Teilleistung, entsteht insoweit schon bei Vereinnahmung der Anzahlung die Umsatzsteuer nach § 13 Abs. 1 Nr. 1a Satz 4

UStG. Als einzige Ausnahme von der Besteuerung nach vereinbarten Entgelten gilt die **Istversteuerung** nach § 20 UStG. In diesem Fall entsteht die Umsatzsteuer stets mit Ablauf des Veranlagungszeitraums, in dem die Entgelte vereinnahmt worden sind (§ 13 Abs. 1 Nr. 1b UStG).

Ändern sich bei einem Unternehmer die Verhältnisse (z. B. der Gesamtumsatz i. S. d. § 20 Satz 1 Nr. 1 oder die Buchführungspflicht i. S. d. § 20 Satz 1 Nr. 2 UStG), so kann er gezwungen oder berechtigt sein, einen Wechsel der Besteuerungsform durchzuführen. Bei einem solchen Wechsel muss darauf geachtet werden, dass Umsätze keiner Doppel- oder Nichtbesteuerung unterliegen. Bei einem Wechsel von der Sollbesteuerung zur Istbesteuerung müssen die Umsätze, die bereits bei Leistungserbringer der Besteuerung unterworfen worden sind, im Zeitpunkt des Zahlungseingangs nicht noch einmal besteuert werden. Umgekehrt muss es beim Wechsel von der Istbesteuerung zur Sollbesteuerung bei der Besteuerung zum Zeitpunkt des Zahlungszuflusses bleiben, weil sonst einige Umsätze der Besteuerung entzogen würden. Im Falle von **unentgeltlichen Wertabgaben** (siehe Kapitel II) entsteht die Steuer gem. § 13 Abs. 1 Nr. 2 UStG mit Ablauf des Veranlagungszeitraums, in dem die unentgeltliche Lieferung oder sonstige Leistung ausgeführt worden ist.

Im Falle des § 14c Abs. 1 UStG (**unrichtiger Steuerausweis**) entsteht die Steuer gem. § 13 Abs. 1 Nr. 3 UStG mit Ablauf des Veranlagungszeitraums, in dem die Lieferung oder sonstige Leistung ausgeführt worden ist, spätestens jedoch zum Zeitpunkt der Ausgabe der Rechnung. Für die Fälle des § 14c Abs. 2 UStG (**unberechtigter Steuerausweis**) entsteht die Steuer gem. § 13 Abs. 1 Nr. 4 UStG im Zeitpunkt der Ausgabe der Rechnung.

Für den **innergemeinschaftlichen Erwerb** i. S. d. § 1a UStG entsteht die Steuer gem. § 13 Abs. 1 Nr. 6 UStG mit Ausstellung der Rechnung, spätestens jedoch mit Ablauf des dem Erwerb folgenden Kalendermonats. Bei dem innergemeinschaftlichen Erwerb neuer Fahrzeuge i. S. d. § 1b UStG entsteht die Steuer gem. § 13 Abs. 1 Nr. 7 UStG am Tag des Erwerbs.

Im Falle der Anwendung der **Vertrauensschutzregelung** für den Lieferanten i. S. d. § 6a Abs. 4 Satz 2 UStG entsteht die Steuer auf Seiten des Abnehmers gem. § 13 Abs. 1 Nr. 8 UStG zu dem Zeitpunkt, zu dem die Lieferung ausgeführt worden ist. In den Fällen des § 4 Nr. 4a Satz 1 Buchst. a Satz 2 UStG entsteht die Steuer gem. § 13 Abs. 1 Nr. 9 UStG mit Ablauf des VZ, in dem der Gegenstand aus einem **Umsatzsteuerlager** ausgelagert wird.

Hinsichtlich der Steuerentstehung der Einfuhrumsatzsteuer verweist das Umsatzsteuerrecht auf die Vorschriften des Zollrechts (§ 21 Abs. 2 UStG).

# Besteuerung nach vereinbarten Entgelten

## Besteuerung nach vereinbarten Entgelten (Sollversteuerung) § 16 UStG

| Regelfall | Steuerentstehung **mit Ablauf des VZ der Leistungsausführung** nach § 13 Abs. 1 Nr. 1 Buchst. a UStG | | Die Ausstellung einer Rechnung oder die Zahlung sind bei der Sollversteuerung für den Zeitpunkt der Steuerentstehung unbeachtlich |
|---|---|---|---|
| **Zeitpunkt der Leistungsausführung** | **bei Lieferung/Werklieferung** | **bei sonstiger Leistung/ Werkleistung** | |
| | • wenn der Leistungsempfänger die Verfügungsmacht über den Liefergegenstand erlangt<br>• bei Beförderung/Versendung eines Gegenstands (§ 3 Abs. 6 UStG) bei Beginn der Beförderung oder Versendung | • bei Vollendung der Dienstleistung<br>• im Falle von Dauerleistungen mit Ablauf des jeweils vereinbarten Teilleistungszeitraums | Bei der Sollversteuerung kommt es lediglich darauf an, wann die Leistung **tatsächlich** ausgeführt ist |

# Besteuerung nach vereinnahmten Entgelten

## Besteuerung nach vereinnahmten Entgelten (Istversteuerung) § 20 UStG

### Sonderform der Steuerentstehung

**Voraussetzungen**

Ein Unternehmer,
1. dessen **Gesamtumsatz** (§ 19 Abs. 3 UStG) im vorgegangenen Kalenderjahr nicht **mehr als 500.000 €** betragen hat,
2. der von der **Verpflichtung, Bücher zu führen** und aufgrund jährlicher Bestandsaufnahmen regelmäßig Abschlüsse zu machen, nach § 148 AO **befreit** ist, oder
3. soweit er Umsätze aus einer **Tätigkeit als Angehöriger eines freien Berufs** i.S.d. § 18 Abs. 1 Nr. 1 EStG ausführt

kann einen Antrag zur Istversteuerung stellen.

nur auf **Antrag** und mit **Zustimmung** des Finanzamts

Steuerentstehung **mit Ablauf des VZ der Vereinnahmung** nach § 13 Abs. 1 Nr. 1 Buchst. b  UStG

**Merke**
Die Istversteuerung regelt nur die Steuerentstehung für die **Ausgangsumsätze** eines Unternehmens. Der **Vorsteuerabzug** kann auch bei istversteuernden Unternehmern erst in dem VZ in Anspruch genommen werden, in dem die Voraussetzungen des § 15 Abs. 1 UStG vorliegen – insbesondere eine ordnungsgemäße Rechnung.

Der **Zeitpunkt der Vereinnahmung** ist in der Regel die Einnahme von Bargeld oder die Gutschrift auf dem Bankkonto.

# Steuerentstehung bei Teilzahlungen oder Anzahlungen

| Teilzahlungen<br>**A 13.4 UStAE** | Anzahlung, Abschlagszahlung oder Vorauszahlung<br>**A 13.5 UStAE** |
|---|---|
| sind Zahlungen für bereits ausgeführte, abgrenzbare Teile einer Gesamtleistung, wenn das Entgelt für diese Teilleistungen gesondert vereinbart wurde (z.B. einzelner Monat bei monatlichen Mietzahlung; einzelner Gebäudeteil nach separater Abnahme). | sind Zahlungen **vor** Leistungsausführung |

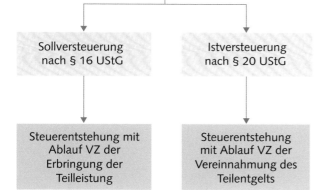

| Sollversteuerung<br>nach § 16 UStG | Istversteuerung<br>nach § 20 UStG |
|---|---|
| Steuerentstehung mit Ablauf VZ der Erbringung der Teilleistung | Steuerentstehung mit Ablauf VZ der Vereinnahmung des Teilentgelts |

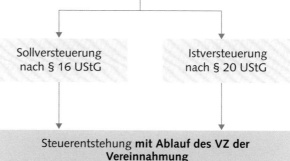

| Sollversteuerung<br>nach § 16 UStG | Istversteuerung<br>nach § 20 UStG |
|---|---|
| Steuerentstehung **mit Ablauf des VZ der Vereinnahmung** nach § 13 Abs. 1 Nr. 1 Buchst. a Satz 4 UStG | |

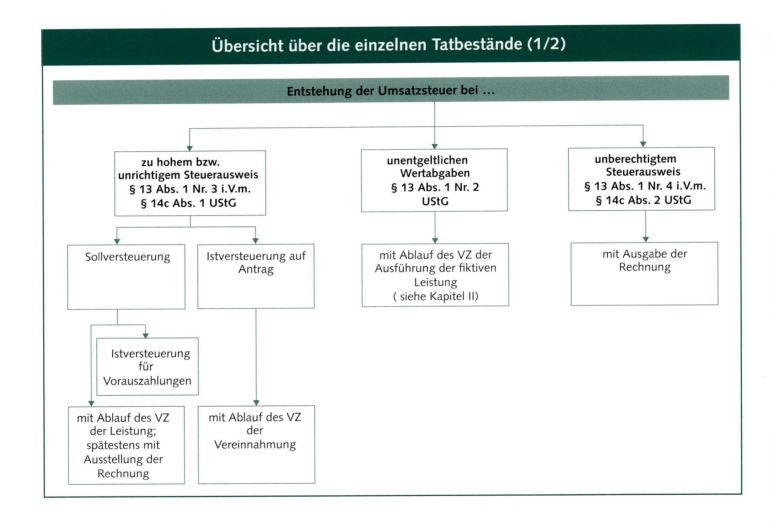

# Übersicht über die einzelnen Tatbestände (1/2)

**Entstehung der Umsatzsteuer bei ...**

**zu hohem bzw. unrichtigem Steuerausweis**
§ 13 Abs. 1 Nr. 3 i.V.m.
§ 14c Abs. 1 UStG

**unentgeltlichen Wertabgaben**
§ 13 Abs. 1 Nr. 2 UStG

**unberechtigtem Steuerausweis**
§ 13 Abs. 1 Nr. 4 i.V.m.
§ 14c Abs. 2 UStG

Sollversteuerung

Istversteuerung auf Antrag

mit Ablauf des VZ der Ausführung der fiktiven Leistung
( siehe Kapitel II)

mit Ausgabe der Rechnung

Istversteuerung für Vorauszahlungen

mit Ablauf des VZ der Leistung; spätestens mit Ausstellung der Rechnung

mit Ablauf des VZ der Vereinnahmung

## Übersicht über die einzelnen Tatbestände (2/2)

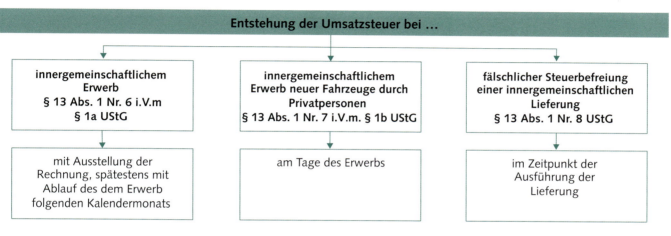

**Entstehung der Umsatzsteuer bei ...**

| innergemeinschaftlichem Erwerb § 13 Abs. 1 Nr. 6 i.V.m § 1a UStG | innergemeinschaftlichem Erwerb neuer Fahrzeuge durch Privatpersonen § 13 Abs. 1 Nr. 7 i.V.m. § 1b UStG | fälschlicher Steuerbefreiung einer innergemeinschaftlichen Lieferung § 13 Abs. 1 Nr. 8 UStG |
|---|---|---|
| mit Ausstellung der Rechnung, spätestens mit Ablauf des dem Erwerb folgenden Kalendermonats | am Tage des Erwerbs | im Zeitpunkt der Ausführung der Lieferung |

Neben den o.g. Regelfällen gibt es noch weitere **Sonderfälle** der Steuerentstehung, z.B.

- Personenbeförderungsleistungen nach § 16 Abs. 5 UStG, in dem Zeitpunkt, in dem der Kraftomnibus in das Inland gelangt (Beförderungseinzelbesteuerung)
- auf elektronischem Weg erbrachte sonstige Leistungen nach § 3a Abs. 4 Satz 2 Nr. 13 UStG, bei denen sich der Ort nach § 3a Abs. 5 UStG bestimmt und § 18 Abs. 4c UStG anzuwenden ist, mit Ablauf des Besteuerungszeitraums nach § 16 Abs. 1a Satz 1 UStG (Kalendervierteljahr), zu dem die Leistungen ausgeführt worden sind (siehe Kapitel XIII)
- Auslagerung nach § 4 Nr. 4a Satz 1 Buchst. a Satz 2 UStG, mit Ablauf des Voranmeldungszeitraums, in dem der Gegenstand aus einem Umsatzsteuerlager ausgelagert wird (§ 13 Abs. 1 Nr. 9 UStG)
- Einfuhrumsatzsteuer, zum Zeitpunkt der Überlassung der Waren zum freien Verkehr

Zur Steuerentstehung in den Fällen der Umkehr der Steuerschuldnerschaft (Reserve-Charge) siehe Kapitel VIII.

# Kapitel VIII: Schuldner der Umsatzsteuer

An einem Umsatzgeschäft sind in der Regel zwei Parteien beteiligt. Sind beide Vertragspartner Unternehmer, stellt sich die Frage, wer die Umsatzsteuer beim Finanzamt anmelden und an die Staatskasse abführen muss.

In den meisten Fällen schuldet der **leistende Unternehmer** die Umsatzsteuer (§ 13a Abs. 1 Nr. 1 UStG). Ihn trifft die Verpflichtung, den jeweiligen Umsatz in seiner Umsatzsteuererklärung anzugeben. In der Regel hat er die Steuer zuvor seinem Kunden in Rechnung gestellt bzw. wird sie diesem berechnet.

In den Fällen des innergemeinschaftlichen Erwerbs von Gegenständen aus einem anderen EU-Land schuldet der **Erwerber** die Umsatzsteuer (§ 13a Abs. 1 Nr. 2 UStG), wenn er Unternehmer im Sinne des Umsatzsteuergesetzes ist.

Hat ein Unternehmer eine Lieferung als steuerfreie innergemeinschaftliche Lieferung behandelt, obwohl die Voraussetzungen hierfür nicht vorgelegen haben, kann er die Steuerbefreiung trotzdem beibehalten, wenn die Inanspruchnahme der Steuerbefreiung auf unrichtigen Angaben des Kunden beruht hat und er die Unrichtigkeit der Angaben nicht erkennen konnte. Die entgangene Steuer wird in diesen Fällen vom **Abnehmer** (Kunden) geschuldet (§ 13a Abs. 1 Nr. 3 UStG).

Wer in einer Rechnung Umsatzsteuer gesondert ausweist, ohne zum Steuerausweis berechtigt zu sein (z.B. Privatperson, Kleinunternehmer), schuldet die Steuer gem. § 14c Abs. 2 UStG (§ 13a Abs. 1 Nr. 4 UStG).

Findet die Regelung des innergemeinschaftlichen Dreiecksgeschäfts gem. § 25b UStG Anwendung, wird der **letzte Unternehmer** in der Lieferkette zum Steuerschuldner für die Lieferung an ihn. Damit soll vermieden werden, dass sich der mittlere Unternehmer im Bestimmungsland der Ware für umsatzsteuerliche Zwecke registrieren lassen muss (§ 13a Abs. 1 Nr. 5 UStG).

Lagern Gegenstände in einem Umsatzsteuerlager und werden diese dem Lager entnommen, schuldet der Unternehmer die Umsatzsteuer, dem die Auslagerung zuzurechnen ist (**Auslagerer**). Daneben wird auch der Lagerhalter zum Gesamtschuldner, wenn er entgegen den gesetzlichen Vorschriften nicht die inländische USt-IdNr. des Auslagerers oder dessen Fiskalvertreters aufzeichnet (§ 13a Abs. 1 Nr. 6 UStG).

Bei der Einfuhr von Waren aus dem Drittlandsgebiet wird neben Zöllen und ggf. besonderen Verbrauchsteuern auch die Einfuhrumsatzsteuer – von der Zollverwaltung – erhoben. Schuldner dieser Steuer ist in der Regel derjenige, der die importierten Waren zum zollrechtlich freien Verkehr anmeldet bzw. in dessen Namen die Waren zum zollrechtlich freien Verkehr angemeldet werden (**Anmelder**).

Für bestimmte Lieferungen und sonstige Leistungen schuldet nicht der leistende Unternehmer, sondern vielmehr der Abnehmer bzw. der **Leistungsempfänger** die Umsatzsteuer (Reverse-Charge). In welchen Fällen dies geschieht, regelt

§ 13b UStG. Einige dieser Anwendungsfälle sind zwingende Vorgaben der MwStSystRL, andere stehen im Ermessen des deutschen Gesetzgebers bzw. wurden zur Vorbeugung gegen den Umsatzsteuerbetrug einzelfallbezogen bei der EU beantragt. Da in den Fällen der Umkehr der Steuerschuldnerschaft die Umsatzsteuerzahllast und die Vorsteuerberechtigung in einer Person zusammenfallen, wird der Umsatzsteuerbetrug erheblich erschwert.

Das Reverse-Charge-Verfahren erfasst beispielsweise sonstige Leistungen und Werklieferungen von im Ausland ansässigen Unternehmen, Bau- bzw. Reinigungsleistungen oder die Lieferung von bestimmten Abfällen, Metallen, Mobilfunkgeräten, Tablet-Computern oder Spielekonsolen etc.

In den Fällen des Reverse-Charge-Verfahrens gelten von § 13 UStG abweichende Vorschriften für die Steuerentstehung.

# Steuerschuldner nach § 13a UStG (1/2)

Als Steuerschuldner gilt derjenige Unternehmer, dem die Verpflichtung obliegt, die Umsatzsteuer an das Finanzamt abzuführen. Im Alltag ist dies meist der leistende Unternehmer. Dieser stellt die Umsatzsteuer dem Leistungsempfänger (Kunden) in Rechnung. Wer für die einzelnen Umsatzsteuertatbestände als Steuerschuldner gilt, ergibt sich aus § 13a UStG.

| Norm des UStG | Tatbestand | Steuerschuldner |
|---|---|---|
| § 13a Abs. 1 Nr.1 | Steuerbarer Umsatz i.S.d. § 1 Abs. 1 Nr. 1 UStG | Leistender Unternehmer |
| § 13a Abs. 1 Nr. 1 | Steuerschuld aufgrund unrichtig ausgewiesener Umsatzsteuer auf einer Rechnung i.S.d. § 14c Abs. 1 UStG | Leistender Unternehmer = Rechnungsaussteller |
| § 13a Abs. 1 Nr. 2 | Getätigter innergemeinschaftlicher Erwerb i.S.d. § 1 Abs. 1 Nr. 5 UStG | Erwerber |
| § 13a Abs. 1 Nr. 3 | Vertrauensschutzregelung für die leistenden Unternehmer bei innergemeinschaftlichen Lieferungen i.S.d. § 6a Abs. 4 UStG | Abnehmer/Lieferempfänger |
| § 13a Abs. 1 Nr. 4 | Steuerschuld aufgrund unberechtigt ausgewiesener Umsatzsteuer auf einer Rechnung i.S.d. § 14c Abs. 2 UStG | Rechnungsaussteller |
| § 13a Abs. 1 Nr. 5 | Übergang der Steuerschuld auf den letzten Abnehmer in einem innergemeinschaftlichen Dreiecksgeschäft i.S.d. § 25b Abs. 2 UStG | Letzter Unternehmer (Abnehmer) in der Lieferkette |
| § 13a Abs. 1 Nr. 6 | Auslagerung aus einem Umsatzsteuerlager i.S.d. § 4 Nr. 4a Satz 1 Buchst. a Satz 2 UStG | Unternehmer, dem die Auslagerung zuzurechnen ist |
| § 13a Abs. 2 | Einfuhr aus dem Drittland (Einfuhrumsatzsteuer) | Zollschuldner gem. Vorschriften für Zölle (§ 21 Abs. 2 UStG) |

# Steuerschuldner nach § 13a UStG (2/2)

## Grundregel der Steuerschuldnerschaft

Leistender Unternehmer → Leistungsempfänger (Unternehmer)

stellt Rechnung mit
Umsatzsteuerausweis an

führt
Umsatzsteuer
ab

erhält
Vorsteuer
zurück

Finanzamt

**!**

**Ausfallrisiko**

für Finanzamt, wenn der Leistungsempfänger die Vorsteuer abzieht, jedoch der leistende Unternehmer die Umsatzsteuer nicht abführt

**Maßnahmen des FA zur Minimierung des Ausfallrisikos:**

- MwStSystRL sieht entgegen der Grundregel vor, dass in bestimmten Fällen die Steuerschuldnerschaft auf den Leistungsempfänger übergeht
- damit fallen Umsatzsteuer und Vorsteuer in einer Person zusammen
- einige dieser Regelungen sind von den EU-Staaten verpflichtend umzusetzen, andere sind optional
- stellen EU-Staaten besonders betrugsanfällige Vorgänge fest, kann länderspezifische Ermächtigung für Steuerschuldumkehr bei der EU beantragt werden
- durch sog. »Schnellreaktionsmechanismus« ist bei schwerwiegenden Betrugsfällen auch Einführung der Steuerschuldumkehr mittels Rechtsverordnung für max. neun Monate ohne vorherige Ermächtigung möglich

# Steuerschuldnerschaft des Leistungsempfängers (§ 13b UStG) (1/11)

In manchen Fällen geht die Verpflichtung zur Abführung der Umsatzsteuer auf den Leistungsempfänger über (Reverse-Charge-Verfahren).

Leistender Unternehmer → Leistungsempfänger

stellt Rechnung ohne
Umsatzsteuerausweis an

meldet          meldet
Umsatzsteuer    Vorsteuer
an              an

Finanzamt

**Minimierung des Ausfallrisikos**

für Finanzamt, weil der Leistungsempfänger die Umsatzsteuer anmeldet und i.d.R. in derselben Höhe Vorsteuer abzieht, d.h. keine Zahllast oder Erstattung

**Vorteile:**

- Entlastung ausländischer Unternehmer als Leistungserbringer von der Registrierungspflicht in Deutschland
- Minderung des Ausfallrisikos für den Fiskus; insbes. bei der Lieferung von Wirtschaftsgütern, die häufig zum Umsatzsteuerbetrug (z.B. Karussellgeschäfte) verwendet werden

## Grundsätzliches zum Reverse-Charge-Verfahren

**Person des Leistungsempfängers**

- Steuerschuldnerschaft kann grds. sowohl auf inländische als auch auf im Ausland ansässige Leistungsempfänger übergehen.

- Auch Kleinunternehmer (§ 19 UStG), Durchschnittsbesteuerer (§ 24 UStG) und Unternehmer, die ausschließlich steuerfreie Ausgangsumsätze tätigen, schulden in den Fällen des § 13b UStG als Leistungsempfänger die Steuer.

- Steuerschuldnerschaft geht auch dann über, wenn die Umsätze für den nichtunternehmerischen Bereich des Leistungsempfängers bezogen werden.

**Besonderheiten bei der Rechnungsstellung**

- Leistender Unternehmer ist verpflichtet, eine Rechnung auszustellen; die Rechnung muss den Hinweistext »Steuerschuldnerschaft des Leistungsempfängers« enthalten (Wortlaut zwingend vorgegeben!).

- Fehlt der Hinweistext wird der Leistungsempfänger trotzdem Steuerschuldner.

- Bemessungsgrundlage ist der in der Rechnung ausgewiesene Nettobetrag; die Umsatzsteuer ist vom Leistungsempfänger zu berechnen.

- Stellt der leistende Unternehmer eine Rechnung mit Steuerausweis aus, obwohl das Reverse-Charge-Verfahren Anwendung findet, schuldet er die ausgewiesene Steuer nach § 14c Abs. 1 UStG. Der Leistungsempfänger hat aus der Rechnung keinen zusätzlichen Vorsteuerabzug, sondern muss die Umsatzsteuer und ggf. Vorsteuer gem. § 13b UStG anmelden.

**Tatbestände** des Übergangs der Steuerschuld gem. **§ 13b UStG**

Nach **§ 3a Abs. 2 UStG** im Inland stpfl. sonstige Leistungen eines im übrigen Gemeinschaftsgebiet ansässigen Unternehmers (§ 13b **Abs. 1 UStG**)

Lieferung **sicherheitsübereigneter** Gegenstände (§ 13b **Abs. 2 Nr. 2 UStG**)

**Werklieferungen** im Ausland ansässiger Unternehmer (§ 13b **Abs. 2 Nr. 1 UStG**)

Umsätze, die unter das **GrEStG** fallen (§ 13b **Abs. 2 Nr. 3 UStG**)

Lieferung von **bestimmten Abfällen** lt. Anlage 3 UStG (§ 13b **Abs. 2 Nr. 7 UStG**)

**sonstige Leistungen** im Ausland ansässiger Unternehmer (§ 13b **Abs. 2 Nr. 1 UStG**)

Erbringung von **Bauleistungen** (§ 13b **Abs. 2 Nr. 4 UStG**)

**Reinigung von Gebäuden** (§ 13b Abs. 2 Nr. 8 UStG)

**bestimmte Lieferungen von Erdgas und Elektrizität** (§ 13b **Abs. 2 Nr. 5 UStG**)

Lieferung von **Gold** (§ 13b Abs. 2 Nr. 9 UStG)

Lieferung von **integrierten Schaltkreisen** (§ 13b Abs. 2 **Nr. 10 UStG**)

**Übertragung** von **Emmissions-Zertifikaten** (§ 13b Abs. 2 **Nr. 6 UStG**)

Lieferung von **Mobiltelefonen, Tablet-Computern und Spielekonsolen** (§ 13b Abs. 2 **Nr. 10 UStG**)

Lieferung von bestimmten **edlen und unedlen Metallen** (§ 13b Abs. 2 **Nr. 11 UStG**)

| | | |
|---|---|---|
| Nach **§ 3a Abs. 2 UStG** im Inland stpfl. sonstige Leistungen eines im übrigen Gemeinschaftsgebiet ansässigen Unternehmers (§ 13b **Abs. 1** UStG) | **Werklieferungen** im Ausland ansässiger Unternehmer (§ 13b **Abs. 2 Nr. 1** UStG) | **sonstige Leistungen** im Ausland ansässiger Unternehmer (§ 13b **Abs. 2 Nr. 1** UStG) |

## § 13b Abs. 1 i.V.m. Abs. 5 Satz 1 UStG

- Vorschrift findet Anwendung bei **grenzüberschreitenden B2B-Leistungen** in der EU, wenn der Leistungsempfänger in Deutschland sein Unternehmen betreibt
- Bestimmung des Leistungsorts muss sich nach **§ 3a Abs. 2 UStG** richten
- Leistungsempfänger wird Steuerschuldner, wenn er ein **Unternehmer** oder eine **juristische Person** ist
- damit wird Registrierungspflicht des leistenden Unternehmers in Deutschland vermieden
- leistender Unternehmer muss Rechnung netto ausstellen, auf die Steuerschuldnerschaft des Leistungsempfängers hinweisen und beide USt-IdNr. angeben (siehe Kapitel IX)
- Umsatz muss vom leistenden Unternehmer in seiner ZM unter der USt-IdNr. des Leistungsempfängers gemeldet werden; Finanzverwaltung kann daher überwachen, ob der Leistungsempfänger die die Steuer im Reverse-Charge anmeldet (**Datenabgleich**)
- Meldung der Umsatzsteuer in USt-VA des Leistungsempfängers in **Kz. 46/47**; Vorsteuer in **Kz. 67**

## § 13b Abs. 2 Nr. 1 i.V.m. Abs. 5 Satz 1 UStG

- Vorschrift findet Anwendung bei **grenzüberschreitenden Werklieferungen oder sonstigen Leistungen**, wenn der Leistungsort in Deutschland liegt
- Leistungsempfänger wird Steuerschuldner, wenn er ein **Unternehmer** oder eine **juristische Person** ist
- damit wird Registrierungspflicht des leistenden Unternehmers in Deutschland vermieden
- leistender Unternehmer muss Rechnung netto ausstellen und auf die Steuerschuldnerschaft des Leistungsempfängers hinweisen (siehe Kapitel IX)
- Umsatz muss vom leistenden Unternehmer nicht in der ZM gemeldet werden; kein Datenabgleich
- Meldung der Umsatzsteuer in USt-VA des Leistungsempfängers in **Kz. 84/85**; Vorsteuer in **Kz. 67**

# Steuerschuldnerschaft des Leistungsempfängers (§ 13b UStG) (5/11)

Lieferung **sicherheitsüber-eigneter** Gegenstände (§ 13b **Abs. 2 Nr. 2** UStG)

Umsätze, die unter das **GrEStG** fallen (§ 13b **Abs. 2 Nr. 3** UStG)

## § 13b Abs. 2 Nr. 2 i.V.m. Abs. 5 Satz 1 UStG

- Vorschrift findet Anwendung bei der **Lieferung sicherheitsüber-eigneter Gegenstände** vom Sicherungsgeber an den Sicherungs-nehmer außerhalb des Insolvenzverfahrens
- Leistungsempfänger wird Steuerschuldner, wenn er ein **Unternehmer** oder eine **juristische Person** ist
- Vorschrift soll Steuerausfälle verhindern, weil im Fall der Verwertung der Sicherungsgüter bereits Zahlungsschwierigkeiten beim Sicherungsgeber bestehen
- leistender Unternehmer muss Rechnung netto ausstellen und auf die Steuerschuldnerschaft des Leistungsempfängers hinweisen (siehe Kapitel IX)
- Meldung der Umsatzsteuer in USt-VA des Leistungsempfängers in **Kz. 84/85**; Vorsteuer in **Kz. 67**
- Sind bei der Lieferung vom Sicherungsgeber an den Sicherungs-nehmer außerhalb des Insolvenzverfahrens die Voraussetzungen des § 25a UStG (**Differenzbesteuerung**) erfüllt, hat der Sicherungs-nehmer die Steuer mit dem Regelsteuersatz auf die Marge zu berechnen.

## § 13b Abs. 2 Nr. 3 i.V.m. Abs. 5 Satz 1 UStG

- Vorschrift findet Anwendung bei der **Lieferung von Grundstücken** und anderen Umsätzen, die unter die Vorschriften des Grunderwerbsteuergesetzes fallen
- Umsätze grds. nach § 4 Nr. 9 Buchst. a UStG steuerfrei, jedoch Option gem. § 9 UStG möglich
- bei Ausübung der Option muss darauf geachtet werden, dass der leistende Unternehmer keine Rechnung mit Steuerausweis ausstellt bzw. der notarielle Vertrag keinen Umsatzsteuerausweis enthält (sonst § 14c UStG)
- Leistungsempfänger wird Steuerschuldner, wenn er ein **Unternehmer** oder eine **juristische Person** ist
- leistender Unternehmer muss Rechnung netto ausstellen und auf die Steuerschuldnerschaft des Leistungsempfängers hinweisen (siehe Kapitel IX)
- Meldung der Umsatzsteuer in USt-VA des Leistungsempfängers in **Kz. 73/74**; Vorsteuer in **Kz. 67**

Erbringung
von
**Bauleistungen**
(§ 13b **Abs. 2**
**Nr. 4** UStG)

## § 13b Abs. 2 Nr. 4 i.V.m. Abs. 5 Satz 2 UStG

- Vorschrift findet Anwendung bei der Erbringung von Werklieferungen und sonstigen Leistungen (**Bauleistungen**), die der Herstellung, Instandsetzung, Instandhaltung, Änderung oder Beseitigung von Bauwerken dienen – mit Ausnahme von Planungs- und Überwachungsleistungen
- Begriff des »**Bauwerks**« ist weit auszulegen; betroffen sind nicht nur Gebäude, sondern auch z.B. Straßen, Brücken, Tunnel
- betroffen sind auch Ausstattungsgegenstände und Maschinen, die auf Dauer in einem Bauwerk installiert sind und nicht bewegt werden können
- Begriff der »**Bauleistungen**« ist für Zwecke des § 13b Abs. 2 Nr. 4 UStG und der §§ 48 ff. EStG weitgehend gleich auszulegen
- Leistung muss sich unmittelbar auf die **Substanz des Bauwerks** auswirken (d.h. Erweiterung, Verbesserung, Beseitigung, Erhaltung, etc.)
- Beispiele für Leistungen, die als Bauleistungen angesehen werden vgl. A 13b.2 Abs. 5 UStAE; Beispiele für Leistungen, die keine Bauleistungen darstellen vgl. A 13b.2 Abs. 6 und 7 UStAE
- Leistungsempfänger wird Steuerschuldner, wenn er ein **Unternehmer** ist, der selbst **nachhaltig** Bauleistungen erbringt; unabhängig davon, ob er die bezogene Leistung selbst wieder für Bauleistungen verwendet
- nachhaltige Erbringung von Bauleistungen kann durch im Zeitpunkt der Bauausführung gültige **Bescheinigung** (USt 1 TG) nachgewiesen werden, die das zuständige Finanzamt jeweils befristet auf drei Jahre ausstellt
- Vorschrift soll dem Umsatzsteuerbetrug im Baugewerbe vorbeugen
- leistender Unternehmer muss Rechnung netto ausstellen und auf die Steuerschuldnerschaft des Leistungsempfängers hinweisen (siehe Kapitel IX)
- Meldung der Umsatzsteuer in USt-VA des Leistungsempfängers in **Kz. 84/85**; Vorsteuer in **Kz. 67**

# Steuerschuldnerschaft des Leistungsempfängers (§ 13b UStG) (7/11)

bestimmte
Lieferungen
von **Erdgas und
Elektrizität**
(§ 13b **Abs. 2
Nr. 5** UStG)

Übertragung
von
**Emmissions-
zertifikaten**
(§ 13b **Abs. 2
Nr. 6** UStG)

## § 13b Abs. 2 Nr. 5 i.V.m. Abs. 5 Sätze 3 und 4 UStG

- Vorschrift findet Anwendung auf die Lieferung
  - von **Gas** über das Erdgasnetz, **Elektrizität**, **Wärme oder Kälte** eines im Ausland ansässigen Unternehmers unter den Bedingungen des § 3g UStG (§ 13b Abs. 2 **Nr. 5 Buchst. a** UStG)
  - von Gas über das Erdgasnetz und Elektrizität, die nicht unter Buchst. a fällt (§ 13b Abs. 2 **Nr. 5 Buchst. b** UStG)
- In den Fällen des § 13b Abs. 2 **Nr. 5 Buchst. b** UStG wird der Leistungsempfänger zum Steuerschuldner, wenn er selbst Lieferungen von Erdgas erbringt bzw. wenn der liefernde Unternehmer und der Leistungsempfänger Wiederverkäufer von Elektrizität sind
- leistender Unternehmer muss Rechnung netto ausstellen und auf die Steuerschuldnerschaft des Leistungsempfängers hinweisen (siehe Kapitel IX)
- Meldung der Umsatzsteuer in USt-VA des Leistungsempfängers in **Kz. 84/85**; Vorsteuer in Kz. 67

## § 13b Abs. 2 Nr. 6 i.V.m. Abs. 5 Satz 1 UStG

- Vorschrift findet Anwendung beim **Handel mit Emissions-zertifikaten**
- Leistungsempfänger wird Steuerschuldner, wenn er ein **Unternehmer** ist
- Vorschrift soll Steuerausfälle verhindern, da im Handel mit Emissions-Zertifikaten in der Vergangenheit häufig Umsatzsteuerbetrug begangen wurde
- leistender Unternehmer muss Rechnung netto ausstellen und auf die Steuerschuldnerschaft des Leistungsempfängers hinweisen (siehe Kapitel IX)
- Meldung der Umsatzsteuer in USt-VA des Leistungsempfängers in **Kz. 84/85**; Vorsteuer in **Kz. 67**

Lieferung von
**bestimmten**
**Abfällen** lt.
Anlage 3 UStG
(§ 13b Abs. 2
**Nr. 7** UStG)

## § 13b Abs. 2 Nr. 7 i.V.m. Abs. 5 Satz 1 UStG

- Vorschrift findet Anwendung bei der Lieferung bestimmter **Abfälle**, die in der Anlage 3 zum UStG aufgelistet sind, z.B.
  - Schlacken, Zunder, Schlackensand und andere Abfälle aus der Eisen- und Stahlherstellung
  - Abfälle, Schnitzel und Bruch von Kunststoffen oder Weichkautschuk
  - Abfälle und Schrott von Edelmetallen und Edelmetallplattierungen
  - Abfälle und Schrott aus Eisen oder Stahl
  - Abfälle und Schrott aus Kupfer, Nickel, Aluminium, Blei, Zink, Zinn und einiger anderer unedler Metalle
  - Abfälle und Schrott von elektrischen Primärelementen, Primärbatterien und Akkumulatoren
- konkrete Einordnung der Gegenstände anhand Zolltarifnummern möglich; bestehen Zweifel, kann eine unverbindliche Zolltarifauskunft eingeholt werden
- Mischungen und Warenzusammensetzungen müssen grundsätzlich getrennt beurteilt werden; ist Trennung nicht möglich orientiert sich die Beurteilung am wesentlichen Bestandteil
- Leistungsempfänger wird Steuerschuldner, wenn er ein **Unternehmer** ist
- Vorschrift soll dem Umsatzsteuerbetrug vorbeugen
- leistender Unternehmer muss Rechnung netto ausstellen und auf die Steuerschuldnerschaft des Leistungsempfängers hinweisen (siehe Kapitel IX)
- Meldung der Umsatzsteuer in USt-VA des Leistungsempfängers in **Kz. 84/85**; Vorsteuer in **Kz. 67**

**Reinigung
von
Gebäuden**
(§ 13b Abs. 2
**Nr. 8** UStG)

Lieferung von
**Gold**
(§ 13b Abs. 2
**Nr. 9** UStG)

## § 13b Abs. 2 Nr. 8 i.V.m. Abs. 5 Satz 5 UStG

- Vorschrift findet Anwendung für die **Reinigung von Gebäuden und Gebäudeteilen**
- Leistungsempfänger wird Steuerschuldner, wenn er ein **Unternehmer** ist, der selbst **nachhaltig** Reinigungsleistungen von Gebäuden oder Gebäudeteilen erbringt
- nachhaltige Erbringung von Reinigungsleistungen kann durch **Bescheinigung** (USt 1 TG) nachgewiesen werden, die das zuständige Finanzamt jeweils befristet auf drei Jahre ausstellt
- Steuerschuld geht somit nur bei der Berechnung von Leistungen zwischen Reinigungsunternehmen über, z.B. bei der Beauftragung von Subunternehmern
- Vorschrift soll Steuerausfälle verhindern
- leistender Unternehmer muss Rechnung netto ausstellen und auf die Steuerschuldnerschaft des Leistungsempfängers hinweisen (siehe Kapitel IX)
- Meldung der Umsatzsteuer in USt-VA des Leistungsempfängers in **Kz. 84/85**; Vorsteuer in **Kz. 67**

## § 13b Abs. 2 Nr. 9 i.V.m. Abs. 5 Satz 1 UStG

- Vorschrift findet Anwendung auf die **Lieferung von Gold** mit einem Feingehalt von mind. 325 Tausendstel, in Rohform oder als Halbzeug (aus Position 7108 des Zolltarifs) und von Goldplattierungen mit einem Goldfeingehalt von mind. 325 Tausendstel (aus Position 7109)
- Leistungsempfänger wird Steuerschuldner, wenn er ein **Unternehmer** ist
- mit der Vorschrift soll Steuerbetrug im Goldhandel vorgebeugt werden
- leistender Unternehmer muss Rechnung netto ausstellen und auf die Steuerschuldnerschaft des Leistungsempfängers hinweisen (siehe Kapitel IX)
- Meldung der Umsatzsteuer in USt-VA des Leistungsempfängers in **Kz. 84/85**; Vorsteuer in **Kz. 67**

Lieferung von
**Mobiltelefonen,
Tablet-Computern
und Spielekonsolen**
(§ 13b Abs. 2
**Nr. 10** UStG)

Lieferung von
**integrierten
Schaltkreisen**
(§ 13b Abs. 2
**Nr. 10** UStG)

Lieferung von
bestimmten
**edlen und
unedlen Metallen**
(§ 13b Abs. 2
**Nr. 11** UStG)

## § 13b Abs. 2 Nr. 10 i.V.m. Abs. 5 Satz 1 UStG

- Vorschrift findet Anwendung auf die Lieferung von Mobilfunkgeräten, Tablet-Computern, Spielekonsolen sowie von integrierten Schaltkreisen vor Einbau in einen zur Lieferung auf Einzelhandelsstufe geeigneten Gegenstand, wenn die Summe der in Rechnung zu stellenden Entgelte im Rahmen eines wirtschaftlichen Vorgangs mind. 5.000 € beträgt

- Einzelrechnungen, die zum selben wirtschaftlichen Vorgang gehören, werden zusammengerechnet

- nachträgliche Minderungen des Entgelts bleiben unberücksichtigt

- Leistungsempfänger wird Steuerschuldner, wenn er ein **Unternehmer** ist

- Vorschrift soll Steuerausfälle durch Betrug (insbes. Karussellgeschäfte) verhindern

- leistender Unternehmer muss Rechnung netto ausstellen und auf die Steuerschuldnerschaft des Leistungsempfängers hinweisen (siehe Kapitel IX)

- Meldung der Umsatzsteuer in USt-VA des Leistungsempfängers in **Kz. 84/85**; Vorsteuer in **Kz. 67**

## § 13b Abs. 2 Nr. 11 i.V.m. Abs. 5 Satz 1 UStG

- Vorschrift findet Anwendung auf die Lieferung von bestimmten edlen und unedlen Metallen, die in Anlage 4 zum UStG aufgelistet sind, z.B.
  - Silber und Platin in Rohform oder als Halbzeug
  - Kupfer in verschiedenen Formen
  - Aluminium in verschiedenen Formen
  - Blei, Zink und Zinn in verschiedenen Formen

- Leistungsempfänger wird Steuerschuldner, wenn er ein **Unternehmer** ist und die Summe der in Rechnung zu stellenden Entgelte im Rahmen eines wirtschaftlichen Vorgangs mind. 5.000 € beträgt

- mit der Vorschrift soll Steuerbetrug vorgebeugt werden

- leistender Unternehmer muss Rechnung netto ausstellen und auf die Steuerschuldnerschaft des Leistungsempfängers hinweisen (siehe Kapitel IX)

- Meldung der Umsatzsteuer in USt-VA des Leistungsempfängers in **Kz. 84/85**; Vorsteuer in **Kz. 67**

# Steuerschuldnerschaft des Leistungsempfängers nach § 13b UStG (11/11)

 Was, wenn nur mit großem Aufwand feststellbar, ob die Voraussetzungen für den Übergang der Steuerschuldnerschaft vorliegen?

**Vereinfachungsregelung - § 13b Abs. 5 Satz 7 UStG**

Leistender Unternehmer und Leistungsempfänger können sich auf die Anwendung der Reverse-Charge-Regelung **einigen**.

## Vereinfachungsregelung – § 13b Abs. 5 Satz 7 UStG

Vereinfachungsregelung **nur anwendbar** auf folgende Tatbestände:

- Werklieferungen und sonstige Leistungen, die der Herstellung, Instandsetzung, Instandhaltung, Änderung oder Beseitigung von Bauwerken dienen (Bauleistungen) - § 13b Abs. 2 Nr. 4 UStG
- Lieferung von Gas über das Erdgasnetz und Elektrizität, die nicht unter Buchst. a fällt - § 13b Abs. 2 Nr. 5 Buchst. b UStG
- Lieferung bestimmter Abfälle, die in der Anlage 3 zum UStG aufgelistet sind - § 13b Abs. 2 Nr. 7 UStG
- Reinigung von Gebäuden und Gebäudeteilen - § 13b Abs. 2 Nr. 8 UStG
- Lieferung von Gold - § 13b Abs. 2 Nr. 9 UStG
- Lieferung von Mobilfunkgeräten, Tablet-Computern, Spielekonsolen sowie von integrierten Schaltkreisen - § 13b Abs. 2 Nr. 10 UStG
- Lieferung von bestimmten edlen und unedlen Metallen, die in Anlage 4 zum UStG aufgelistet sind - § 13b Abs. 2 Nr. 11 UStG

 Gehen Leistungsempfänger und leistender Unternehmer **bei Zweifeln** übereinstimmend vom Reverse-Charge-Verfahren aus, wird dies von der Finanzverwaltung im Nachhinein grds. nicht beanstandet, soweit durch die unrichtige Beurteilung keine Steuerausfälle entstanden sind.

# Entstehung der Steuerschuld gem. § 13b UStG

### Entstehung der Steuerschuld bei §13b Abs. 1 UStG

- Umsatzsteuer entsteht mit Ablauf des **Voran-meldungszeitraums, in dem die Leistung aus-geführt** worden ist, d.h. der Leistungsempfänger muss die Steuer in diesem Zeitraum in seiner USt-VA angeben
- korrespondierend muss der Umsatz im selben Zeitraum vom leistenden Unternehmer in ZM angegeben werden

### Entstehung der Steuerschuld bei §13b Abs. 2 UStG

- Umsatzsteuer entsteht mit **Ausstellung der Rechnung**, spätestens jedoch mit Ablauf des der Ausführung der Leistung folgenden Voranmeldungszeitraums

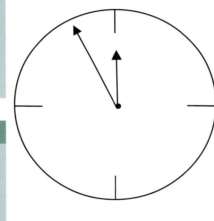

Wird das Entgelt oder ein Teil des Entgelts vom leistenden Unternehmer vereinnahmt, bevor die Leistung ausgeführt worden ist, entsteht insoweit die Steuer mit Ablauf des Voranmeldungs-zeitraums, in dem das Entgelt oder Teilentgelt vereinnahmt worden ist.

Aus Vereinfachungsgründen kann der Leistungsempfänger die Umsatzsteuer in dem Voranmel-dungszeitraum anmelden, in dem er das Entgelt bezahlt hat.

Werden sonstige Leistungen **dauerhaft** über einen Zeitraum von mehr als einem Jahr erbracht, entsteht die Steuer spätestens mit Ablauf eines jeden Kalenderjahrs (§13b Abs. 3 UStG).

Grundsätze gelten auch bei der Erbringung von Teilleistungen (§ 13b Abs. 4 UStG)

# Im Ausland ansässiger Unternehmer – Definition (§ 13b Abs. 7 UStG) (1/2)

Die Vorschriften des § 13b UStG setzen teilweise voraus, dass der leistende Unternehmer im Ausland (§ 13b Abs. 2 Nr. 1 UStG) oder im übrigen Gemeinschaftsgebiet (§ 13b Abs. 1 UStG) ansässig ist. Daher enthält § 13b Abs. 7 UStG die entsprechenden Definitionen.

| umsatzsteuerliches Ausland = alles was nicht Deutschland ist | übriges Gemeinschaftsgebiet = alle Gebiete der EU, die nicht Deutschland sind |
|---|---|
| Ein »**im Ausland ansässiger Unternehmer**« ist ein Unternehmer, der im umsatzsteuerlichen Inland weder seinen Unternehmenssitz, seine Geschäftsleitung noch eine Betriebsstätte hat. Ein privater Wohnsitz oder gewöhnlicher Aufenthalt im Inland führt allein nicht zu einer Ansässigkeit im Inland für umsatzsteuerliche Zwecke. | Ein »**im übrigen Gemeinschaftsgebiet ansässiger Unternehmer**« ist ein Unternehmer, der in den Gebieten der anderen EU-Mitgliedstaaten, die nach dem Unionsrecht als Inland dieser Mitgliedstaaten gelten, seinen Unternehmenssitz, seine Geschäftsleitung oder eine Betriebsstätte hat. Ein privater Wohnsitz oder gewöhnlicher Aufenthalt im übrigen Gemeinschaftsgebiet führt allein nicht zu einer Ansässigkeit im übrigen Gemeinschaftsgebiet für umsatzsteuerliche Zwecke. |

Hat ein im Ausland ansässiger Unternehmer im Inland eine **Betriebsstätte**, gilt er nur dann als im Inland ansässig, wenn diese Betriebsstätte an dem Umsatz beteiligt ist. Dies ist grds. der Fall, wenn der Unternehmer für den zu beurteilenden Umsatz die technische und personelle Ausstattung der inländischen Betriebsstätte nutzt. Nicht als Nutzung gelten lediglich unterstützende Arbeiten, wie z.B. Buchhaltung, Rechnungsstellung, Einziehung von Forderungen.
Verwendet der leistende Unternehmer bei der Rechnungsstellung die der Betriebsstätte erteilte USt-IdNr., gilt die Betriebsstätte jedoch stets als an dem Umsatz beteiligt.

Hat ein Unternehmer seinen **Unternehmenssitz** im Inland und erbringt von einer im Ausland gelegenen Betriebsstätte aus einen Umsatz, ist er dennoch als im Inland ansässig zu betrachten, auch wenn der Unternehmenssitz tatsächlich an dem Umsatz nicht beteiligt war.

## Im Ausland ansässiger Unternehmer – Definition gem. § 13b Abs. 7 UStG (2/2)

Besitzt ein ausländischer Unternehmer ein im Inland gelegenes, steuerpflichtig vermietetes **Grundstück**, ist er insoweit als im Inland ansässig zu behandeln. Der Leistungsempfänger (Mieter) schuldet **nicht** die Steuer für die Vermietungsumsätze.

Hat der Leistungsempfänger Zweifel, ob sein Vertragspartner ein im Ausland bzw. im übrigen Gemeinschaftsgebiet ansässiger Unternehmer ist, schuldet der Leistungsempfänger grundsätzlich die Steuer nach § 13b UStG.
Die Steuerschuldnerschaft geht allerdings nicht über, wenn der leistende Unternehmer durch eine **Bescheinigung** des für ihn zuständigen Finanzamts nachweist, dass er im Inland ansässig ist.
Die Bescheinigung ist vom Finanzamt nach dem **Muster USt1TN** zu erteilen und wird auf ein Jahr befristet.

Die Tatsache, dass ein Unternehmer bei einem Finanzamt im Inland umsatzsteuerlich geführt wird oder ihm eine deutsche USt-IdNr. erteilt wurde, ist **kein Merkmal** dafür, dass er im Inland ansässig ist.

Zur Definition von umsatzsteuerlichem Inland, Gemeinschaftsgebiet und Drittlandsgebiet siehe auch Kapitel II.

# Kapitel IX: Rechnungen

Das Allphasen-Netto-Umsatzsteuersystem mit Vorsteuerabzug beruht auf zwei Fundamenten – der Umsatzsteuer und der Vorsteuer. Dabei kommt der Rechnung eine zentrale Rolle für das Funktionieren des Umsatzsteuersystems zu. Die Abrechnung über eine Leistung des Unternehmers muss so beschaffen sein, dass sowohl die Besteuerung des Umsatzes beim Leistenden als auch die Möglichkeit des Vorsteuerabzugs beim Leistungsempfänger gewährleistet wird. Mit §§ 14 und 14a UStG hat der Gesetzgeber Regelungen zur Rechnung geschaffen, die in enger Verbindung mit § 15 UStG – Regelung zum Vorsteuerabzug – stehen.

Eine **Pflicht zur Ausstellung** einer Rechnung im umsatzsteuerlichen Sinne besteht immer dann, wenn ein Unternehmer eine Lieferung oder sonstige Leistung an einen anderen Unternehmer für dessen Unternehmen oder an eine juristische Person ausführt. Erbringt der Unternehmer steuerpflichtige Werklieferungen oder sonstige Leistungen in Zusammenhang mit einem Grundstück (z. B. Erschließungs- und Pflegearbeiten), besteht diese Verpflichtung auch gegenüber Privatpersonen (§ 14 Abs. 2 UStG).

Eine Rechnung kann auf Papier oder als **elektronische Rechnung** übermittelt werden. Mit dem Steuervereinfachungsgesetz 2011 wurden die umsatzsteuerlichen Anforderungen an eine elektronische Rechnung reduziert, so dass Papier- und elektronische Rechnungen nun gleichgestellt sind. So sind die Echtheit der Herkunft, die Unversehrtheit des Inhalts sowie die Lesbarkeit von Rechnungen – unabhängig von der Art der Rechnungsstellung – stets zu gewährleisten. Darüber hinaus müssen die Besonderheiten für die Aufbewahrung der elektronischen Rechnungen beachtet werden.

Als Rechnung kann jedes Dokument angesehen werden, mit dem über eine Lieferung oder sonstige Leistung abgerechnet wird. Die Bezeichnung dieses Dokuments als »Rechnung« ist nicht erforderlich. So gelten beispielsweise Fahrausweise, Quittungen aber auch Verträge als Rechnungen, wenn sie den Formvorschriften entsprechen. Unter bestimmten Bedingungen ist anstelle einer Rechnung auch eine Abrechnung durch den Leistungsempfänger mittels einer **Gutschrift** möglich. Diese muss jedoch ausdrücklich als eine solche gekennzeichnet werden.

Das UStG enthält umfassende Vorgaben, wie eine Rechnung auszusehen hat. So muss eine Rechnung bestimmte **Pflichtangaben** enthalten. Die Angaben in der Rechnung müssen vollständig und richtig sein, damit diese den Rechnungsempfänger zum Vorsteuerabzug berechtigt. Fehlt auch nur eine der Angaben oder sind diese nicht korrekt, wird dem Leistungsempfänger der Vorsteuerabzug nicht gewährt (§ 15 Abs. 1 Nr. 1 UStG). Die Finanzämter prüfen im Rahmen von Umsatzsteuer-Sonderprüfungen sehr gründlich, ob die Rechnungen alle Voraussetzungen für einen Vorsteuerabzug erfüllen. Ist dies nicht der Fall, droht eine Rückforderung der geltend gemachten Vorsteuer.

Erleichterungen bei der Rechnungsausstellung bestehen für Kleinbetragsrechnungen. Darüber hinaus verlangen **Sonderregelungen** teilweise auch zusätzliche Angaben und Hinweise auf der Rechnung (§ 14a UStG). So ist bei grenzüberschreitenden Umsätzen, bei denen die Pflicht zur Steuerzahlung auf den Leistungsempfänger übergeht (z. B. bei Dreiecksgeschäften oder bei Reverse-Charge-Verfahren), nur der Nettobetrag auszuweisen und ein Hinweis auf die Steuerschuldnerschaft des Leistungsempfängers auf der Rechnung anzubringen. Teilweise verlangen Sonderregelungen auch die Angabe der **Umsatzsteuer-Identifikationsnummer** des Leistungsempfängers auf der Rechnung, welcher seit 2019 noch größere Bedeutung zugesprochen wird.

Wer eine **Rechnung falsch ausstellt** (z. B. unrichtig oder unberechtigt ausgewiesene Steuer), gefährdet hierdurch das Steueraufkommen, weil die Rechnung vom Empfänger potenziell zum Vorsteuerabzug benutzt werden könnte. Er schuldet deshalb gegenüber der Finanzbehörde den ausgewiesenen Betrag, bis er die Rechnung berichtigt (§ 14c UStG). Zugleich jedoch steht einem Leistungsempfänger, der eine Rechnung akzeptiert hat, in der die Umsatzsteuer falsch ausgewiesen ist, aus dieser Rechnung kein Vorsteuerabzug für diesen Mehr- oder Minderbetrag zu (§ 15 Abs. 1 Nr. 1 UStG); er muss vielmehr auf **Rechnungsberichtigung** und ggf. Erstattung der zu viel bezahlten Umsatzsteuer durch seinen Geschäftspartner bestehen. Ist die Rechnung allerdings nur formell mangelhaft (z. B. nicht hinreichend bezeichnete Leistungsbeschreibung oder fehlender Leistungszeitpunkt), kann die Rechnung auch rückwirkend korrigiert werden. Damit bleibt dem Leistungsempfänger der Vorsteuerabzug aus der ursprünglichen (falschen) Rechnung erhalten, so dass er weder mit einer Rückzahlung der Vorsteuer noch mit einer Zinsfestsetzung rechnen muss.

Neben der Ausstellungspflicht hat ein Unternehmer ein Doppel der Rechnung, die er selbst ausgestellt hat, sowie alle Rechnungen, die er erhalten hat, nach den allgemeinen **Aufbewahrungsregeln** zehn Jahren zu archivieren. Die Lesbarkeit und Einsichtnahme durch die Finanzverwaltung muss während des gesamten Zeitraums stets gewährleistet sein.

Verstößt der leistende Unternehmer gegen die Verpflichtung zur Ausstellung der Rechnung oder gegen Verpflichtung zur Aufbewahrung, kann das mit einem Bußgeld bis zu 5.000 € geahndet werden (§ 26a UStG).

# Pflichtangaben auf Rechnungen über steuerpflichtige Leistungen (§ 14 Abs. 4 UStG i.V.m. § 31 UStDV) (1/2)

## Eine zum Vorsteuerabzug berechtigende Rechnung muss folgende Pflichtangaben enthalten

| Vollständiger Name und vollständige Anschrift des leistenden Unternehmers und des Leistungsempfängers | Steuer-Nr. oder USt-IdNr. des leistenden Unternehmers (Rechnungsaussteller) | Ausstellungsdatum der Rechnung | Fortlaufende und einmalige Rechnungsnummer | Leistungsbeschreibung |
|---|---|---|---|---|
| **Wichtig:** Auf genaue Firmierung achten. Die Identität der Beteiligten muss **eindeutig erkennbar** sein. NEU: Postfach-/ Briefkastenadresse ausreichend[1] | **Wichtig:** Nummernformat stets **auf Richtigkeit prüfen. Vorsteuerabzug bleibt erhalten**, wenn die Nummer unrichtig ist und der Leistungsempfänger dies nicht erkennen konnte. Im Fall der **Gutschrift:** Steuernummer bzw. USt-IdNr. des Gutschriftempfängers | **Wichtig:** Ausstellungsdatum und Datum der Leistungserbringung sind **nicht immer** identisch. | **Wichtig:** Bei **Dauerleistungen** (z.B. Mietverträgen) gilt Vertragsnummer bzw. Objektnummer als Rechnungsnummer. **Vorsteuerabzug bleibt erhalten**, wenn die Rechnungsnummer unrichtig ist und der Leistungsempfänger dies nicht erkennen konnte. | **Wichtig:** Die handelsübliche Bezeichnung der Leistung muss **eindeutig und leicht nachprüfbar** sein. Allgemeine Beschreibungen wie »Beratungsleistung«, »nach mündlicher Vereinbarung« oder »Renovierungsarbeiten« reichen für den Vorsteuerabzug **nicht** aus! |

 In den Fällen der **Ausstellung der Rechnung durch den Leistungsempfänger** = umsatzsteuerliche Gutschrift (§ 14 Abs. 2 Satz 2 UStG) muss das Dokument **zwingend als »Gutschrift«** bezeichnet werden (§ 14 Abs. 4 Nr. 10 UStG).

[1] BFH vom 21.06.2018, VR 28/16

# Pflichtangaben auf Rechnungen über steuerpflichtige Leistungen (§ 14 Abs. 4 UStG i.V.m. § 31 UStDV) (2/2)

## Eine zum Vorsteuerabzug berechtigte Rechnung muss folgende Pflichtangaben enthalten

| Leistungszeitpunkt/ -zeitraum | Entgelt | Steuersatz und Steuerbetrag | Hinweis auf Steuerschuld des Rechnungsempfängers | Hinweis auf Aufbewahrungs- verpflichtung bei grundstücksbezoge- nen Leistungen |
|---|---|---|---|---|
| **Wichtig:** Angabe des **Kalender- monats** nach § 31 Abs. 4 UStDV ausreichend. Bei identischem Rech- nungs- und Ausstellungs- datum **doppelte Angabe**. Es reicht aber der Satz »Leistungsdatum ent- spricht Rechnungs- datum«. Bei **Anzahlungen**: Angabe des Zeitpunkts der Vereinnahmung des Anzahlungsbetrags, sofern dieser feststeht. | **Entgelt** ist alles, was den Wert der Gegenleistung bildet, die der leistende Unternehmer vom Leis- tungsempfänger erhält, jedoch abzüglich der Umsatzsteuer (§ 10 Abs. 1 Satz 2 UStG) **Wichtig:** Ggf. Aufschlüsselung nach Steuersätzen notwendig. Hinweis auf im Voraus vereinbarte Minderung des Entgelts (z.B. Skonti, Rabatte). | **Wichtig:** Bei **Fremdwährung**: Umrechnung zum aktuell veröffentlichten Kurs. Findet eine **Steuerbefrei- ung** Anwendung, muss die Rechnung einen **Hinweis** hierauf enthal- ten. | **Wichtig:** In den Fällen des Reverse- Charge-Verfahrens ist ein Hinweistext »**Steuer- schuldnerschaft des Leistungsempfängers**« vorgeschrieben. Bei fehlendem Hinweis auf den Übergang der Steuerschuldnerschaft **bleibt der Vorsteuer- abzug bestehen**, wenn die übrigen Vorausset- zungen hierfür vorliegen. | **Wichtig:** **Aufbewahrungspflicht** beträgt zwei Jahre. Ausnahme: Kleinbetragsrechnungen |

**Rechnungsstellungsfrist:**
Eine Rechnung über steuerpflichtige Leistungen muss **innerhalb von sechs Monaten** nach Ausführung der Leistung ausgestellt werden (§ 14 Abs. 2 Nr. 2 UStG). Dies gilt auch bei einer Werklieferung oder sonstigen Leistung an einem Grundstück an eine Privatperson.

# Angaben auf Rechnungen über steuerfreie Leistungen

**Eine Rechnung über steuerfreie Leistungen i.S.d. § 4 UStG sollte folgende Angaben enthalten:**

- Vollständiger Name und vollständige Anschrift des leistenden Unternehmers und des Leistungsempfängers

- Angabe der USt-IdNr. des leistenden Unternehmers und des Leistungsempfängers

- Fortlaufende und einmalige Rechnungsnummer

- Ausstellungsdatum der Rechnung

- Zeitpunkt der Lieferung oder sonstigen Leistung

- Menge und handelsübliche Bezeichnung der Lieferung oder Art und Umfang der sonstigen Leistung

- Ausweis des Nettobetrages (Entgelt) aufgeschlüsselt nach einzelnen Steuerbefreiungen

- Jede im Voraus vereinbarte Minderung des Entgelts

- **Hinweis auf Steuerbefreiung**

Im Rechnungstext sollte deutlich zum Ausdruck kommen, nach welcher Vorschrift der Umsatz steuerfrei ist. Paragraphen müssen nicht zwingend angegeben werden.

Insbesondere im grenzüberschreitenden Waren- und Dienstleistungsverkehr verlangt die Sonderregelung des § 14a UStG zusätzliche Pflichtangaben und Hinweise.

Musterlieferant
Musterstr. 1, Stuttgart
USt-IdNr. DE123456789

Musterkunde
Musterstraße 22
Wien
Österreich
USt-IdNr. ATU 12345678
Rechnung Nr. 45/2020
Leistungsdatum: 18.03.2020          Musterstadt, 24.03.2020

| Pos. | Bezeichnung | Preis |
|------|-------------|-------|
| 1 | 1 Musterware Modell AX 22 | 718,17 € |
| 2 | 1 Musterware Modell DY 88 | 728,87 € |

Summe Waren          1.447,04 €
Umsatzsteuer          0,00 €

**Rechnungsbetrag gesamt**

Es handelt sich um eine steuerfreie innergemeinschaftliche Lieferung.

# Elektronische Rechnungen (§ 14 Abs. 3 UStG) (1/3)

**Definition:**
Eine elektronische Rechnung ist eine Rechnung, die in einem elektronischen Format ausgestellt und empfangen wird (§ 14 Abs. 1 Satz 8 UStG). Darunter fallen Rechnungen, die
- per E-Mail ggf. mit pdf- oder Textdateianhang
- per Computer-Telefax oder Fax-Server
- per Web-Download
- im Wege des Datenträgeraustauschs (EDI)

übermittelt werden.

## Voraussetzungen für die Anerkennung einer elektronischen Rechnung

### Zustimmung des Rechnungsempfängers

Rechnungen dürfen nur elektronisch übermittelt werden, wenn der Empfänger zustimmt!

Zustimmung bedarf **keiner besonderen Form**; mögliche Formen der Zustimmung:

- Anerkennung einer entsprechenden Klausel in den AGB/Einkaufsbedingungen durch den Kunden
- Zustimmungserklärung durch den Kunden
- Stillschweigende Zustimmung durch Annahme und Bezahlung der Rechnung

### Rechnung i.S.d. §§ 14 Abs. 4, 14a UStG

Inhaltlich muss die elektronische Rechnung dieselben Voraussetzungen erfüllen wie die Papierrechnung, damit sie zum Vorsteuerabzug berechtigt.

 **Verletzung der Aufbewahrungspflichten** kann mit einer Geldbuße i.H.v. bis zu 5.000 € geahndet werden (§ 26a UStG).

**Der Anspruch auf Vorsteuerabzug bleibt unberührt!**

### Archivierung

- Aufbewahrungsdauer von **10 Jahren**
- Speicherung der elektronischen Rechnungen auf einem Datenträger, der Änderungen nicht mehr zulässt:
  - z.B. nur einmal beschreibbare CDs oder DVDs
  - bei Versand der Rechnung als pdf-Anhang zu einer E-Mail ist sowohl die pdf, als auch die E-Mail elektronisch aufzubewahren (E-Mail dient als Nachweis, wann die Rechnung tatsächlich eingegangen ist)
- Umwandlung in ein anderes Dateiformat für Archivierungszwecke nicht zugelassen.
- Ausdruck der elektronischen Rechnung und anschließende Löschung der Datei nicht zulässig.

# Elektronische Rechnungen (§ 14 Abs. 3 UStG) (2/3)

## Voraussetzungen für die Anerkennung einer elektronischen Rechnung

### Echtheit der Herkunft
(Sicherstellung der Identität des Rechnungsausstellers)

- Der **Rechnungsaussteller** muss mit seinen Aufzeichnungen nachweisen können, dass die Rechnung von ihm selbst oder in seinem Namen und für seine Rechnung von einem Dritten ausgestellt wurde.
- Der **Rechnungsempfänger** muss gewährleisten, dass die eingegangene Rechnung vom beauftragten Lieferer stammt. Er muss die Korrektheit der Angaben bezüglich der Identität des Lieferers/Ausstellers der Rechnung (z.B. Bankverbindung) überprüfen.

### Unversehrtheit des Inhalts
(Unveränderheit der Rechnungsangaben während der Übermittlung)

- Der nach dem Umsatzsteuergesetz erforderliche **Rechnungsinhalt** darf bei der Übermittlung vom Rechnungsaussteller an den Rechnungsempfänger **nicht geändert** werden.
- Speicherung der Rechnung unter anderem Namen ist **erlaubt** (z.B. zur Anpassung an innerbetriebliche Ablagestruktur).
- Den **Nachweis** der Unversehrtheit des Inhalts einer Rechnung müssen sowohl Rechnungsaussteller als auch Rechnungsempfänger führen können.

### Lesbarkeit der Rechnung
(Erkennbarkeit »für das menschliche Auge«)

- Die elektronische Rechnung muss für das menschliche Auge lesbar gemacht werden können.
- **EDI- und XML-Nachrichten** werden in ihrem Originalformat nicht als vom Menschen lesbar angesehen.
- Die Lesbarkeit muss **bis zum Ende der Aufbewahrungsdauer** erhalten bleiben, d.h. der Unternehmer muss die entsprechenden EDV-Programme zur Anzeige der Rechnungen mind. 10 Jahre auf seinem EDV-System vorhalten.
- Die Anforderung gilt als erfüllt, wenn die Rechnung auf Verlangen der Finanzbehörde innerhalb einer angemessenen Frist auf einem Bildschirm sichtbar gemacht werden kann.

 Gewährleistung durch gewöhnliche **innerbetriebliche Kontrollverfahren**, die einen verlässlichen Prüfpfad zwischen Rechnung und Leistung schaffen.

# Elektronische Rechnungen (§ 14 Abs. 3 UStG) (3/3)

## Ablauf der elektronischen Rechnungsabwicklung beim ...

### Rechnungsaussteller

1. **Zustimmung** des Empfängers einholen.

2. Gewährleistung der **Unversehrtheit des Inhalts** bei Verwendung einer einfachen elektronischen Rechnung (z.B. Versand einer Rechnung im pdf-Format als Anhang an einer E-Mail).

3. Elektronische **Archivierung** der Kopien der Ausgangsrechnungen.

4. **Dokumentation** des Verfahrens zum Versand elektronischer Rechnung.

### Rechnungsempfänger

1. Überlegung, ob Zustimmung zum Empfang elektronischer Rechnungen erteilt werden soll.

2. Prüfung der gesetzlichen Anforderungen (innerbetriebliches Kontrollverfahren):
   - Echtheit der Herkunft und Unversehrtheit des Inhalts
   - Verlässlicher Prüfpfad zwischen Rechnung und Leistung (in der einfachsten Form z.B. durch einen manuellen Abgleich der Rechnung mit der Bestellung und gegebenenfalls dem Lieferschein)

   Kann ein »verlässlicher Prüfpfad« **nicht** nachgewiesen werden, besteht **kein Recht auf Vorsteuerabzug** aus den elektronischen Eingangsrechnungen.

   - Pflichtangaben für den Vorsteuerabzug (§§ 14 Abs. 4, 14a UStG)

3. Elektronische **Archivierung** der Rechnungen (System für elektronische Archivierung muss vorhanden sein).

4. **Dokumentation** des Verfahrens zum Empfang elektronischer Rechnung.

 **Steuerschuld nach § 14c UStG:** Stellt der Unternehmer für ein und dieselbe Leistung mehrere Rechnungen aus, schuldet er den darin »doppelt« ausgewiesenen Steuerbetrag.

**Keine** Steuerschuld nach § 14c UStG entsteht, wenn
- die Rechnungen als Duplikat oder Kopie gekennzeichnet sind oder
- dem Inhalt nach völlig identisch übersandt wurden.

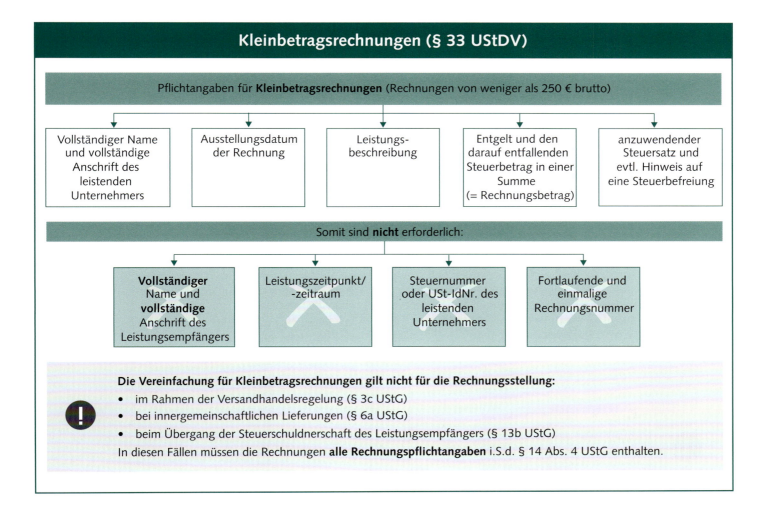

# Kleinbetragsrechnungen (§ 33 UStDV)

**Pflichtangaben für Kleinbetragsrechnungen** (Rechnungen von weniger als 250 € brutto)

| Vollständiger Name und vollständige Anschrift des leistenden Unternehmers | Ausstellungsdatum der Rechnung | Leistungs-beschreibung | Entgelt und den darauf entfallenden Steuerbetrag in einer Summe (= Rechnungsbetrag) | anzuwendender Steuersatz und evtl. Hinweis auf eine Steuerbefreiung |
|---|---|---|---|---|

Somit sind **nicht** erforderlich:

| **Vollständiger** Name und **vollständige** Anschrift des Leistungsempfängers | Leistungszeitpunkt/ -zeitraum | Steuernummer oder USt-IdNr. des leistenden Unternehmers | Fortlaufende und einmalige Rechnungsnummer |
|---|---|---|---|

**Die Vereinfachung für Kleinbetragsrechnungen gilt nicht für die Rechnungsstellung:**

- im Rahmen der Versandhandelsregelung (§ 3c UStG)
- bei innergemeinschaftlichen Lieferungen (§ 6a UStG)
- beim Übergang der Steuerschuldnerschaft des Leistungsempfängers (§ 13b UStG)

In diesen Fällen müssen die Rechnungen **alle Rechnungspflichtangaben** i.S.d. § 14 Abs. 4 UStG enthalten.

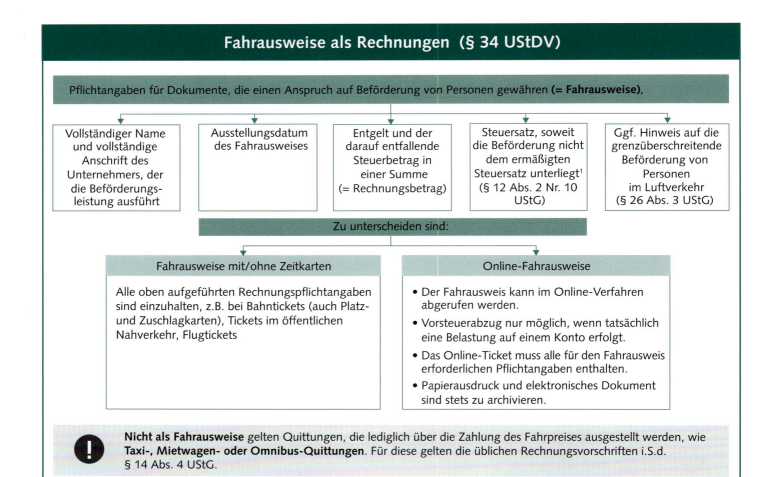

# Fahrausweise als Rechnungen (§ 34 UStDV)

Pflichtangaben für Dokumente, die einen Anspruch auf Beförderung von Personen gewähren (= **Fahrausweise)**,

| Vollständiger Name und vollständige Anschrift des Unternehmers, der die Beförderungsleistung ausführt | Ausstellungsdatum des Fahrausweises | Entgelt und der darauf entfallende Steuerbetrag in einer Summe (= Rechnungsbetrag) | Steuersatz, soweit die Beförderung nicht dem ermäßigten Steuersatz unterliegt[1] (§ 12 Abs. 2 Nr. 10 UStG) | Ggf. Hinweis auf die grenzüberschreitende Beförderung von Personen im Luftverkehr (§ 26 Abs. 3 UStG) |

### Zu unterscheiden sind:

**Fahrausweise mit/ohne Zeitkarten**

Alle oben aufgeführten Rechnungspflichtangaben sind einzuhalten, z.B. bei Bahntickets (auch Platz- und Zuschlagkarten), Tickets im öffentlichen Nahverkehr, Flugtickets

**Online-Fahrausweise**

- Der Fahrausweis kann im Online-Verfahren abgerufen werden.
- Vorsteuerabzug nur möglich, wenn tatsächlich eine Belastung auf einem Konto erfolgt.
- Das Online-Ticket muss alle für den Fahrausweis erforderlichen Pflichtangaben enthalten.
- Papierausdruck und elektronisches Dokument sind stets zu archivieren.

**!** **Nicht als Fahrausweise** gelten Quittungen, die lediglich über die Zahlung des Fahrpreises ausgestellt werden, wie **Taxi-, Mietwagen- oder Omnibus-Quittungen**. Für diese gelten die üblichen Rechnungsvorschriften i.S.d. § 14 Abs. 4 UStG.

[1] Grundsätzlich bei einer Beförderungsstrecke von **mehr als 50 km**; ausgenommen Beförderungsstrecke im Schienenbahn-Fernverkehr (diese unterliegt seit 01.01.2020 7 % statt 19 % USt).

# Gutschriften (§ 14 Abs. 2 Satz 2 UStG) (1/2)

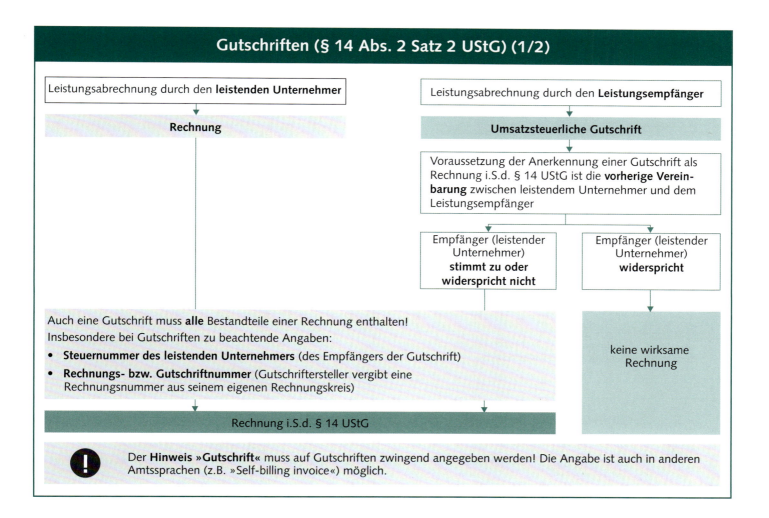

Leistungsabrechnung durch den **leistenden Unternehmer**

**Rechnung**

Leistungsabrechnung durch den **Leistungsempfänger**

**Umsatzsteuerliche Gutschrift**

Voraussetzung der Anerkennung einer Gutschrift als Rechnung i.S.d. § 14 UStG ist die **vorherige Vereinbarung** zwischen leistendem Unternehmer und dem Leistungsempfänger

Empfänger (leistender Unternehmer) **stimmt zu oder widerspricht nicht**

Empfänger (leistender Unternehmer) **widerspricht**

Auch eine Gutschrift muss **alle** Bestandteile einer Rechnung enthalten!

Insbesondere bei Gutschriften zu beachtende Angaben:

- **Steuernummer des leistenden Unternehmers** (des Empfängers der Gutschrift)
- **Rechnungs- bzw. Gutschriftnummer** (Gutschriftersteller vergibt eine Rechnungsnummer aus seinem eigenen Rechnungskreis)

keine wirksame Rechnung

**Rechnung i.S.d. § 14 UStG**

**!** Der **Hinweis »Gutschrift«** muss auf Gutschriften zwingend angegeben werden! Die Angabe ist auch in anderen Amtssprachen (z.B. »Self-billing invoice«) möglich.

# Gutschriften (§ 14 Abs. 2 Satz 2 UStG) (2/2)

Im allgemeinen Sprachgebrauch wird der Begriff der **Gutschrift** auch für andere kaufmännische Dokumente verwendet. Daher ist für umsatzsteuerliche Zwecke eine Unterscheidung zwischen umsatzsteuerlicher und kaufmännischer Gutschrift sehr wichtig.

| **umsatzsteuerliche  Gutschrift**<br>engl.: self billing invoice | **kaufmännische Gutschrift**<br>engl.: credit note |
|---|---|

| Nur die umsatzsteuerlichen Gutschriften dürfen mit dem entsprechenden Hinweis »**Gutschrift**« gekennzeichnet werden. | Kaufmännische Gutschriften sind **keine Gutschriften im umsatzsteuerlichen Sinne**!<br>Sie sollten als »**Rechnungsstorno**« oder »**Rechnungskorrektur**« bezeichnet werden. |
|---|---|

 Erhält ein Unternehmer eine  Stornorechnung, auf der der Text »Gutschrift« steht, obwohl keine Gutschrift im umsatzsteuerlichen Sinne vorliegt, ist diese **umsatzsteuerrechtlich unbeachtlich**. Ist aus dem Inhalt der »kaufmännischen Gutschrift« **unklar**, dass es sich dabei um eine Rechnungskorrektur handelt, sollte der Rechnung im Zweifel sofort **widersprochen** werden, um das Risiko der Umsatzsteuerschuld i.S.d. § 14c UStG zu vermeiden.

# Rechnungen an Unternehmer in anderen EU-Staaten

**Grundsatz:** Es müssen die jeweils geltenden Rechnungsanforderungen und Vorschriften des Landes beachtet werden, in dem der Umsatz steuerbar ist.

| Lieferungen | | sonstige Leistungen |
|---|---|---|
| **innergemeinschaftliche Lieferungen** | **innergemeinschaftliche Dreiecksgeschäfte** | Sonstige Leistungen im Rahmen des **Reverse-Charge-Verfahren** (B2B) |
| Vorschriften des Landes des **leistenden Unternehmers** (§ 3 Abs. 6 UStG) | *Spezialfall* Vorschriften des Landes des **leistenden Unternehmers** (§ 3 Abs. 6 i.V.m. § 3 Abs. 7 Satz 2 i.V.m. § 25b UStG) | Vorschriften des Landes des **leistenden Unternehmers** (§ 14 Abs. 7 UStG) |

**Beispiel**
Unternehmer U ist leistender Unternehmer und hat seinen Sitz in Deutschland. Die Lieferung geht nach Frankreich.

Die **deutschen Vorschriften** zur Rechnungsstellung sind anzuwenden.

**Beispiel**
Unternehmer U ist in der Kette der erste Abnehmer und gleichzeitig der leistende Unternehmer. Er hat seinen Sitz in Deutschland. Die Lieferung geht von Frankreich nach Italien.

Die **deutschen Vorschriften** zur Rechnungsstellung sind anzuwenden.

**Beispiel**
Unternehmer U ist leistender Unternehmer und hat seinen Sitz in Frankreich. Die Leistung wird in Deutschland erbracht.

Auch wenn die Leistung in Deutschland steuerbar ist (§ 3a Abs. 2 UStG), sind die **französischen Vorschriften** zur Rechnungsstellung anzuwenden.

## Rechnungsangaben bei innergemeinschaftlichen Lieferungen (§ 14a Abs. 3 UStG)

**Beispiel:** Unternehmer DE mit Sitz in Deutschland liefert Äpfel zum Kunden FR nach Frankreich.[1]

| Unternehmer DE | → Lieferung von Äpfeln / Rechnung → | Unternehmer FR |

Eine Rechnung **über steuerfreie innergemeinschaftliche Lieferungen** muss neben den üblichen Pflichtangaben folgende Angaben enthalten:

| Angabe der USt-IdNr. des Lieferanten sowie des ausländischen Kunden (Leistungsempfängers) | Hinweis auf Steuerbefreiung |
|---|---|
| • der Lieferant muss eine gültige **ausländische USt-IdNr.** des Leistungsempfängers (keine deutsche USt-IdNr.) angeben<br>• die USt-IdNr. muss nicht zwingend aus dem Staat stammen, in dem die Lieferung endet oder in dem der Kunde ansässig ist<br>• der Lieferant muss die vom Kunden angegebene USt-IdNr. mit einer qualifizierten Bestätigungsanfrage beim BZSt **auf Gültigkeit prüfen** | bei innergemeinschaftlichen Lieferungen i.S.d. § 4 Nr. 1 Buchst. b UStG: »**steuerfreie innergemeinschaftliche Lieferung**« oder »**tax free intracommunity delivery**« |

**Lösung:** Unternehmer DE stellt an den Kunden FR eine Rechnung nach deutschen Vorschriften aus. Aufgrund der Steuerfreiheit der Lieferung ist die Rechnung ohne gesondert ausgewiesene deutsche Umsatzsteuer (netto) unter Angabe der deutschen USt-IdNr. des DE sowie der französischen USt-IdNr. des FR mit dem Hinweis auf die Steuerbefreiung auszustellen. Zuvor prüft DE die Gültigkeit der USt-IdNr. des FR.

**Rechnungsstellungsfrist:**
Für Rechnungen über innergemeinschaftliche Lieferungen gilt eine verkürzte Rechnungsstellungsfrist **bis zum 15. des Folgemonats** der Ausführung der Lieferung (§ 14a Abs. 3 Satz 1 UStG).

[1] Annahme: Alle Voraussetzungen für eine innergemeinschaftliche Lieferung i.S.d. § 6a i.V.m. § 4 Nr. 1 Buchst. b UStG liegen vor (siehe Kapitel XII).

## Rechnungsangaben bei Leistungen im Rahmen des Reverse-Charge-Verfahrens (§ 14a Abs. 5 UStG)

**Beispiel:** Unternehmer DE mit Sitz in Frankreich repariert für den deutschen Kunden DE vor Ort eine Produktionsmaschine.[1]

| Unternehmer FR | Reparaturleistung → Rechnung → | Unternehmer DE |

Eine Rechnung im Rahmen des **Reverse-Charge-Verfahrens** (§ 13b Abs. 1 UStG) muss neben den üblichen Pflichtangaben folgende Angaben enthalten:

### Angabe der USt-IdNr. des leistenden Unternehmers sowie des ausländischen Kunden (Leistungsempfängers)

- der Kunde weist mit der **Verwendung seiner USt-IdNr.** nach, dass er Unternehmer ist und in welchem Land er ansässig ist bzw. für welches Land er die Leistung bezieht (bei Betriebsstätten)
- der Lieferant sollte die vom Kunden angegebene USt-IdNr. mit einer qualifizierten Bestätigungsanfrage beim BZSt **auf Gültigkeit prüfen**

### Hinweis auf »Steuerschuldnerschaft des Leistungsempfängers«

- der Hinweistext »**Steuerschuldnerschaft des Leistungsempfängers**« ist zwingend mit diesem Wortlaut anzugeben
- die Angabe »Reverse Charge« aus engl. Sprachfassung ist erlaubt; abweichende Formulierungen entsprechen nicht der gesetzlichen Regelung

**Lösung:** Unternehmer FR stellt an den deutschen Kunden DE eine Rechnung nach französischen Vorschriften aus. Aufgrund der Steuerschuldumkehr auf den DE ist die Rechnung ohne gesondert ausgewiesene deutsche Umsatzsteuer (netto) unter Angabe der französischen USt-IdNr. sowie der deutschen USt-IdNr. des DE mit dem Hinweis auf die »Steuerschuldnerschaft des Leistungsempfängers« auszustellen.

**Rechnungsstellungsfrist:**
Für Rechnungen über grenzüberschreitende sonstige Leistungen i.S.d. § 3a Abs. 2 UStG gilt eine verkürzte Rechnungsstellungsfrist **bis zum 15. des Folgemonats** der Ausführung der Leistung (§ 14a Abs. 1 Satz 2 UStG).

[1] Annahme: Alle Voraussetzungen für die Steuerschuldumkehr i.S.d. **§ 3a Abs. 2** i.V.m. § 13b Abs. 1 und Abs. 5 Satz 1 UStG liegen vor (siehe Kapitel III und VIII).

## Rechnungsangaben bei innergemeinschaftlichen Dreiecksgeschäften (§ 25b Abs. 2 UStG)

**Beispiel:** Unternehmer DE mit Sitz in Deutschland bestellt für den Kunden IT aus Italien bei einem französischen Produzenten FR Ware und beauftragt diesen die Ware direkt an seinen italienischen Kunden zu versenden.[1]

| Unternehmer FR | → Rechnung → | Unternehmer DE | → Rechnung → | Unternehmer IT |
|---|---|---|---|---|
| | Lieferung | | | |

Unter bestimmten Voraussetzungen kann in solchen Fällen die Vereinfachungsregelung für innergemeinschaftliche Dreieckgeschäfte Anwendung finden (siehe Kapitel XII). Eine Rechnung des mittleren Unternehmers im Rahmen eines **innergemeinschaftlichen Dreiecksgeschäfts** muss neben den üblichen Pflichtangaben folgende Angaben enthalten:

| Angabe der USt-IdNr. des mittleren Unternehmers sowie seines Abnehmers | Hinweis auf Dreiecksgeschäft gem. § 25b UStG | Hinweis auf Steuerschuld des letzten Abnehmers |
|---|---|---|
| • Unternehmer müssen jeweils mit **USt-IdNr. eines anderen EU-Staates auftreten** <br> • der Lieferant sollte die vom Kunden angegebene USt-IdNr. mit einer qualifizierten Bestätigungsanfrage beim BZSt **auf Gültigkeit prüfen** | z.B. »**Innergemeinschaftliches Dreiecksgeschäft gem. § 25b UStG**« <br><br> oder »Supply subject to the simplified triangulation method.« (engl.) | z.B. »**Steuerschuld geht auf den letzten Abnehmer über.**« oder »Subject to VAT in the member state of the end customer.« (engl.) |

**Lösung:** Unternehmer DE stellt an den italienischen Kunden IT (letzter Abnehmer) eine Rechnung nach deutschen Vorschriften aus. Die Rechnung ist ohne gesondert ausgewiesene deutsche USt (netto) unter Angabe der deutschen USt-IdNr. des DE sowie der italienischen USt-IdNr. des IT mit dem Hinweis auf ein innergemeinschaftliches Dreiecksgeschäft i.S.d. § 25b UStG sowie auf die Steuerschuld des IT auszustellen.

**Rechnungsstellungsfrist:**
Für Rechnungen über innergemeinschaftliche Dreiecksgeschäfte des mittleren Unternehmers gilt die allgemeine Rechnungsstellungsfrist von **sechs Monaten.**

[1] Annahme: Alle Voraussetzungen für das Vorliegen eines Dreiecksgeschäfts i.S.d. § 25b UStG liegen vor (siehe Kapitel XII).

# Bedeutung der Umsatzsteuer-Identifikationsnummer (§ 27a UStG) (1/3)

Im grenzüberschreitenden innergemeinschaftlichen Waren- und Dienstleistungsverkehr spielt die **Umsatzsteuer-Identifikationsnummer** (USt-IdNr.) eine wesentliche Rolle. Sie ist …

| | | |
|---|---|---|
| ein Nachweis des **Leistungsempfängers** für den leistenden Unternehmer, dass er eine **sonstige Leistung** als Unternehmer in seiner Unternehmereigenschaft für sein Unternehmer in Anspruch nimmt | ein Indiz für die **Bestimmung des Leistungsortes**, z.B. in den Fällen des § 3a Abs. 2 UStG | ein Beweis dafür, dass der **Leistungsempfänger** ein Unternehmer ist und dass der **leistende Unternehmer** die **Lieferung** an ihn steuerfrei ausführen kann |

bei innergemeinschaftlichen Lieferungen, innergemeinschaftlichen sonstigen Leistungen und Dreiecksgeschäften in der **Zusammenfassenden Meldung (ZM)** anzugeben

Teil des **Kontrollmechanismus** zur Überwachung des Waren- und Dienstleistungsverkehrs in der EU

**Besonderheiten Organkreis:**

Im Fall von Organschaften i.S.d. § 2 Abs. 2 UStG erhalten sowohl der Organträger als auch jede einzelne Organgesellschaft eine gesonderte USt-IdNr. (§ 27 Abs. 1 Satz 3 i.V.m. A 27a.1 UStAE).

**Aufbau der Umsatzsteuer-Identifikationsnummer (USt-IdNr.):**

zweistellige Landesbezeichnung, gefolgt von maximal 12 Stellen (sowohl Ziffern als auch Buchstaben sind erlaubt). Die USt-IdNr. in Deutschland ist folgendermaßen aufgebaut:

**DE     123456789**

Ländercode     9 Ziffern

Eine Vergabe der USt-IdNr. erfolgt **auf Antrag beim Finanzamt oder Bundeszentralamt für Steuern** (§ 27a Abs. 1 UStG). Zum Zeitpunkt der Antragstellung muss der Unternehmer seine **Unternehmereigenschaft** nachweisen.

Die **Bekanntgabe** einer neu zugeteilten, gültigen USt-IdNr. erfolgt ausschließlich auf dem Postweg an die Anschrift des jeweils betroffenen Unternehmers.

Die Verwendung der USt-IdNr. kann in manchen Fällen auch eine **doppelte Meldepflicht eines innergemeinschaftlichen Erwerbes** auslösen:

**Beispiel:** Unternehmer DE mit Sitz in Deutschland bestellt bei einem französischen Holzproduzenten FR Mosaikparkett. Der französische Unternehmer liefert die Ware auf Wunsch des deutschen Unternehmers nach Italien. Beide Unternehmer treten mit der USt-IdNr. ihres Landes auf. Der französische Unternehmer fakturiert eine steuerfreie innergemeinschaftliche Lieferung an den deutschen Unternehmer.

**Lösung:** Unternehmer FR hat die Lieferung des Mosaikparketts richtig als steuerfreie innergemeinschaftliche Lieferung behandelt. Die Steuerbefreiung der innergemeinschaftlichen Lieferung kommt deshalb zur Anwendung, weil die Besteuerung des innergemeinschaftlichen Erwerbs durch den DE in einem anderen EU-Mitgliedstaat sichergestellt ist und DE gegenüber dem Unternehmer FR eine ihm von einem anderen Mitgliedstaat erteilte gültige USt-IdNr. versendet hat (§ 6a Abs. 1 Nr. 3 und 4 UStG n. F.). Der **innergemeinschaftliche Erwerb** muss gem. § 3d Satz 1 UStG **in Italien** besteuert werden (Ende der Beförderung). Die Besteuerung in Italien muss DE nachweisen können, indem er gegenüber dem leistenden Unternehmer FR mit der italienischen USt-IdNr. auftritt. Dafür muss der DE sich in Italien **umsatzsteuerlich registrieren** lassen.

Da der DE jedoch mit seiner deutschen USt-IdNr. gegenüber dem FR auftritt, gilt der innergemeinschaftliche Erwerb so lange **in Deutschland** als bewirkt, bis der DE die Besteuerung des innergemeinschaftlichen Erwerbs im Bestimmungsland Italien nachweist (§ 3d Satz 2 UStG).

Ein korrespondierender Vorsteuerabzug aus dem innergemeinschaftlichen Erwerb in Deutschland steht dem DE **nicht** zu (§ 15 Abs. 1 Nr. 3 UStG). Erst mit einer umsatzsteuerlichen Registrierung in Italien kann der deutsche Unternehmer den innergemeinschaftlichen Erwerb in Italien besteuern und die daraus entstandene Umsatzsteuer als Vorsteuer in der italienischen Umsatzsteuer-Voranmeldung geltend machen. Mit der Besteuerung des innergemeinschaftlichen Erwerbs in Italien erledigt sich die Besteuerung in Deutschland.

 Regelmäßige **Abfrage** auf Gültigkeit der USt-IdNr. aller Geschäftspartner per qualifizierter Bestätigungsabfrage beim BZSt ist somit notwendig.

# Bedeutung der Umsatzsteuer-Identifikationsnummer (§ 27a UStG) (3/3)

Ein Urteil des EuGH aus dem Jahr 2016 hat für eine gesetzliche Neuregelung gesorgt und somit für die Verschärfung der Voraussetzungen für die Steuerbefreiung einer innergemeinschaftlichen Lieferung. Ab 2020 wird die regelmäßige Überprüfung der Gültigkeit der USt-IdNr. der Kunden noch wichtiger als bisher. Die Neuregelung soll das derzeitige Mehrwertsteuersystem verbessern und ist am 01.01.2020 in Kraft getreten.

| bis 31.12.2019 | ab 01.01.2020 |
|---|---|

**ab 01.01.2020**

Der „Plöckl"-Fall[1] als Auslöser der gesetzlichen Neuregelung

**bis 31.12.2019**

- Keine gesetzliche Vorgabe für die Verwendung der gültigen USt-IdNr. des Kunden

  -> USt-IdNr. lediglich als eine **formelle Voraussetzung** für die Steuerbefreiung

- Qualifizierte Bestätigungsabfrage der USt-IdNr. des Kunden nur als **Vertrauenschutzregelung** des § 6a Abs. 4 UStG bei unrichtigen Angaben des Abnehmers

- Auffassung EuGH: **keine Versagung der Steuerbefreiung**, sofern materielle Voraussetzungen erfüllt sind, selbst wenn bestimmte formelle Anforderungen (wie z.B. USt-IdNr.) nicht ausreichen

  -> Art. 138 MwStSystRL setzt für die Steuerfreiheit lediglich die Beförderung/Versendung in ein anderes Mitgliedstaat voraus

- Gesetzliche Vorgabe für die Verwendung der gültigen USt-IdNr. des Kunden nach § 6a Abs. 1 Nr. 4 UStG n.F.

  -> USt-IdNr. als eine **materielle Voraussetzung** für die Steuerbefreiung

- **Qualifizierte Bestätigungsabfrage** der USt-IdNr. des Kunden als Aufzeichnungspflicht

- Anpassung der gesetzlichen Regelung auf EU-Ebene

  -> Art. 138 MwStSystRL setzt für die Steuerfreiheit nun neben der Beförderung/Versendung in ein anderes Mitgliedstaat unter anderem auch die Mitteilung der USt-IdNr. seitens des Kunden an den Lieferer

 Zukünftig soll eine steuerfreie Abrechnung über innergemeinschaftliche Lieferung nur dann möglich sein, wenn der Erwerber über eine gültige USt-IdNr. verfügt und diese dem Lieferanten mitgeteilt hat. Kann der Erwerber **noch keine USt-IdNr.** mitteilen (z.B. weil sein Antrag auf Erteilung der USt-IdNr. von der Steuerbehörde noch bearbeitet wird), soll der Lieferant **eine Brutto-Rechnung** ausstellen.

[1] EuGH vom 20.10.2016, »Plöckl«, C-24/15

# Unrichtiger oder unberechtigter Steuerausweis (§ 14c UStG) (1/2)

**Unrichtiger Steuerausweis (§ 14c Abs. 1 UStG):**
Unternehmer weist einen höheren oder niedrigeren Steuerbetrag aus, als gesetzlich vorgeschrieben.

| Steuerschuldner | Folgen | Ausnahmen |
|---|---|---|
| Steuerschuldner der unrichtig ausgewiesenen Steuer ist stets der **leistende Unternehmer** (§ 13a Abs. 1 Nr. 1 UStG) | • Rechtsfolgen treten auch dann ein, wenn Rechnung nicht alle Pflichtangaben enthält.[2] | • Das Nettoentgelt als Grundlage des gesondert ausgewiesenen Steuerbetrags ist nicht angegeben.[2] |

### Steuerschuldner

Steuerschuldner der unrichtig ausgewiesenen Steuer ist stets der **leistende Unternehmer** (§ 13a Abs. 1 Nr. 1 UStG)

### Entstehung[1]

| bei steuerpflichtiger Leistung | bei steuerfreier/ nicht steuerbarer Leistung |
|---|---|
| Unrichtig ausgewiesene Steuer entsteht in dem Zeitpunkt, in dem auch die Steuer für die eigentliche Leistung entsteht. | Steuer entsteht mit der Ausgabe der Rechnung. |

### Folgen

• Rechtsfolgen treten auch dann ein, wenn Rechnung nicht alle Pflichtangaben enthält.[2]

• Rechnungsberichtigung möglich

• Berichtigung der Umsatzsteuer und der Vorsteuer analog § 17 UStG

• Das Finanzamt muss über die Rechnungsberichtigung grundsätzlich nicht informiert werden (Ausnahme: Geschäftsveräußerung und Rückgängigmachung eines Verzichts auf Steuerbefreiung)

### Ausnahmen

• Das Nettoentgelt als Grundlage des gesondert ausgewiesenen Steuerbetrags ist nicht angegeben.[2]

• Bemessungsgrundlage für einen steuerpflichtigen Umsatz mindert sich nachträglich

**kein § 14c Abs. 1 UStG**

 **Vorsteuerabzug nur in Höhe des für den Umsatz gesetzlich geschuldeten Steuerbetrags**

**Beispiel:** Unternehmer U stellt seinem Kunden K eine Rechnung über einen Bestellung von 50 Büchern i.H.v. 1.000 € netto. Er weist 190 € Umsatzsteuer aus.

**Lösung:** Korrekt wäre für Bücher als Druckerzeugnisse die Anwendung des ermäßigten Steuersatzes von 7 % (hier: 70 €). Aufgrund des unrichtigen Steuerausweises schuldet Unternehmer U statt der gesetzlich vorgeschriebenen 7 % USt die vollen 19 % und damit 190 €. Kunde ist **nur** zum **Vorsteuerabzug** i.H.v. **70 €** berechtigt.

---

[1] BMF vom 25.07.2012, IV D 2 – S 7270/12/10001, BStBl I 2012, 876.
[2] BFH vom 17.02.2011, V R 39/09, BStBl II 2011, 734.

# Unrichtiger oder unberechtigter Steuerausweis (§ 14c UStG) (2/2)

**Unberechtigter Steuerausweis** (§ 14c Abs. 2 UStG):
Unternehmer weist einen Steuerbetrag aus, obwohl er dazu nicht berechtigt ist bzw. die Leistung nicht ausgeführt wurde.

**Beispiele**

- **Kleinunternehmer** oder **Nichtunternehmer** weist in der Rechnung einen Steuerbetrag aus
- **Schein- oder Gefälligkeitsrechnung**
- **Unrichtige Leistungsbezeichnung** in der Rechnung
- Unternehmer erteilt eine Rechnung, die er **nicht im Rahmen seines Unternehmens** ausführt

**Steuerschuldner**

**Steuerschuldner** ist stets der Aussteller der Rechnung (§ 13a Abs. 1 Nr. 4 UStG)

**Entstehung**

Steuer entsteht **mit der Ausgabe der Rechnung**.

**Folgen**

- Der Unternehmer schuldet die **unberechtigt ausgewiesene Umsatzsteuer** an das Finanzamt.
- **Rechnungsberichtigung** erst möglich, wenn
  - keine Gefährdung für Steueraufkommen besteht, d.h. Rechnung muss »für ungültig« erklärt werden und
  - Rechnungsempfänger keinen Vorsteuerabzug geltend gemacht hat.
- Das Finanzamt muss der Berichtigung zustimmen.

**Kein § 14c Abs. 2 UStG beim Organkreis:**
Die innerhalb des Organkreises für innerbetriebliche Vorgänge mit gesondertem Steuerausweis ausgestellten Belege sind **keine** Rechnungen i.S.d. UStG (A 14.1 Abs. 4 UStAE).

 **Kein Vorsteuerabzug des Rechnungsempfängers**

**Beispiel:** Unternehmer U (Kleinunternehmer i.S.d. § 19 UStG) stellt dem Kunden K eine Rechnung über einen Tisch i.H.v. 500 € netto. Er weist 95 € USt aus.

**Lösung:** Ein Kleinunternehmer ist nach § 19 Abs. 1 UStG nicht dazu berechtigt USt auszuweisen. Richtig wäre eine Rechnung über insgesamt 500 € und ggf. einen Hinweis auf die Kleinunternehmerschaft. Da Unternehmer U einen Steuerbetrag von 95 € in der Rechnung ausgewiesen hat, schuldet er diese Summe auch dem Fiskus. Kunde K ist **nicht zum Vorsteuerabzug** aus dieser Rechnung berechtigt.

# Rechnungsberichtigung § 31 Abs. 5 UStDV (1/2)

Erhält eine Rechnung nicht alle Angaben nach § 14 Abs. 4 und § 14a UStG oder sind diese Angaben unzutreffend, kann diese Rechnung berichtigt werden (§ 31 Abs. 5 UStDV i.V.m. A 14.11 UStAE).

| Rechnungsangaben sind **unvollständig** | Rechnungsangaben sind **unzutreffend** |
|---|---|
| **Beispiele** | **Beispiele** |
| • fehlende Leistungsbeschreibung in der Rechnung | • unrichtiger Steuerausweis (§ 14c Abs. 1 UStG) |
| • fehlende USt-IdNr. des Leistungsempfängers im Rahmen der innergemeinschaftlichen Lieferung | • unberechtigter Steuerausweis (§ 14c Abs. 2 UStG) |
| • fehlender Leistungszeitpunkt in der Rechnung | • falsche USt-IdNr. des leistenden Unternehmers |

## Berichtigung

Berichtigung kann **nur von dem Rechnungsaussteller** (in der Regel von dem leistenden Unternehmer) erfolgen.

**Im Falle der Gutschrift kann die Berichtigung durch den Gutschriftaussteller vorgenommen werden.**

**Berichtigungsmöglichkeiten:**

• **Ausstellung einer neuen Rechnung:** Ordnungsgemäße Stornierung der fehlerhaften Rechnung (Ausstellung einer Rechnungsstorno) und anschließende Berichtigung durch eine neu ausgestellte korrigierte Rechnung, welche alle in **§§ 14 und 14a UStG** ausgeführten Pflichtangaben enthalten muss.

• **Berichtigung nur der fehlenden bzw. unzutreffenden Rechnungsangaben:** Ausstellung einer Rechnung, die lediglich korrigierte Rechnungsangaben enthält. Rechnungsberichtigung muss einen eindeutigen Hinweis auf die zu berichtigende Rechnung enthalten (z.B. Hinweis auf die Rechnungsnummer der berichtigenden Rechnung).

 Ist der Leistungsempfänger im Besitz einer nicht ordnungsgemäßen Rechnung, kann er vom Rechnungsaussteller eine Berichtigung verlangen, um den Vorsteuerabzug nicht zu gefährden.

# Rechnungsberichtigung § 31 Abs. 5 UStDV (2/2)

## Wirkung einer Rechnungskorrektur bei …

| Ausstellung einer **neuen** Rechnung | Berichtigung nur der **fehlenden** bzw. **unzutreffenden** Rechnungsangaben |
|---|---|
| Neue Rechnung wirkt zum Zeitpunkt ihrer **Ausstellung** | Die Rechnungskorrektur wirkt auf den Zeitpunkt der **erstmaligen Rechnungserteilung** zurück: <br> • Voraussetzung: berichtigungsfähige Rechnung <br><br> D. h. die Rechnung muss existentielle **Mindestangaben** enthalten[1]: <br> ✓ Rechnungsaussteller <br> ✓ Leistungsempfänger <br> ✓ Leistungsbeschreibung <br> ✓ Entgelt <br> ✓ gesondert ausgewiesene Umsatzsteuer |

**Folge**
- Vorsteuerkorrektur + Vorsteuerabzug zum Zeitpunkt des Erhaltens der neuen Rechnung
- Zinsnachteil für den Leistungsempfänger

**Folge**
- Vorsteuerabzug bleibt erhalten
- Kein Zinsnachteil für den Leistungsempfänger

 **Berichtigung der § 14c-UStG-Rechnung**
Eine Rechnung, die aufgrund des unrichtigen oder unberechtigten Steuerausweises berichtigt wird (§ 14c i.V.m. § 17 UStG), setzt neben der Rechnungskorrektur auch eine **Rückzahlung** der von dem Leistungsempfänger zuvor vereinnahmte Umsatzsteuer an diesen voraus.[2]
Die Korrektur der § 14c-UStG-Rechnung entfaltet **keine Rückwirkung**, sondern wirkt nur ex nunc.[3]

---

[1] BFH vom 20.10.2016, V R 26/16, EuGH vom 05.09.2016, »Senatex«, C-518/14
[2] BFH vom 16.05.2018, XI R 28/16
[3] BFH vom 12.10.2016, XI R 43/14

# Kapitel X: Vorsteuerabzug

Das Umsatzsteuersystem als sog. Allphasen-Netto-Umsatzsteuersystem ist so gestaltet, dass auf jeder Handelsstufe innerhalb der Unternehmenskette Umsatzsteuer entsteht. Um eine Umsatzsteuerkumulation durch mehrere Handelsstufen zu vermeiden, hat jeder Unternehmer in der Kette das Recht, die von dem Vorunternehmer in Rechnung gestellte Umsatzsteuer unter bestimmten Voraussetzungen als Vorsteuer von seiner Umsatzsteuerschuld abzuziehen. Somit stellt der Vorsteuerabzug innerhalb der Unternehmenskette die **Neutralität der Umsatzsteuer** her, so dass im Ergebnis lediglich der Endverbraucher mit der Umsatzsteuer belastet wird (vergleiche Seite 173).

Nicht jede in Rechnung gestellte, entstandene oder angemeldete Umsatzsteuer kann automatisch als Vorsteuer abgezogen werden. Ob der Unternehmer die Vorsteuer tatsächlich abziehen kann, richtet sich vielmehr nach den Umsätzen, für die er die bezogenen Leistungen verwendet. Maßgeblich hierfür ist die **Verwendungsabsicht im Zeitpunkt des Leistungsbezugs** (vergleiche Seite 174).

Bezieht der Unternehmer Leistungen von einem anderen Unternehmer (Eingangsumsätze) **für sein Unternehmen**, ist im nächsten Schritt zu prüfen, ob er die Eingangsumsätze seinerseits für Ausgangsumsätze verwendet, die entweder steuerpflichtig sind oder einer Steuerbefreiung unterliegen, die den Vorsteuerabzug nicht ausschließt. Die Prüfung des Vorsteuerabzugs kann demnach leicht anhand eines **dreistufigen Prüfungsschemas** erfolgen (vergleiche Seite 175).

Erhält der Unternehmer für eine von ihm bezogene Leistung Umsatzsteuer in Rechnung gestellt, ist im ersten Schritt zu prüfen, ob diese Umsatzsteuer als Vorsteuer dem Grunde nach abziehbar ist. Die **Abziehbarkeit** der Vorsteuer ist in § 15 Abs. 1 und 1a UStG geregelt. Demnach ist in Rechnung gestellte Umsatzsteuer nur dann als Vorsteuer abziehbar, wenn die Eingangsleistung für unternehmerische Zwecke verwendet wird und der Unternehmer über eine ordnungsgemäße Rechnung i.S.d. §§ 14 und 14a UStG verfügt, in der die Umsatzsteuer gesondert ausgewiesen ist und gesetzlich geschuldet wird.

Die Abziehbarkeit der Vorsteuer führt nicht automatisch zu deren tatsächlichen **Abzugsfähigkeit**. Sind die Voraussetzungen für die Abziehbarkeit der Vorsteuer gegeben, muss der Unternehmer im nächsten Schritt prüfen, ob die Vorsteuer eventuell unter ein Abzugsverbot fällt. Maßgeblich hierfür sind die Ausgangsumsätze. Danach schließen vor allem steuerfreie Ausgangsumsätze den eingangsseitigen Vorsteuerabzug aus. Doch nicht alle steuerfreien Umsätze sind von dem Vorsteuerabzug ausgeschlossen. Bestimmte steuerfreie Ausgangsleistungen sind von dem Abzugsverbot ausgenommen. Die Abzugsfähigkeit der Vorsteuer ist im § 15 Abs. 1b bis 4b UStG geregelt.

Verwendet der Unternehmer eine von ihm bezogene Leistung nur anteilig zur Ausführung von Umsätzen, die zum Vorsteuerabzug berechtigen, so kann er die ihm in Rechnung gestellte Umsatzsteuer auch nur **anteilig** abziehen (§ 15 Abs. 4 UStG).

Der **Zeitpunkt des Vorsteuerabzugs** ist in der Regel der Zeitpunkt des tatsächlichen Zugangs einer ordnungsgemäßen Rechnung. Bei **Anzahlungsrechnungen** ist der Abzug der Vorsteuer bereits mit der Zahlung des Anzahlungsbetrags möglich.

Hat der Unternehmer die Vorsteuer aus der bezogenen Leistung geltend gemacht und ändern sich im Nachhinein die Nutzungsverhältnisse (von einer steuerfreien zu steuerpflichtigen Verwendung oder umgekehrt), die für den erstmaligen Vorsteuerabzug bei Leistungsbezug maßgeblich waren, muss der Unternehmer eine **Vorsteuerberichtigung** vornehmen (§ 15a UStG). In bestimmten Fällen erlaubt der Gesetzgeber auf die Berichtigung der Vorsteuer zu verzichten.

# Grundsatz der Neutralität der Umsatzsteuer in der Unternehmerkette

Um die **Kostenneutralität der Umsatzsteuer** innerhalb der Unternehmerkette zu gewährleisten, muss ein Unternehmer, der einen Gegenstand oder eine Dienstleistung für seine unternehmerischen Zwecke erwirbt, die von ihm bezahlte Umsatzsteuer als Vorsteuer abziehen können.

**Hinweis:** Lediglich der Endverbraucher wird mit der Umsatzsteuer belastet.

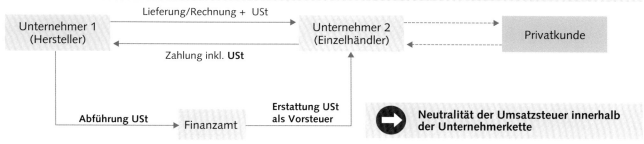

| Fünf Arten des Vorsteuerabzugs nach § 15 Abs. 1 UStG | |
|---|---|
| § 15 Abs. 1 Nr. **1** UStG | Umsatzsteuer aus Rechnungen für steuerbare und steuerpflichtige Lieferungen oder sonstige Leistungen |
| § 15 Abs. 1 Nr. **2** UStG | entstandene Einfuhrumsatzsteuer (siehe Kapitel XII Nr. 1) |
| § 15 Abs. 1 Nr. **3** UStG | Umsatzsteuer auf innergemeinschaftliche Erwerbe (siehe Kapitel XII Nr. 2) |
| § 15 Abs. 1 Nr. **4** UStG | Umsatzsteuer für Leistungen i.S.d. § 13b UStG (»Reverse-Charge-Verfahren«) (siehe Kapitel VIII) |
| § 15 Abs. 1 Nr. **5** UStG | Umsatzsteuer, die bei Auslagerung aus einem Umsatzsteuerlager entstanden ist |

# Prüfungsschema zum Vorsteuerabzug (1/2)

**Allgemeines:**

Ob die in Rechnung gestellte, entstandene oder angemeldete Umsatzsteuer tatsächlich nach § 15 Abs. 1 UStG auch als Vorsteuer abgezogen werden kann, richtet sich nach den Umsätzen für die der Leistungsempfänger die bezogenen Leistungen ausgangsseitig verwendet. Maßgeblich ist die **Verwendungsabsicht im Zeitpunkt des Leistungsbezugs**.

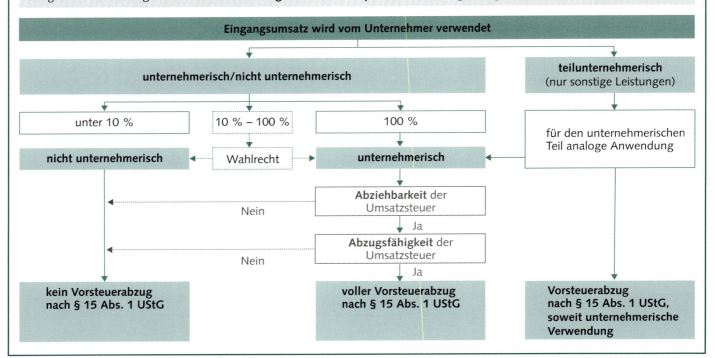

**Allgemeines:**

Bezieht der Unternehmer Leistungen von einem anderen Unternehmer (Eingangsumsätze) **für sein Unternehmen**, ist im nächsten Schritt zu prüfen, ob er diese Eingangsumsätze seinerseits für Ausgangsumsätze verwendet, die entweder steuerpflichtig sind oder einer Steuerbefreiung unterliegen, die den Vorsteuerabzug nicht ausschließt.

Entspricht die ursprüngliche Absicht (z.B. steuerpflichtige Verwendung) nach dem Vorsteuerabzug nicht der späteren tatsächlichen Verwendung (z.B. steuerfreie anstatt steuerpflichtige Verwendung), so muss **eine Korrektur des Vorsteuerabzugs** gem. § 15a UStG oder § 17 Abs. 2 Nr. 5 UStG vorgenommen werden.

Hieraus ergibt sich ein **dreistufiges Prüfungsschema** für den Vorsteuerabzug:

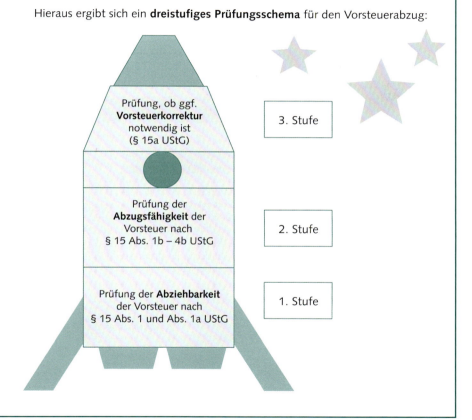

Prüfung, ob ggf. **Vorsteuerkorrektur** notwendig ist (§ 15a UStG)

3. Stufe

Prüfung der **Abzugsfähigkeit** der Vorsteuer nach § 15 Abs. 1b – 4b UStG

2. Stufe

Prüfung der **Abziehbarkeit** der Vorsteuer nach § 15 Abs. 1 und Abs. 1a UStG

1. Stufe

# Abziehbarkeit in Rechnung gestellter Umsatzsteuer (1/2)

1. Stufe

Bezieht ein Unternehmer eine Leistung **für sein Unternehmen**, ist er berechtigt, die ihm in Rechnung gestellte Umsatzsteuer als Vorsteuer abzuziehen. Abziehbar ist nur die deutsche gesetzlich geschuldete, nicht eine evtl. vom Rechnungsaussteller zu hoch ausgewiesene Umsatzsteuer. Der Vorsteuerabzug kann nur aus einer ordnungsgemäßen Rechnung vorgenommen werden.

**Hinweis:** Die Erstattung der in Rechnung gestellten **ausländischen Umsatzsteuer** erfolgt im Rahmen eines speziellen Vorsteuer-Vergütungsverfahrens (siehe Kapitel XIII)

## Voraussetzungen für den Vorsteuerabzug gem. § 15 Abs. 1 Nr. 1 UStG

| **Unternehmer** i.S.d. §§ 2, 2a UStG | **Leistung für unternehmerische Zwecke** | **gesetzlich geschuldete Steuer** | **Rechnung** i.S.d. §§ 14, 14a UStG |
|---|---|---|---|
| Leistender und Vorsteuerabzugsberechtigter sind jeweils Unternehmer i.S.d. § 2 UStG oder § 2a UStG (siehe Kapitel II). | Gegenstand oder Leistung wird **zu mindestens 10 %** für unternehmerische Zwecke genutzt werden (§ 15 Abs. 1 Satz 2 UStG). | Die als Vorsteuer abzuziehende USt ist von dem **leistenden Unternehmer geschuldet**. | Es liegt eine ordnungsgemäße Rechnung i.S.d. §§ 14, 14a UStG (siehe Kapitel IX). |
| **Ausnahme:** Kleinunternehmer i.S.d. § 19 UStG sind nicht zum Vorsteuerabzug berechtigt. | Nutzungsabsicht bei Leistungsbezug ist entscheidend. | Unrichtige/unberechtigte USt darf nicht als Vorsteuer abgezogen werden (§ 14c UStG). | Die **USt** ist in der Rechnung **gesondert ausgewiesen**. |

## Abziehbarkeit der Vorsteuer

 Bevor eine ordnungsgemäße Rechnung nicht **tatsächlich vorliegt**, kann der Unternehmer die Vorsteuer **nicht** geltend machen.

# Abziehbarkeit in Rechnung gestellter Umsatzsteuer (2/2)

## Zeitpunkt des Vorsteuerabzugs gem. § 15 Abs. 1 Nr. 1 UStG

1. Stufe

**Vorsteuerabzug aus ordnungsgemäßer Rechnung für bereits erbrachte Leistungen** (§ 15 Abs. 1 Nr. 1 Sätze 1 und 2 UStG)

| Zeitpunkt Lieferung oder sonstige **Leistung** | Zeitpunkt Zugang der **Rechnung** | Zeitpunkt Zahlung der Rechnung |
|---|---|---|

Wurde die Leistung bereits erbracht, ist der Zeitpunkt der Bezahlung der Rechnung für den Vorsteuerabzug unbeachtlich.

**Zeitpunkt Vorsteuerabzug**

**Vorsteuerabzug aus ordnungsgemäßer Anzahlungsrechnung** (§ 15 Abs. 1 Nr. 1 Satz 3 UStG)

| Zeitpunkt Zugang der **Rechnung** | Zeitpunkt **Zahlung** der Rechnung | Zeitpunkt Lieferung oder sonstige Leistung |
|---|---|---|

Wird die Rechnung vor Erbringung der Leistung ausgestellt, kann der Vorsteuerabzug bereits bei Bezahlung der Rechnung vorgenommen werden.

**Zeitpunkt Vorsteuerabzug**

## Abziehbarkeit von Umsatzsteuer i.S.d. § 13b UStG

1. Stufe

Wird der Unternehmer als Leistungsempfänger für eine an ihn ausgeführte Leistung zum Steuerschuldner nach § 13b UStG, muss er die Umsatzsteuer für diese Leistung beim FA anmelden. Gleichzeitig kann er unter den Voraussetzungen des § 15 Abs. 1 Nr. 4 UStG den Vorsteuerabzug in gleicher Höhe zum gleichen Zeitpunkt geltend machen.

### Voraussetzungen für den Vorsteuerabzug gem. § 15 Abs. 1 Nr. 4 UStG

| Unternehmer i.S.d. §§ 2, 2a UStG | Leistung für unternehmerische Zwecke | Leistung i.S.d. § 13b UStG | Anmeldung der Umsatzsteuer |
|---|---|---|---|
| Leistender und Vorsteuerabzugsberechtigter sind jeweils Unternehmer i.S.d. § 2 UStG oder § 2a UStG.<br><br>**Ausnahme:** Kleinunternehmer i.S.d. § 19 UStG | Gegenstand oder Leistung wird **zu mindestens 10 %** für unternehmerische Zwecke genutzt (§ 15 Abs. 1 Satz 2 UStG). | Es liegt eine im Inland ausgeführte steuerpflichtige Lieferung oder sonstige Leistung vor, für die der **Leistungsempfänger** die Steuer schuldet. | Der Leistungsempfänger meldet die von ihm im Reverse-Charge-Verfahren geschuldete Umsatzsteuer in seiner Umsatzsteuer-Voranmeldung **an** (siehe Kapitel XIII). |

### Abziehbarkeit der Vorsteuer

Für den Vorsteuerabzug gem. § 15 Abs. 1 Nr. 4 UStG ist es **nicht notwendig**, dass eine ordnungsgemäße Rechnung vorliegt. Allerdings müssen einige Mindestangaben enthalten sein (siehe Kap. IX).

# Abzugsfähigkeit der Umsatzsteuer (§ 15 Abs. 2 und Abs. 3 UStG) (1/2)

2. Stufe

Sind die Voraussetzungen für die Abziehbarkeit der Vorsteuer gegeben, muss der Unternehmer im nächsten Schritt prüfen, ob die Vorsteuer unter ein **Abzugsverbot** fällt. Maßgeblich ist hierfür, in welchem direkten Zusammenhang die Eingangsumsätze mit den Ausgangsumsätzen stehen.

**Ausgangsumsätze**, die mit Eingangsumsätzen im Zusammenhang stehen, **sind ...**

| steuerfrei | nicht steuerbar | steuerpflichtig |
|---|---|---|
| steuerfreie **(inländische)** Ausgangsumsätze **Ausgenommen** davon sind steuerfreie inländische Ausgangsumsätze i.S.d. **§ 15 Abs. 3 UStG**, die nicht unter das Vorsteuerabzugsverbot fallen. | Ausgangsumsätze im Ausland, die **steuerpflichtig wären**, wenn sie im Inland ausgeführt würden. <br><br> Ausgangsumsätze im Ausland, die **steuerfrei wären**, wenn sie im Inland ausgeführt würden. | steuerpflichtige **inländische** Ausgangsumsätze |

**Beispiel**
Der deutsche Unternehmer lässt sein Mietwohnhaus in Stuttgart renovieren.

Da die Vermietungsleistungen steuerfreie Ausgangsleistungen darstellen (§ 4 Nr. 12 UStG), kann die Vorsteuer aus den Renovierungsarbeiten nicht abgezogen werden.

**Beispiel**
Der deutsche Unternehmer kauft für die Herstellung seiner Arbeitstische Holzplatten. Die fertigen Arbeitstische verkauft er an inländische Unternehmen.

Da der Verkauf von Arbeitstischen eine steuerpflichtige Ausgangsleistung darstellt (§ 1 Abs. 1 UStG), kann die Vorsteuer aus dem Einkauf von Holzplatten abgezogen werden.

**Vorsteuerabzugsverbot**

**voller Vorsteuerabzug**

**2. Stufe**

Die Abzugsfähigkeit der Vorsteuer aus Eingangsumsätzen, die im Zusammenhang mit steuerfreien Ausgangsumsätzen entstehen, ist davon abhängig, ob diese steuerfreien Ausgangsumsätze unter die **Ausnahmeregelung** des Vorsteuerabzugsverbots nach **§ 15 Abs. 3 UStG** fallen.

## steuerfreie Ausgangsumsätze i.S.d. § 4 UStG

| mit Vorsteuerabzug | ohne Vorsteuerabzug mit Optionsmöglichkeit | ohne Vorsteuerabzug ohne Optionsmöglichkeit |
|---|---|---|
| • steuerfreie Umsätze i.S.d. **§ 4 Nr. 1 bis 7 UStG** (Exportleistungen)<br>• steuerfreie Reiseleistungen nach **§ 25 Abs. 2 UStG** | steuerfreie Umsätze i.S.d. § 4 UStG:<br>• **Nr. 8 Buchst. a–g:** Finanzumsätze<br>• **Nr. 9a:** Grundstückslieferungen<br>• **Nr. 12:** Vermietungs- und Verpachtungsumsätze<br>• **Nr. 13:** Leistungen von Wohnungseigentümergemeinschaften<br>• **Nr. 19:** Umsätze von Blindenwerkstätten | die **übrigen steuerfreien Umsätze** i.S.d. § 4 UStG |

**Option zur Steuerpflicht nach § 9 UStG:**
Unter bestimmten Voraussetzungen kann der Unternehmer bei derartigen Umsätzen auf die Steuerbefreiung verzichten und diese als steuerpflichtig behandeln (siehe Kapitel IV).

Wahlrecht

| **Vorsteuerabzug** | **Vorsteuerabzug** | **kein Vorsteuerabzug** |
|---|---|---|

# Vorsteueraufteilung (1/3)

2. Stufe

Verwendet der Unternehmer eine von ihm bezogene Leistung sowohl für vorsteuerabzugsberechtigte als auch für nicht vorsteuerabzugsberechitgte Umsätze, muss er die ihm in Rechnung gestellte Umsatzsteuer aufteilen. Dabei darf er nur aus dem Teil seiner Eingangsumsätze die Vorsteuer abziehen, den er für seine **vorsteuerab-zugsberechtigten** Ausgangsumsätze verwendet.

**Grundsatz: Wirtschaftliche Zuordnung**
- gegenständliche Zuordnung
- Kostenrechnung (BAB oder Kostenträgerrechnung)
- Aufwands- und Ertragsrechnung

**Ausnahme:** Ermittlung nicht abziehbarer Umsätze durch den **Umsatzschlüssel**, wenn wirtschaftliche Zuordnung unmöglich:

$$= \frac{\text{Umsätze, die den Vorsteuerabzug ausschließen}}{\text{Gesamtumsätze}}$$

Die sachgerechte Aufteilung bei **Gebäuden** erfolgt **grundsätzlich** über den **Flächenschlüssel**:

$$= \frac{\text{Fläche vorsteuerschädlicher Gebäudeteil}}{\text{Gesamtfläche}}$$

**Ausnahme, wenn sachgerechte Aufteilung nicht möglich:**
- Umsatzschlüssel
- umbauter Raum
- Baukosten
- Verhältnis steuerfreie zu steuerpflichtigen Umsätzen anhand des Gesamtumsatzes des Unternehmens

2. Stufe

**Beispiel:** Der Architekt U erwarb im April 2017 ein Grundstück mit einem aufstehenden viergeschossigen Gebäude, das er für eigene steuerpflichtige Ausgangsumsätze verwenden will. Der Kaufpreis betrug 1.190.000 € inkl. USt. U erhielt über diesen Betrag eine ordnungsgemäße Rechnung i.S.d. § 14 UStG.

**1. Schritt: Prüfung, wie der Eingangsumsatz ausgangsseitig verwendet wird**

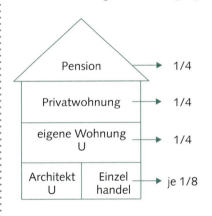

Pension → 1/4

Privatwohnung → 1/4

eigene Wohnung U → 1/4

Architekt U | Einzel handel → je 1/8

Die vom Architekten U bezogene Leistung (Grundstückslieferung) wird von ihm sowohl für **unternehmerische Zwecke**:

* Architektenbüro des U
* Vermietung an den Einzelhandel
* langfristige Vermietung an Privatpersonen und
* kurzfristige Vermietung von Räumlichkeiten (Pension)

als auch für **private Zwecke**:

* Nutzung für eigene Wohnzwecke

verwendet.

Der U kann somit nur aus dem Teil seines Eingangsumsatzes die Umsatzsteuer als Vorsteuer abziehen, den er ausgangsseitig für seine **unternehmerischen Zwecke** verwendet.

# Vorsteueraufteilung (3/3)

**2. Schritt: Prüfung, ob die Ausgangsumsätze, die U für unternehmerische Zwecke verwendet, steuerpflichtig sind oder einer Steuerbefreiung unterliegen, die den Vorsteuerabzug nicht ausschließt.**

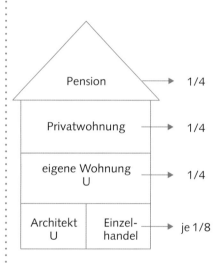

Die an ihn in Rechnung gestellte Umsatzsteuer i.H.v. 190.000 € aus dem Erwerb des Grundstücks ist somit in einen abziehbaren und einen nicht abziehbaren Vorsteueranteil aufzuteilen:

1. **Leistungen des Architektenbüros U (EG)** sind steuerpflichtige Umsätze des U.
   - Vorsteuer i.H.v. 23.750 € (1/8 von 190.000 €) abzugsfähig

2. **Vermietungsleistungen an den Einzelhändler (EG)** sind nach § 4 Nr. 12 UStG steuerfrei und fallen grundsätzlich nicht unter den Vorsteuerabzug. Der Architekt U kann jedoch zur Steuerpflicht optieren (§ 9 UStG), wenn der Leistungsempfänger (Einzelhändler) wiederum ein vorsteuerabzugsberechtigter Unternehmer ist.
   - Vorsteuer i.H.v. 23.750 € (1/8 von 190.000 €) abzugsfähig

3. **Private Nutzung für eigene Wohnzwecke (1. Stock)** ist keine steuerbare Leistung, da nicht für den unternehmerischen Bereich des U. Vorsteuerabzug ist somit ausgeschlossen.

4. **Vermietungsleistungen Privatwohnung (2. Stock)** sind nach § 4 Nr. 12 steuerfrei und fallen nicht unter den Vorsteuerabzug. Auch die Option zur Steuerpflicht ist nicht möglich, da Privatpersonen nicht vorsteuerabzugsberechtigt sind.

5. **Kurzfristige Vermietungsleistungen (Pension)** sind steuerpflichtige Umsätze des U (§ 4 Nr. 12 Satz 2 UStG)
   - Vorsteuer i.H.v. 47.500 € (1/4 von 190.000 €) abzugsfähig

**Lösung:** U kann im Jahr 2017 insgesamt 50 % der in Rechnung gestellten Umsatzsteuer aus dem Erwerb des Grundstücks, somit 95.000 € abziehen.

# Vorsteuerberichtigung (§ 15a UStG) (1/3)

 Ändern sich die Nutzungsverhältnisse eines Wirtschaftsguts, die für den erstmaligen Vorsteuerabzug bei Leistungsbezug maßgeblich waren, muss der Unternehmer eine **Vorsteuerberichtigung** vornehmen. Diese kann sowohl von steuerfreien zu steuerpflichtigen Umsätzen (zugunsten) wie auch von steuerpflichtigen zu steuerfreien Umsätzen (zuungunsten) des Unternehmers erfolgen.

| Norm | Wirtschaftsgut (WG) | typisierter Berichtigungs-zeitraum | Höhe der Vorsteuerberichtigung |
|---|---|---|---|
| § 15a **Abs. 1 Satz 2** UStG | WG des Anlagevermögens (**Grundstücke** einschließlich ihrer wesentlicher Bestandteile) | Berichtigung für **jedes Jahr** innerhalb von **10 Jahren** (**monatsweise**) | ab dem Jahr, in dem sich die Nutzungsverhältnisse ändern, muss für alle verbleibenden Monate des Berichtigungszeitraums die ursprünglich geltend gemachte Vorsteuer anteilig entsprechend des Verhältnisses der Nutzungsänderung berichtigt werden |
| § 15a **Abs. 1 Satz 1** UStG | übrige WG des **Anlagevermögens** (alles, was nicht nur zur einmaligen Verwendung bestimmt ist) | Berichtigung für **jedes** Jahr innerhalb von **5 Jahren** (**monatsweise Berechnung**) | |
| § 15a **Abs. 2** UStG | WG des **Umlaufvermögens** (alles, was zur einmaligen Verwendung bestimmt ist) | **kein** Berichtigungszeitraum Berichtigung im Besteuerungszeitraum der Verwendung des WG | entsprechend des Verhältnisses der Nutzungsänderung |
| § 15a **Abs. 3 und 4** UStG, § 15a **Abs. 6** UStG | • **nachträglicher Einbau** von Gegenständen in ein WG, <br> • Ausführung einer **sonstigen Leistung** an einem WG <br> • **nachträgliche Anschaffungskosten** des WG | analoge Anwendung der Abs. 1 und 2 | |
| § 15a **Abs. 8 und 9** UStG | WG des **Anlagevermögens** (Veräußerung oder Entnahme) | analoge Anwendung des Abs. 1 | |

# Vorsteuerberichtigung (§ 15a UStG) (2/3)

3. Stufe

## Bestimmung des maßgeblichen Berichtigungszeitraums

| | |
|---|---|
| **typisierter Berichtigungszeitraum** gem. § 15a Abs. 1, Abs. 5 Satz 1 UStG | gesetzlich festgelegt auf fünf oder zehn Jahre |
| **tatsächlicher Berichtigungszeitraum** gem. § 15a Abs. 5 Satz 2 UStG | bei WG mit tatsächlicher kürzerer Verwendungsdauer ist der entsprechend kürzere Berichtigungszeitraum anzusetzen; Beurteilung anhand der betriebsgewöhnlichen Nutzungsdauer nach ertragsteuerlichen Grundsätzen |
| **Beginn des Berichtigungszeitraums** | mit dem Tag der erstmaligen tatsächlichen Verwendung (analoge Anwendung des § 45 UStDV zur Bestimmung des Beginns des Berichtigungszeitraums) |
| **Ende des Berichtigungszeitraums** | nach Ablauf des typisierten oder tatsächlichen Berichtigungszeitraums (vgl. § 45 UStDV zur Bestimmung des Endes des Berichtigungszeitraums) |
| | Kann ein WG wegen Unbrauchbarkeit, Veräußerung oder durch Entnahme nicht mehr zur Ausführung von Umsätzen verwendet werden, endet damit der Berichtigungszeitraum. |

## Vereinfachungsregelungen bei der Vorsteuerberichtigung

| § 44 Abs. 1 UStDV | § 44 Abs. 2 UStDV | § 44 Abs. 3 UStDV | § 44 Abs. 4 UStDV |
|---|---|---|---|
| Vorsteuerberichtigung muss nicht vorgenommen werden, wenn die auf die AHK eines WG entfallende Vorsteuer 1.000 € nicht übersteigt | Keine Korrektur, wenn Änderung der Verhältnisse weniger als 10 % in einem Kj. beträgt, außer wenn Berichtigungsbetrag größer als 1.000 € für dieses Kj. | bei Vorsteuerkorrektur kleiner als 6.000 € pro Kj. Meldung in Jahreserklärung, sonst in Voranmeldungen | Vereinfachungsregelungen auch auf Berichtigung der Vorsteuern auf nachträgliche AHK bzw. sonstige Leistungen anwendbar |

**Formel zur Ermittlung
des jährlichen Vorsteuerkorrekturbetrags:**

$$VStB = VStGes \times BZ \times \% \ VerA$$

**VStB** = Vorsteuerberichtigungsbetrag im Beurteilungsjahr
**VStGes** = gesamter abziehbarer Vorsteuerbetrag im Jahr des Leistungsbezugs
**BZ** = Berichtigungszeit = das jeweilige Kj. (monatsgenau zu berechnen, z.B. beim 10-jährigen Berichtigungszeitraum beträgt die Berichtigungszeit 12/120)
**% VerA** = prozentuale Verwendungsänderung (z.B. bei einer Änderung von 100 % Vorsteuerabzugpflicht auf 50 %, ist die prozentuale Verwendungsänderung 50 %)

**Beispiel:** Nachdem Architekt U ein Jahr lang das Gebäude zu 50 % steuerpflichtig vermietet hat, lässt er das Dachgeschoss für 30.000 zzgl. 5.700 € USt im April 2018 umbauen und renovieren. Die an ihn in Rechnung gestellte USt zieht er dementsprechend als Vorsteuer ab, da er beabsichtigt, die Wohnung weiterhin steuerpflichtig zu vermieten. Ab April 2019 vermietet U die Wohnung steuerfrei an einen Studenten.

**a) Berichtigung der Vorsteuer aus Erwerb des Gebäudes:**
Der Architekt U vermietet das Gebäude seit April 2017 zu 50 % steuerpflichtig. Da er seit April 2019 das zuvor als steuerpflichtig vermietete Dachgeschoss (1/4 der abziehbaren Vorsteuer) nun steuerfrei an einen Studenten vermietet, ändert sich die Verwendung. Die Verwendungsänderung liegt nun bei 25 % (50 % ./. 25 %).
Berichtigungszeitraum beträgt 10 Jahre (120 Monate) ab April 2017.
**Berichtigungsbetrag für 2019** = 190.000 x 9/120 x 25 % = 3.562,50 €.
Ab 2019 muss U jährlich die Vorsteuer um 4.750 € (190.000 x 12/120 x 25 %) berichtigen.

**b) Berichtigung der Vorsteuer aus Renovierung des Dachgeschosses:**
Die vom Architekten U im Jahr 2018 geltend gemachte Vorsteuer i.H.v. 5.700 € muss ebenfalls berichtigt werden, da die Ausgangsleistung (Vermietungsleistung) für diese bezogene Leistung nun steuerfrei ist. Der Vorsteuerabzug kommt daher nicht in Betracht.
Berichtigungszeitraum beträgt 10 Jahre (120 Monate) ab April 2018.
**Berichtigungsbetrag für 2019** = 5.700 x 9/120 x 100 % = 427,50 € .
Ab 2020 muss U jährlich die Vorsteuer um 570 € (5.700 x 12/120 x 100%) berichtigen.

# Versagung des Vorsteuerabzugs

Durch den zum **01.01.2020** neu eingeführten § 25 f UStG kann die Finanzverwaltung den Vorsteuerabzug versagen, wenn ein Unternehmer durch Wissen oder Wissen müssen in einer **Umsatzsteuerhinterziehung**, einer Erlangung eines **ungerechtfertigten Vorsteuerabzug** oder einer **Schädigung des Umsatzsteueraufkommens** einbezogen war.

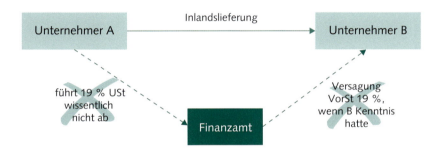

**Versagt werden können**

- Vorsteuerabzug aus steuerpflichtigen Eingangsumsätzen (§ 15 Abs. 1 Satz 1 Nr. 1 UStG)
- Vorsteuerabzug aus innergemeinschaftlichem Erwerb (§ 15 Abs. 1 Satz 1 Nr. 3 UStG)
- Vorsteuerabzug aus Steuerschuld im Rahmen des Reverse-Charge-Verfahrens (§ 15 Abs. 1 Satz 1 Nr. 4 UStG)

NEU

- Unternehmer trägt Feststellungslast für die Berechtigung zum Vorsteuerabzug
- Finanzverwaltung muss bei Versagung des Vorsteuerabzuges objektive Umstände für die wissentliche Einbindung des Unternehmers nachweise

# Kapitel XI: Regelungen für besondere Umsätze

Im Grundsatz sieht das Umsatzsteuergesetz eine Besteuerung auf jeder Wirtschaftsstufe vor, wobei die Bemessungsgrundlage für die zu berechnende und abzuführende Umsatzsteuer der Nettobetrag ist, also der Verkaufspreis ohne Umsatzsteuer. Auf der anderen Seite darf der Unternehmer bezahlte Umsatzsteuer, die ihm im Rahmen des Einkaufs von für sein Unternehmen notwendige Waren und Dienstleistungen in Rechnung gestellt wurde, als Vorsteuer abziehen. Doch dieser Grundsatz ist zum Teil aus Vereinfachungsgründen zum Teil aus wirtschaftlichen Gründen nicht immer in seiner reinen Form praktikabel anwendbar, so dass das Umsatzsteuergesetz einige Sonderregelungen für bestimmte Umsätze enthält.

Die Regelung des § 19 UStG dient dazu, dass **kleinere Unternehmen** von dem Verwaltungsaufwand befreit werden, der mit der Umsatzbesteuerung verbunden ist. Die Steuer entsteht wie bei regelversteuernden Unternehmern, allerdings wird sie von Kleinunternehmern nicht erhoben. Sie werden also **wie Nichtunternehmer** behandelt und müssen weder Umsatzsteuer abführen noch dürfen sie Vorsteuer geltend machen. Außerdem können sie eine vereinfachte Jahresanmeldung abgeben.

Auch **Land- und Forstwirte** sind nach § 24 UStG von der üblichen Regelbesteuerung ausgenommen. Für sie gibt es eine spezielle **Durchschnittsbesteuerung**. Hierunter fallen alle berufstypischen Umsätze, wie z. B. der Viehbetrieb oder der Ackerbau, die mit einem sog. Durchschnittssteuersatz belegt werden. Landwirtschaftliche Hilfstätigkeiten, wie z. B. der Verkauf landwirtschaftlicher Geräte und Maschinen bzw. landwirtschaftliche Nebenbetriebe unterliegen unter bestimmten Voraussetzungen ebenfalls der Durchschnittsbesteuerung.

Das Umsatzsteuergesetz sieht mit § 25 UStG auch für die Besteuerung von **Reiseleistungen** eine besondere Regelung vor. Diese bezeichnet man als **Margenbesteuerung**. Danach können Unternehmer Reiseleistungen ohne Vorsteuerabzug einkaufen und müssen beim Verkauf lediglich die Differenz zwischen Einkaufs- und Verkaufspreis versteuern (Marge). Darüber hinaus gilt als umsatzsteuerlicher Leistungsort für alle Reiseleistungen der Sitz des leistenden Unternehmens. Diese Regelung vereinfacht die Umsatzbesteuerung von grenzüberschreitenden Reiseleistungen. Sie würde ansonsten dazu führen, dass sich Reiseveranstalter in vielen Staaten für umsatzsteuerliche Zwecke erfassen lassen und dort entsprechende Umsatzsteuer-Erklärungen einreichen müssten.

Eine **Differenzbesteuerung** ähnlich der Margenbesteuerung für Reiseleistungen gibt es mit § 25a UStG auch für **Gebrauchtwaren- und Antiquitätenhändler**. Sie soll den Wettbewerbsnachteil zwischen privaten Verkäufern und gewerblichen Wiederverkäufern beseitigen und ebenfalls Verfahrensvereinfachungen mit sich bringen.

## Besteuerung von Kleinunternehmern (§ 19 UStG) (1/3)

- Kleinunternehmer werden ähnlich wie Nichtunternehmer behandelt.
- Sie müssen keine Umsatzsteuer auf Lieferungen und sonstige Leistungen i.S.d. § 1 Abs. 1 Nr. 1 UStG abführen und dürfen keine Vorsteuerbeträge geltend machen.
- Sie dürfen **keine Rechnungen mit gesondertem Umsatzsteuerausweis** erteilen; Hinweis auf die Kleinunternehmerregelung nicht erforderlich, aber hilfreich um Missverständnisse zu vermeiden.
- Sie können eine vereinfachte Jahreserklärung an das Finanzamt abgeben, indem sie nur den Teil B für Kleinunternehmer ausfüllen.

### Voraussetzungen für die Anwendung

- Unternehmer muss im Inland oder in dem in § 1 Abs. 3 UStG bezeichnetem Gebiet ansässig sein

- Kleinunternehmer-Umsatz im Vorjahr lag unter 22.000 € und
- voraussichtlicher Kleinunternehmer-Umsatz im laufenden Kj. liegt unter 50.000 €

- Die Anwendbarkeit des § 19 UStG ist für jedes Kj. erneut zu prüfen
- Der voraussichtliche Kleinunternehmer-Umsatz ist nach dem Verhältnis zu Beginn des Kj. zu schätzen
- Abweichungen von der Schätzung zum Ende des Kj. sind für die Anwendung des § 19 UStG unerheblich

**Berechnung Umsatz**

|  | Summe der steuerbaren Umsätze nach § 1 Abs. 1 Nr. 1 UStG (vereinnahmte Bruttobeträge) |
|---|---|
| ./. | steuerfreie Umsätze nach §§ 4 Nr. 8 Buchst. i, 9 Buchst. b, 11-28 UStG |
| ./. | steuerfreie Hilfsumsätze nach §§ 4 Nr. 8 Buchst. a –h, 9 Buchst. a, 10 UStG |
| = | **Gesamtumsatz** gem. § 19 Abs. 3 UStG |
| ./. | Umsätze von WG des AV brutto (Veräußerung oder Entnahme) |
| = | **Kleinunternehmer-Umsatz (brutto) gem. § 19 Abs. 1 UStG** |

# Besteuerung von Kleinunternehmern (§ 19 UStG) (2/3)

**Ausnahmen vom Anwendungsbereich der Kleinunternehmerregelung**

Die Kleinunternehmerregelung bezieht sich nur auf Lieferungen und sonstige Leistungen gem. § 1 Abs. 1 Nr. 1 UStG und auf die unentgeltlichen Wertabgaben. In folgenden Fällen muss der Kleinunternehmer dennoch regulär USt anmelden und abführen:

- Einfuhr von Gegenständen (§ 1 Abs. 1 Nr. 4 UStG)
- innergemeinschaftlicher Erwerb von Gegenständen (§ 1 Abs. 1 Nr. 5 UStG)
- Reverse-Charge-Verfahren (§ 13b Abs. 5 UStG)
- innergemeinschaftliches Dreiecksgeschäft (§ 25b Abs. 2 UStG)

**Besonderheiten**

**Beginn der unternehmerischen Tätigkeit im laufenden Jahr**

**Umsatz im Gründungsjahr:**
- Maßgeblich ist der voraussichtliche Umsatz für das erste Kj. der unternehmerischen Tätigkeit
- Es gilt hier die **Umsatzgrenze von 22.000 €**

**Berechnung im Folgejahr:**
- Im Folgejahr ist der tatsächliche Umsatz des ersten Jahres auf einen Jahresumsatz hochzurechnen
- Angefangene Kalendermonate werden als volle Monate behandelt

**Saisonbetriebe**

- Nicht erforderlich, dass laufend Umsätze erzielt werden
- § 19 UStG greift wie bei der Neugründung eines Unternehmens (22.000 € voraussichtlicher Umsatz im laufenden Kj.)

**Aber**: Gesamtumsatz darf nicht auf einen Jahresumsatz hochgerechnet werden, da die Tätigkeit nicht neu aufgenommen wird

# Besteuerung von Kleinunternehmern (§ 19 UStG) (3/3)

**Option zur Regelbesteuerung nach § 19 Abs. 2 UStG**

- Wenn es für den Unternehmer günstiger ist, kann er auf die Anwendung der Kleinunternehmerregelung **verzichten**.
- Dies muss der Unternehmer gegenüber dem Finanzamt bis zur Unanfechtbarkeit der Steuerfestsetzung erklären **oder** der Unternehmer gibt eine Umsatzsteuervoranmeldung oder Umsatzsteuererklärung ab und füllt die »Angaben für Kleinunternehmer« nicht aus und versteuert seine steuerpflichtigen Umsätze
- Die Verzichtserklärung ist für insgesamt **fünf Kj. bindend**, danach ist ein Widerruf mit Wirkung vom Beginn des Kj. möglich
- Ein Widerruf ist auch grundsätzlich noch **bis zur Unanfechtbarkeit** der Steuerfestsetzung eines Kj. möglich
- Rechnungen mit ausgewiesener USt können nach Widerruf berichtigt werden

Eine Steuerfestsetzung ist unanfechtbar, wenn gegen den Jahressteuerbescheid kein wirksamer Rechtsbehelf mehr eingelegt werden kann (z.B. wegen Ablauf der Einspruchsfrist) oder wenn ein Rechtsbehelf zurückgenommen worden ist. Der Bescheid wird dann formell bestandskräftig.

**Folgen des Verzichts auf die Kleinunternehmerregelung**

- Der Unternehmer muss ab dem Übergang alle seine Lieferungen und sonstigen Leistungen regulär der USt unterwerfen.
- Umsätze, die vor dem Übergang zur Regelbesteuerung ausgeführt wurden, fallen unter die Kleinunternehmerregelung, auch wenn der Kunde erst später bezahlt
- Ändert sich für einen Umsatz nachträglich die Bemessungsgrundlage, muss beachtet werden, dass auf die Umsätze vor dem Übergang zur Regelbesteuerung noch die Kleinunternehmerregelung angewandt werden muss.
- Gesondert in Rechnung gestellte Steuerbeträge können als Vorsteuer geltend gemacht werden, wenn die abgerechneten Lieferungen oder sonstigen Leistungen nach dem Übergang zur Regelbesteuerung ausgeführt wurden.
- Übergang von der Kleinunternehmerregelung auf die Regelbesteuerung stellt Änderung der Verhältnisse i.S.d. § 15a UStG dar

Aus Vereinfachungsgründen sind Land- und Forstwirte nach § 24 UStG von der Regelbesteuerung ausgenommen. Für sie sieht das UStG eine spezielle **Durchschnittsbesteuerung** vor, unter die alle berufstypischen Umsätze fallen (z.B. Viehbetrieb oder Ackerbau). Andere Umsätze eines land- oder forstwirtschaftlichen Betriebs unterliegen der regulären Besteuerung. Für den Vorsteuerabzug sind spezielle Regelungen zu beachten.

**Erzeugnisse i.S.d. § 24 Abs. 1 Satz 1 UStG**

• Anwendung von Durchschnittssteuersätzen auf Umsätze mit landwirtschaftlichen Erzeugnissen, die **im Rahmen eines land- und forstwirtschaftlichen Betriebs** oder Nebenbetriebs entstanden sind

• **Keine** Anwendung der Durchschnittssätze auf zugekaufte Produkte (z.B. zum Verkauf in einem Hofladen) und andere Umsätze, hierfür ist die Regelbesteuerung anzuwenden

• **Ausnahme:** Verarbeitung zugekaufter Produkte im eigenen Betrieb durch urproduktive Tätigkeit zu einem anderen, verkaufsreifen Endprodukt (z.B. Samen, Zwiebeln, Knollen zu Pflanzen und pflanzlichen Erzeugnissen).

**Vermischung eigener und fremder Produkte**

Durchschnittsbesteuerung ist auf Endprodukt anwendbar, wenn:

• das zugekaufte Produkt untrennbar mit dem Urprodukt vermischt ist und

• die Beimischung des fremden Produkts max. 25% (gem. für das Produkt üblicher Maßeinheit) beträgt.

Zutaten und Nebenstoffe bleiben bei der Ermittlung des 25%-Anteils außer Ansatz, auch wenn sie ebenfalls zugekauft wurden, z.B. Gewürze, Konservierungsmittel.

Tierzucht und Tierhaltung nach §§ 51 und 51a BewG

Garten-, Obst- und Gemüsebau

Binnen-fischerei

Wander-schäferei

Einen **land- und forstwirtschaftlichen Betrieb** unterhält, wer die hier genannten Erzeugertätigkeiten unter planmäßiger Nutzung der natürlichen Kräfte des Bodens betreibt und die dadurch gewonnenen Erzeugnisse verwertet.

Saatzucht

Baum-schulen

Imkerei

Weinbau

Teich-wirtschaft

**Sonstige Leistungen i.S.d. § 24 Abs. 1 Satz 1 UStG**

Anwendung der Durchschnittsbesteuerung auf die im Rahmen eines land- und fortwirtschaftlichen Betriebs erbrachten **sonstigen Leistungen**, wenn

- die sonstigen Leistungen zur landwirtschaftlichen Erzeugung beitragen
- Arbeitskräfte in Anspruch genommen werden, die normalerweise in der landwirtschaftlichen Erzeugung tätig sind
- Gegenstände eingesetzt werden, die zur Ausrüstung des landwirtschaftlichen Betriebs gehören und zur landwirtschaftlichen Erzeugung dienen

**Beispiele für landwirtschaftliche Dienstleistungen, die der Durchschnittsbesteuerung unterliegen können (A 24.3 UStAE)**

- Anbau-, Ernte-, Dresch-, Press- und Einsammelarbeiten

- Trocknung, Reinigung, Zerkleinerung, Lagerung etc. von landwirtschaftlichen Erzeugnissen

- Hüten und Züchten von Vieh

- Vermietung normalerweise in landwirtschaftlichen Betrieben verwendeter Gegenstände zu landwirtschaftlichen Zwecken

- Fällen und Schneiden von Bäumen und andere forstwirtschaftliche Dienstleistungen

**Beispiele für regelbesteuerte Dienstleistungen**

- Verpachtungen (z.B. Betriebsverpachtung, Verpachtung eines Jagdbezirks, Verpachtung von Wirtschaftsgütern)

- langfristige Vermietung von landwirtschaftlichen Wirtschaftsgütern (mind. 12 Monate)

- Pensionshaltung von Pferden, Vermietung von Pferden zu Reitzwecken

- Gartengestaltung, Grabpflegeleistungen

- Entsorgungsleistungen (z.B. von Speiseresten) an Nichtlandwirte

 **Aber**: Nehmen die landwirtschaftlichen Dienstleistungen im Vergleich zur eigenen Urproduktion einen überdurchschnittlich großen Anteil an den Umsätzen ein, müssen die Dienstleistungen der Regelbesteuerung unterworfen werden. In diesem Fall geht der Unternehmer neben seiner Tätigkeit als Land- und Forstwirt einer unternehmerischen Tätigkeit nach. Ein Anhaltspunkt dafür ist, wenn die Summe der Umsätze aus derartigen Dienstleistungen im vorangegangenen Kj. über 51.500 € beträgt.

# Besteuerung von Land- und Forstwirten (§ 24 UStG) (3/4)

| Umsätze aus Erzeugnissen i.S.d. § 24 Abs. 1 Satz 1 Nr. 1 – 3 UStG | Durchschnitts-sätze | | Verbleibende Zahllast |
|---|---|---|---|
| | USt | VSt | |
| Lieferung von forstwirtschaftlichen Erzeugnissen (z.B. Schicht- und Brennholz, Weihnachtsbäume, Rinde, Beeren, Pilze) ausgenommen Sägewerkserzeugnisse | 5,5% | 5,5% | 0% |
| Lieferung der in der Anlage 2 zum UStG aufgeführten Sägewerkserzeugnisse (z.B. Schnittholzabfälle, Sägespäne) | 10,7% | 10,7% | 0% |
| Lieferung der in Anlage 2 nicht aufgeführten Sägewerkserzeugnisse (z.B. Balken, Bohlen, Bretter), Getränke (z.B. Weine, Traubenmost, Frucht- und Gemüsesäfte) sowie alkoholischen Flüssigkeiten und sonstige Leistungen (Ausschank), soweit in der Anlage 2 nicht aufgeführte Getränke serviert werden | 19% | 10,7% | 8,3% |
| Ausfuhrlieferungen, innergemeinschaftliche Lieferungen und im Ausland bewirkte Umsätze von in Anlage 2 zum UStG nicht aufgeführten Sägewerkserzeugnisse, Getränken und alkoholischen Flüssigkeiten | 10,7% | 10,7% | 0% |
| Lieferung von landwirtschaftlichen Erzeugnissen (z.B. Getreide, Obst, Vieh, Fleisch, Milch, Gemüse, Eier) sowie landwirtschaftliche sonstige Leistungen | 10,7% | 10,7% | 0% |

## Vereinfachungsreglung für bestimmte Umsätze von land- und forstwirtschaftlichen Betrieben

Zur Vereinfachung erlaubt die Finanzverwaltung, dass
- geringfügige der Regelbesteuerung unterliegende Umsätze in die Durchschnittsatzbesteuerung mit einbezogen werden
- bei geringfügigen Umsätzen mit alkoholischen Flüssigkeiten und anderen Getränken keine Umsatzsteuer erhoben wird

### Voraussetzung
- o.g. Umsätze betragen insgesamt voraussichtlich nicht mehr als 4.000 € im Kj.
- Unternehmer führt nur folgende Umsätze aus:
  - Umsätze, die unter § 24 UStG fallen, sofern eine Steuer nicht zu entrichten ist
  - Umsätze, die unter § 19 Abs. 1 UStG fallen
  - Umsätze, die nach § 15 Abs. 2 i.V.m. Abs. 3 UStG den Vorsteuerabzug ausschließen

### Aufzeichnungspflichten
Trotz der Vereinfachungsregelung müssen alle Umsätze aufgezeichnet werden.

## Grundsätze des Vorsteuerabzugs
- Pauschal i.H.v. 5,5% bzw. 10,7% der Bemessungsgrundlage der land- und forstwirtschaftlichen Ausgangsumsätze
- bei Eingangsleistungen, die regelbesteuerten Umsätzen zuzurechnen sind, Vorsteuerabzug gem. § 15 Abs. 1 UStG

# Besteuerung von Land- und Forstwirten (§ 24 UStG) (4/4)

## Rechnungsstellung

- es gelten grds. die Regelungen der §§ 14, 14a UStG (siehe Kapitel IX), auch für Gutschriften
- als Steuersatz ist der maßgebliche Durchschnittssatz anzugeben
- getrennter Ausweis verschieden besteuerter Gegenstände
- ist der Steuerbetrag zu hoch ausgewiesen, wird auch der Mehrbetrag geschuldet (§ 14c UStG)

## Steuerfreie Umsätze

- Die Durchschnittsbesteuerung muss auch bei eigentlich steuerfreien Umsätzen i.S.d. **§ 4 Nr. 1–7 UStG** angewandt werden, also z.B. bei innergemeinschaftlichen Lieferungen und Ausfuhrlieferungen.
- Umsätze sind steuerpflichtig, auch wenn ohne Anwendung des § 24 UStG keine Umsatzsteuer zu bezahlen wäre
- Vorsteuerbeträge sind durch die Pauschalen i.H.v. 5,5% bzw. 10,7% abgegolten.
- Steuerbefreiungen nach **§ 4 Nr. 8–28 UStG** sind auch bei einer Besteuerung nach § 24 UStG anzuwenden. Eine Option zur Steuerpflicht ist nicht möglich. Daher besteht für zuzurechnende Vorsteuern keine Abzugsmöglichkeit.

## Gewerbebetrieb kraft Rechtsform

Ein landwirtschaftlicher Betrieb, der Kraft Rechtsform als Gewerbebetrieb angesehen wird, z.B. ein als Kapitalgesellschaft geführter Betrieb, kann Durchschnittsbesteuerung nicht anwenden, selbst wenn im Übrigen die Merkmale eines land- und die forstwirtschaftlichen Betriebs vorliegen.

## Verzicht auf die Durchschnittssatzbesteuerung

- Bei der Umsatzbesteuerung eines land- und forstwirtschaftlichen Betriebs geht die Durchschnittsbesteuerung immer der Regelbesteuerung und der Besteuerung der Kleinunternehmer gem. § 19 UStG vor
- Wenn für Unternehmer günstiger, kann auf die Anwendung des § 24 Abs. 1 UStG verzichtet werden
- Verzichtserklärung ist an keine bestimmte Form gebunden, muss jedoch eindeutig gegenüber dem Finanzamt abgegeben werden
- Abgabe der Verzichtserklärung und Widerruf nur einheitlich für alle land- und forstwirtschaftlichen Betriebe des Unternehmers möglich
- Erklärung bindet für fünf Kj. – bei Veräußerung des Betriebs ist der Erwerber als Rechtsnachfolger an die Optionsfrist gebunden
- Verzicht auf Durchschnittsbesteuerung führt bei kleinen Betrieben unter den Voraussetzungen des § 19 UStG zur Anwendung der Kleinunternehmerregelung, ist dies nicht gewünscht, muss weitere Verzichtserklärung gem. § 19 Abs. 2 UStG abgegeben werden

# Besteuerung von Reiseleistungen (§ 25 UStG) (1/3)

## Anwendungsvoraussetzungen

| Reiseleistungen, z.B. | Sitz des Reiseveranstalters im Inland | Handeln im eigenen Namen | unabhängig von Unternehmereigenschaft des Reisenden | Reiseveranstalter muss Reisevorleistungen in Anspruch genommen haben |
|---|---|---|---|---|
| • Beförderung zu den einzelnen Reisezielen<br>• Unterbringung und Verpflegung<br>• Betreuung durch Reiseleiter<br>• Durchführung von Veranstaltungen<br> auch auf Einzelleistungen anwendbar | • Ort der Reiseleistung nach § 3a Abs. 1 UStG dort, wo Reiseveranstalter sein Unternehmen betreibt | • Reiseveranstalter muss bei der Ausführung der Reiseleistung im eigenen Namen auftreten<br>• Nicht anwendbar auf Reisevermittlung | • Reiseleistungen können für das Unternehmen des Leistungsempfängers oder seinen privaten Bedarf bestimmt sein<br>• Leistungsempfänger ist der Besteller, muss nicht zwingend der Reisende sein | • **Reisevorleistungen** = alle Lieferungen und Dienstleistungen, die von einem Dritten erbracht werden und dem Reisenden unmittelbar zugute kommen (unabhängig davon, ob Einzel- oder Pauschalreise) |

Sind alle fünf Voraussetzungen erfüllt, liegen Umsätze vor, die unter § 25 UStG fallen und **margenbesteuert** werden.

Mehrere im Rahmen einer Reise erbrachte Dienstleistungen werden als **einheitliche sonstige Leistung** (Dienstleistungspaket) angesehen.
Für die gesamte Dienstleistung bestimmt sich der **Leistungsort** einheitlich nach § 3a Abs. 1 UStG am Sitzort des leistenden Unternehmers.

# Besteuerung von Reiseleistungen (§ 25 UStG) (2/3)

Die Vorschrift des § 25 UStG gilt für **alle Unternehmer**, die Reiseleistungen erbringen, auch wenn dies nicht ihr hauptsächlicher Unternehmensgegenstand ist. Besondere Relevanz hat die Vorschrift für Veranstalter von Pauschalreisen. Es können aber auch andere Unternehmen betroffen sein, die z.B. Reisen für Konzerngesellschaften oder Incentivereisen für ihr Mitarbeiter organisieren. Es besteht **kein Wahlrecht** zur Anwendung des § 25 UStG.

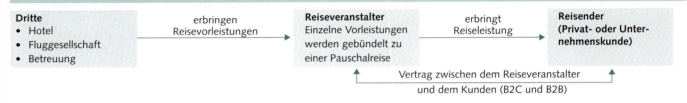

## Margenbesteuerung von Reiseleistungen

### Steuerpflichtige Marge

- § 25 UStG gilt für Reisen in der ganzen Welt
- Umsatzsteuerpflichtig ist nur der Teil der Umsätze, die auf Reisevorleistungen im **Gebiet der EU** beruhen

    Betrag, den der Leistungsempfänger aufwendet

./. Betrag für Reisevorleistung des Unternehmers

= **Bruttomarge**

./. darin enthaltene Umsatzsteuer

= **steuerpflichtige Marge (Nettomarge)**

### Steuerfreie Marge

Die gesamte Marge bleibt steuerfrei, wenn:

- Reisevorleistungen und
- mit der Reise verbundenen Beförderungsleistungen

**ausschließlich im Drittland** erbracht werden.

Unternehmer muss die Voraussetzungen für die Steuerfreiheit aufzeichnen und nachweisen können (§ 72 UStDV).

### Negative Marge

- **Entstehung**: Dem Kunden in Rechnung gestellter Reisepreis ist geringer als die Summer der Reisevorleistungen (z.B. falsche Kalkulation, Reise nicht ausreichend verkauft)
- **Behandlung**: Grundsätzlich keine Verrechnung mit positiven Margen aus anderen Reiseleistungen möglich

Führt der Unternehmer eine Reiseleistung sowohl mit Bezug von Reisevorleistungen als auch mit **Eigenleistungen** aus, so ist der Anteil der Eigenleistungen bei der Ermittlung der Marge prozentual herauszurechnen. Der auf die Eigenleistung entfallende Reisepreis unterliegt der regulären Besteuerung.

# Besteuerung von Reiseleistungen (§ 25 UStG) (3/3)

**Besonderheiten bei grenzüberschreitender Beförderung:**

- Aufteilung der gesamten Beförderungsleistung nach der zurückgelegten Strecke auf Gemeinschaftsgebiet und Drittlandsgebiet; nur der auf dem Gebiet der EU bewirkte Streckenanteil ist steuerpflichtig

**Vereinfachungsregelung bei Personenbeförderung im Luftverkehr (A 25.2 Abs. 4 UStAE):**

- Zielort im Drittland: Reisevorleistung gilt als im Drittland erbracht
- Zielort im Gemeinschaftsgebiet: Reisevorleistung gilt als im Gemeinschaftsgebiet erbracht
- Zielort bestimmt sich nach dem Hinflug
- Hin- und Rückflug stellen **eine** Reisevorleistung dar
- Vereinfachungsregelung kann nur für alle Reisen einheitlich angewandt werden; Übergang zur Ermittlung nach Streckenanteilen jederzeit möglich

**Vereinfachungsregelung bei Personenbeförderung bei Kreuzfahrten (A 25.2 Abs. 6 UStAE):**

- wegen Geringfügigkeit des europäischen Streckenanteils kann die Leistung als im Drittland erbracht angesehen werden; Aufteilung nicht notwendig

**Vorsteuerabzug**
**Kein Vorsteuerabzug** aus Reisevorleistungen anderer Unternehmer – weder aus Rechnungen gem. § 15 Abs. 1 Nr. 1 noch die nach § 13b UStG geschuldeten Steuerbeträge.

Aus den übrigen Eingangsleistungen (z.B. Bürokosten, Einkauf, Einrichtungsgegenstände, etc.) kann Vorsteuerabzug geltend gemacht werden.

**Besondere Aufzeichnungspflichten (§ 25 Abs. 5 UStG)**
- Betrag, den der Leistungsempfänger für die Reise aufwendet
- Beträge, die der Unternehmer für Reisevorleistungen aufgewendet hat
- Bemessungsgrundlage (Marge)

**Rechnungsstellung**
- es gelten grds. die Regelungen der §§ 14, 14a UStG (siehe Kapitel IX)
- in den Rechnungen an die Reisenden wird immer der Bruttobetrag ausgewiesen (B2C und B2B!)
- auf margenbesteuerte Umsätze darf **kein** gesonderter Steuerausweis erfolgen, auch wenn die Kunden Unternehmer sind
- auf Rechnung muss auf Anwendung der Sonderregelung nach § 25 UStG durch den Hinweistext »Sonderregelung für Reisebüros« (§ 14a Abs. 6 UStG) hingewiesen werden

# Besteuerung von Gebrauchtwaren- und Antiquitätenhändlern (§ 25a UStG) (1/3)

## Voraussetzungen nach § 25a Abs. 1 UStG

| Unternehmer ist Wiederverkäufer | Lieferung beweglicher körperlicher Gegenstände | Erwerb im Gemeinschaftsgebiet | Erwerb ohne Vorsteuerabzug | Anwendung der Differenzbesteuerung |
|---|---|---|---|---|
| Wiederverkäufer sind Unternehmer, die Gegenstände für ihr Unternehmen erwerben und sie danach im eigenen Namen wieder verkaufen oder versteigern. | Differenzbesteuerung findet nur auf die Lieferung beweglicher körperlicher Gegenstände Anwendung <br><br> **Ausnahme:** <br> Gegenstände dürfen keine Edelsteine oder Edelmetalle in unbearbeiteter Form sein | Unternehmer erwirbt die Gegenstände im Gemeinschaftsgebiet, jedoch **nicht** als steuerfreie i.g. Lieferung <br><br> Bei Erwerb im Drittland und späterer Einfuhr ins Inland ist Differenzbesteuerung nur unter den Voraussetzungen des § 25a Abs. 2 UStG anwendbar. | Unternehmer kauft von <br><br> • Privatpersonen <br> • Kleinunternehmern <br> • anderen Wiederverkäufern unter Anwendung der Differenzbesteuerung, <br><br> so dass für den Erwerb keine USt entsteht. | Umsatzsteuer wird nur auf die Marge zwischen Einkaufspreis und Verkaufspreis berechnet. <br><br> Die Umsatzsteuer ist aus der Marge herauszurechnen. |

Verkaufspreis
./. Einkaufspreis
_____
= **Bruttomarge**
./. enthaltene Umsatzsteuer
_____
= **steuerpflichtige Marge (Nettomarge)**

## Hauptanwendungsbereich der Differenzbesteuerung

Die Differenzbesteuerung findet hauptsächlich bei der Lieferung von Gebrauchtgegenständen Anwendung. Unter den o.g. Voraussetzungen können aber auch neue Gegenstände der Differenzbesteuerung unterliegen. Die Vorschrift des § 25a UStG kommt häufig zur Anwendung bei:

• Autohändlern, die mit Gebrauchtwagen handeln

• Einzelhändlern, die gebrauchte Gegenstände ankaufen – Secondhand-Läden

• Kunst- und Antiquitätenhändlern

• Kreditinstituten, die von Privatpersonen sicherungsübereignete Gegenstände weiterverkaufen

# Besteuerung von Gebrauchtwaren- und Antiquitätenhändlern (§ 25a UStG) (2/3)

## Anwendung der Differenzbesteuerung im innergemeinschaftlichen Warenverkehr

- Differenzbesteuerung kann grds. auch auf Lieferungen inländischer Unternehmer **in das übrige Gemeinschaftsgebiet** angewandt werden
- Ort der Besteuerung in diesen Fällen immer in Deutschland; Verlagerung des Lieferorts nach § 3c UStG und Steuerbefreiung für i.g. Lieferungen kann nicht angewandt werden

**Ausnahme:**
Differenzbesteuerung ist ausgeschlossen, wenn Wiederverkäufer neues Fahrzeug i.S.d. § 1b UStG ins Gemeinschaftsgebiet liefert

Wird **umgekehrt** bei der Lieferung eines Gegenstandes aus dem Gemeinschaftsgebiet in das Inland die Differenzbesteuerung im Land des Lieferanten angewandt, muss im Inland kein i.g. Erwerb versteuert werden.

## Ausnahme für Kunstgegenstände, Sammlungsstücke oder Antiquitäten (§ 25a Abs. 2 UStG)

Differenzbesteuerung auch möglich, wenn Wiederverkäufer **Kunstgegenstände** (Nr. 52 Anlage 2 UStG), **Sammlungsstücke** (Nr. 49 Buchst. f und Nr. 54 Anlage 2 UStG) oder **Antiquitäten** (Pos. 9706 00 00 des Zolltarifs)
- eingeführt hat **oder**
- Kunstgegenstände steuerpflichtig von Nicht-Wiederverkäufern erworben hat

Anwendung der Ausnahmeregelung muss gegenüber dem FA bis Abgabe der ersten Voranmeldung für das betreffenden Kj. erklärt werden.
Die Erklärung bindet den Wiederverkäufer für mind. zwei Jahre.

## Besonderheiten bei der Ermittlung der Bemessungsgrundlage

- BMG ergibt sich aus **Differenz** des Ein- und Verkaufspreises abzgl. USt
- **Nebenkosten**, die nach Erwerb anfallen und nicht im Einkaufspreis enthalten sind, mindern nicht die BMG (z.B. Reparaturkosten)
- ist Einkaufspreis für Kunstgegenstand nicht ermittelbar oder unbedeutend (z.B. weil Kauf im Rahmen einer kompletten Sammlung), kann BMG mit **30% des Verkaufspreises** angenommen werden
- BMG ist grds. für jeden Gegenstand einzeln zu ermitteln (**Einzeldifferenz**)
- bei negativer Differenz ist BMG 0 € – grds. keine Verrechnung mit positiven Differenzen anderer Verkäufe zulässig

## Vereinfachungsregelung für Gegenstände mit Einkaufspreis < 500 € (§ 25a Abs. 4 UStG)

- BMG kann nach Gesamtdifferenz ermittelt werden
- Bemessungsgrundlage ergibt sich aus **Gesamtdifferenz** aller im Kj. getätigten Ein- und Verkäufe; USt ist herauszurechnen
- Voraussetzung für Vereinfachungsregelung müssen für jeden einzelnen einbezogenen Gegenstand erfüllt sein
- bei Anwendung der Vereinfachungsregelung muss diese für alle entsprechenden Umsätze einheitlich verwendet werden

**Wichtig:** Vereinfachung ausgeschlossen für Gegenstände, deren Einkaufspreis 500 € übersteigt. Für diese Gegenstände ist Erfassung der Einzeldifferenzen notwendig!

# Besteuerung von Gebrauchtwaren- und Antiquitätenhändlern (§ 25a UStG) (3/3)

## Steuersatz

- immer **19%** (Regelsteuersatz) – auch wenn nach den allgemeinen Vorschriften des UStG der ermäßigter Steuersatz für den Liefergegenstand gelten würde!
- In diesen Fällen kann Option zur Regelbesteuerung lohnend sein

## Mögliche Option zur Regel-besteuerung nach § 25a Abs. 8 UStG

- **Verzicht** auf Anwendung der Differenz-besteuerung kann grds. bei jeder **einzel-nen Lieferung** eines Gebrauchtgegen-standes ausgeübt werden
- Verzicht nur bis zur formellen Bestands-kraft des Umsatzsteuerbescheids möglich
- kein Antrag bei FA notwendig; es genügt, wenn der Unternehmer den Umsatz durch gesonderten Steueraus-weis in der Rechnung **als steuerpflichtig behandelt**

**Folge:** Umsätze müssen der Regelbesteue-rung unterworfen werden.

## Rechnungsstellung

- **kein** gesonderter Steuerausweis in der Rechnung!
- dies **gilt auch** bei Lieferung an anderen Unternehmer (B2B)
- wird fälschlicherweise Umsatzsteuer auf der Rechnung ausgewiesen, wird diese gem. § 14c UStG zusätzlich an das Finanzamt geschuldet
- Wiederverkäufer muss in der Rechnung auf Differenzbesteuerung wie folgt **hinweisen**:

  »Gebrauchtgegenstände/Sonderregelung« oder

  »Kunstgegenstände/Sonderregelung«

## Besondere Aufzeichnungspflichten

- Wiederverkäufer hat besondere getrennte Aufzeichnungen über Verkaufspreis, Einkaufspreis und Bemessungsgrundlage für jede Lieferung zu führen
- Aufzeichnungspflicht gilt als erfüllt, wenn sich Angaben aus der Buchhaltung ent-nehmen lassen
- Nachholung der Aufzeichnungen möglich
- Fehlen korrekter Aufzeichnungen kann zu Schätzungen führen

## Vorsteuerabzug

- bei Anwendung der Differenzbesteuerung ist Vorsteuerabzug **ausgeschlossen**
- normalerweise kein Problem, da beim Einkauf der Gegenstände regelmäßig keine Vorsteuer ausgewiesen wird
- in den Fällen des § 25a Abs. 2 UStG darf Vorsteuerabzug nicht geltend gemacht werden!

# Kapitel XII: Grenzüberschreitende Liefersachverhalte

## 1 Lieferungen mit Drittlandsbezug

Auch wenn Deutschland seit dem Wegfall der innereuropäischen Zollgrenzen zum 01.01.1993 mit Ausnahme der Grenze zur Schweiz nur noch indirekt an ein Drittland grenzt, nehmen im internationalen Warenverkehr die Lieferungen mit Drittlandsbezug einen immer größeren Stellenwert ein. Bei diesen Lieferungen müssen in der Praxis neben umsatzsteuerrechtlichen Vorschriften auch immer zollrechtliche Regelungen beachtet werden.

Eine **Ausfuhrlieferung** ist umsatzsteuerfrei, wenn der Gegenstand der Lieferung in Gebiete nach § 1 Abs. 3 UStG oder ins übrige Drittlandsgebiet versendet oder befördert wird. Die Steuerfreiheit wird hier nur gewährt, wenn der vollständige **Buch- und Belegnachweis** erbracht wird. Der Belegnachweis ist über zollrechtliche Ausfuhrdokumente zu führen, im Normalfall über den sog. Ausgangsvermerk. Nur wenn dieser vorliegt, kann eine Ausfuhrlieferung von der USt befreit sein. Das Zusammenspiel zwischen Zoll- und Umsatzsteuerrecht wird hier besonders deutlich.

Neben der **Steuerfreiheit für die Gegenstände der Ausfuhr** kann auch eine vorangegangene Lohnveredelung (Be- oder Verarbeitung) an Gegenständen, die ausgeführt werden von der Umsatzsteuer befreit sein, wenn die notwendigen Voraussetzungen erfüllt und die Buch- und Belegnachweise erbracht werden. Hierbei gilt es zu beachten, dass nur eine Werkleistung wie z.B. die Montage, das Etikettieren und Verpacken von Gegenständen, die Zusammensetzung und Anpassung an andere Gegenstände oder die Aus-

besserung eine umsatzsteuerbefreite Lohnveredelung sein kann.

Die **Einfuhr von Gegenständen** aus dem Drittland in das Inland oder in die österreichischen Gebiete Jungholz und Mittelberg (Sondergebiete) unterliegt der EUSt, die in der Regel zusammen mit dem Zoll von der Zollverwaltung festgesetzt wird. Für die Entstehung der EUSt ist weder unternehmerisches Handeln noch ein Leistungsaustausch notwendig, sie ist vielmehr durch die sinngemäße Anwendung der Vorschriften für Zölle an die Entstehung der Zollschuld geknüpft. Der Einfuhrumsatzsteuerwert baut auf dem Zollwert auf. Für Gegenstände, die für das Unternehmen eingeführt wurden, kann die EUSt in den USt-Voranmeldungen als Vorsteuer abgezogen werden. Grundsätzlich gilt, dass ein Lieferer nur dann zum Abzug der EUSt als Vorsteuer berechtigt ist, wenn die Abfertigung im Inland zu **seiner eigenen Verfügung** erfolgt und erst anschließend an den Abnehmer geliefert wird. Der Abnehmer ist nur dann abzugsberechtigt, wenn er bei Überlassung der Waren zum freien Verkehr die Verfügungsmacht über die eingeführten Waren hat.

Eine weitere Besonderheit bei Lieferungen mit Drittlandsbezug ist die **Verlagerung des Lieferorts** nach § 3 Abs. 8 UStG. Der Lieferort gilt als im Inland gelegen, wenn der Gegenstand der Lieferung aus dem Drittlandsgebiet in das Inland gelang und der Lieferant oder sein Beauftragter Schuldner der deutschen Einfuhrumsatzsteuer ist.

Eine Ausfuhrlieferung ist steuerfrei, wenn der Gegenstand der Lieferung in Gebiete nach § 1 Abs. 3 UStG oder ins übrige Drittlandsgebiet versendet oder befördert wird (§ 4 Nr. 1 Buchst. a i.V.m. § 6 UStG)

| **Freizone, Freihafen, bestimmte Gewässer** | **Drittland** | **Versendung** | **Beförderung** |
|---|---|---|---|
| • **Beförderung** oder **Versendung** durch Unternehmer oder Abnehmer in Freizone/Freihafen **und**<br>• Abnehmer erwirbt Gegenstand für sein Unternehmen **oder**<br>• ausländischer Abnehmer ist kein Unternehmer und Gegenstand gelangt vom Freihafen ins Drittland. | Siehe Kapitel II | Unternehmer oder ausländischer Abnehmer lässt den Gegenstand **durch einen selbstständigen Beauftragten** ins Drittland befördern. | Der Unternehmer **selbst** oder der ausländische Abnehmer (Abholfall) verbringt den Gegenstand ins Drittlandsgebiet |

**Ausländische Abnehmer** = Wohnort oder Sitz im Ausland

 **Voraussetzung für die Anwendung der Steuerfreiheit: vollständiger Beleg- und Buchnachweis**

# Ausfuhrlieferungen und die notwendigen Nachweise (2/4)

## Belegnachweis (§§ 8–11 UStDV)

## Ausgangsvermerk

### Normalfall in ATLAS

**Zollrechtliche Ausfuhranmeldung im elektronischen Ausfuhrverfahren:**

- Ausfuhrzollstelle überführt elektronisch angemeldete Waren in das Ausfuhrverfahren
- Übermittlung der Angaben zur Ausfuhr an Ausgangszollstelle
- Ausgangszollstelle überwacht körperliche Ausfuhr der Waren
- automatisierte Übersendung einer »Ausgangsbestätigung« an Ausfuhrzollstelle
- Ausfuhrzollstelle erstellt dem Ausführer einen Ausgangsvermerk
- Ausgangsvermerk = Belegnachweis der Ausfuhr für USt-Zwecke

## Alternativ-Ausgangsvermerk

### Gesetzlich geregelte Ausnahme

**Zollrechtliche Ausfuhranmeldung im elektronischen Ausfuhrverfahren (ATLAS) ohne automatisierte Erledigung:**

- Übersendung der »Ausgangsbestätigung« beibt aus
- Anmelder muss Ausgangszollstelle die Ausfuhr durch Alternativnachweis (z.B. Frachtbrief) belegen
- Zollverwaltung stellt Alternativ-Ausgangsvermerk aus
- Alternativ-Ausgangsvermerk = Belegnachweis für USt-Zwecke

 Archivierung der mit der Zollverwaltung ausgetauschten EDIFACT-Nachrichten ist notwendig (§ 147 Abs. 1 Nr. 4a i.V.m. Abs. 2 und 3 AO)

# Ausfuhrlieferungen und die notwendigen Nachweise (3/4)

## Belegnachweis (§§ 8-11 UStDV)

### Ausfallkonzept

Notfallverfahren – bei Ausfall des elektronischen Systems

**Ausfuhranmeldung ohne ATLAS:**
Bei einer papiergestützter Abwicklung (z. B. mit dem sog. Einheitspapier 033025 oder dem Sicherheitsdokument, Vordruck 033023)* ist ein Stempelabdruck »ECS/AES Notfallverfahren« und der Vermerk der Ausgangszollstelle (Dienststempelabdruck der Ausgangszollstelle mit Datum) notwendig.

* Vordrucke des Einheitspapiers können noch bis Ende 2020 verwendet werden.

### Versendungs- oder handelsüblicher Beleg

Mündliche Ausfuhranmeldung – bei Sendungen bis zu 1.000 € Warenwert

Versendungsfall, bei dem es nicht möglich oder zumutbar ist, Nachweis über den Ausgangsvermerk zu führen

MRN vom Ausfuhrvorgang muss aufgezeichnet werden!

**Versendungsbelege** (Frachtbrief, Konnossement, Posteinlieferungsschein oder andere **handelsübliche Belege** (Rechnung, Auftragsschreiben, Frachtabrechnung, Lieferschein etc.) mit folgenden Angaben:

- Namen und Anschrift des Belegausstellers
- Ausstellungsdatum
- Namen und Anschrift des liefernden Unternehmers und des Auftraggebers der Versendung.
- Menge und Art (handelsübliche Bezeichnung) des ausgeführten Gegenstands
- Ort und Tag der Ausfuhr oder Ort und Tag der Versendung des ausgeführten Gegenstands in das Drittlandsgebiet
- Empfänger des ausgeführten Gegenstands und Bestimmungsort im Drittlandsgebiet
- Versicherung des Ausstellers des Belegs darüber, dass die Angaben im Beleg auf der Grundlage von Geschäftsunterlagen gemacht wurden, die im Gemeinschaftsgebiet nachprüfbar sind,
- Unterschrift des Ausstellers des Belegs

Alle Belege müssen einen Ausfuhrvermerk (z.B. Stempel der Ausgangs-Zollstelle) enthalten

FG Berlin/Brandenburg (Urteil vom 18.02.2014, 5 K 5235/12): Nachweise können auch durch andere Papiere erbracht werden, sofern die dort gemachten Angaben alle nach § 10 Abs. 1 Satz 1 Nr. 2 Buchst. b UStDV erforderlichen Nachweise beinhalten.

# Ausfuhrlieferungen und die notwendigen Nachweise (4/4)

**Buchnachweis: Aufzeichnungen in der Buchführung** (§ 13 UStDV)

- Vollständiger Name und vollständige Anschrift des Abnehmers

- Menge und handelsübliche Bezeichnung des Liefergegenstandes

- Tag der Lieferung

- vereinbartes bzw. vereinnahmtes Entgelt

- Tag der Ausfuhr

- Bestimmungsort

- Master-Reference-Number (MRN)

# Ausfuhr im persönlichen Reisegepäck

Verkäufe von Unternehmern an Reisende aus dem Drittland können, wenn der Rechnungsbetrag **50 €** überschreitet, unter bestimmten Voraussetzungen steuerfrei sein (§ 6 Abs. 3a Nr. 3 UStG n.F.).

## Voraussetzungen

- Gegenstand für private Zwecke bestimmt
- Gegenstand durch Reisenden im **persönlichen Reisegepäck** ins Drittland verbracht
- Reisende hat Wohnort im Drittlandsgebiet
- Verbringen ins Drittland innerhalb von **drei Monaten**
- **Rechnungsbetrag** der Waren inkl. USt **übersteigt 50 €**

**Persönliches Reisegepäck**
= Gegenstände, die der Reisende bei Grenzübertritt mit sich führt

Zoll

## Nachweise für die Steuerbefreiung (Ausfuhrbelege) =
vom Reisenden nach Bestätigung der Grenzzollstelle vorzuglegen

### Ausfuhrnachweis
- Name und Anschrift des liefernden Unternehmens
- handelsübliche Bezeichnung & Menge der ausgeführten Gegenstände
- Ort & Tag der Ausfuhr
- Ausfuhrbestätigung der Grenzzollstelle, über die die Waren ausgeführt werden

### Abnehmernachweis (§ 17 UStDV)
- Name und Anschrift des Käufers
- Bestätigung der Grenzzollstelle, dass die Daten mit dem vorgelegten Ausweisdokument übereinstimmen

### Buchnachweis (Aufzeichnung in der Buchführung des Unternehmers)
- handelsübliche Bezeichnung & Menge der ausgeführten Gegenstände
- Name und Anschrift des Drittlandkäufers
- Tag der Lieferung und Tag der Ausfuhr
- Entgelt

Auch eine Lohnveredelung an Gegenständen, die ausgeführt werden, kann gem. § 4 Nr. 1 Buchst. a i.V.m. § 7 UStG von der Umsatzsteuer befreit sein, wenn die notwendigen Nachweise erbracht werden.

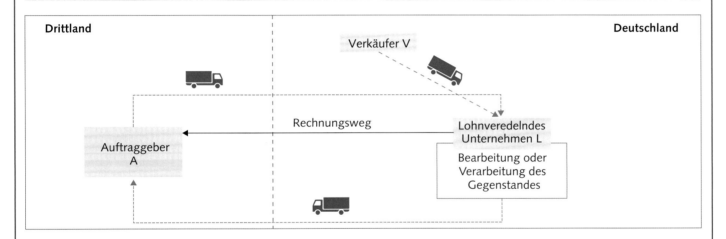

**Beispiel**

Ein ausländischer Auftraggeber A führt eine Maschine nach Deutschland ein und beauftragt den inländischen Unternehmer L mit der Lohnveredelung. Alternativ erwirbt A bei Verkäufer V in Deutschland die Maschine, und beauftragt dann den inländischen Unternehmer L mit der Lohnveredelung. V bringt im Auftrag des A die Maschine zu L. L führt die Lohnveredelung durch. Es ist auch eine mehrfache Bearbeitung möglich. Nach der Lohnveredelung wird die Maschine (wieder) ins Drittlandsgebiet zu A verbracht.

## Grundlagen und Voraussetzungen für die Steuerfreiheit

**Erwerb:**
Ausgeschlossen sind sonstige Leistungen i.S.d. § 3 Abs. 9a Nr. 2 UStG (§ 7 Abs. 5 UStG).

 Die Lohnveredelung muss eine **Werkleistung** sein (vgl. Kapitel III)

Eine Werklieferung stellt keine Lohnveredelung dar.

Der Auftraggeber muss den Gegenstand zum Zwecke der Be- oder Verarbeitung:
- in der EU **erwerben**
  oder
- in die EU **einführen**.

**Einfuhr:**
- Der Gegenstand wird in einer zollamtlich bewilligten **aktiven Lohnveredelung** veredelt.
- Der eingeführte Gegenstand wird in den zollrechtlich **freien Verkehr** überlassen und die EUSt entrichtet.
- Das Bestimmungsland hat für die Wiedereinfuhr des bearbeiteten oder verarbeiteten Gegenstands Einfuhrabgaben, z.B. Zoll oder EUSt, erhoben (**passive Lohnveredelung**).

Für die Steuerfreiheit der Lohnveredelung (Dienstleistung) müssen die be- oder verarbeiteten Gegenstände anschließend in das Drittlandsgebiet oder in die in § 1 Abs. 3 UStG bezeichneten Gebiete gelangen.

## Lohnveredelung an Gegenständen der Ausfuhr und die notwendigen Nachweise (3/4)

**Ausfuhr des be- oder verarbeiteten (lohnveredelten) Gegenstands**

| in die in § 1 Abs. 3 UStG bezeichneten Gebiete (Freizone; bestimmte Gewässer) | in das übrige Drittlandsgebiet | | |

| | durch Werkunternehmer | durch Auftraggeber | |
|---|---|---|---|
| Beförderung/Versendung durch den Werkunternehmer: Auftraggeber muss entweder<br>• ein **ausländischer Auftraggeber** oder<br>• ein Unternehmer sein, der im Inland oder in den oben bezeichneten Gebieten ansässig ist und den be- oder verarbeiteten **Gegenstand für Zwecke seines Unternehmens verwendet**. | Wichtig ist, dass die lohnveredelten Waren für Rechnung des Lohnveredelers in das Drittlandsgebiet gelangen. | Der Auftraggeber muss ein **ausländischer Auftraggeber** sein. | Liegt **kein ausländischer Auftraggeber** vor, muss das leistende Unternehmen selbst den be- oder verarbeiteten Gegenstand in das Drittlandsgebiet befördern oder versenden lassen. |

**Voraussetzung für die Steuerbefreiung: vollständiger Beleg- und Buchnachweis**

| Ausländischer Auftraggeber | = | Ausländischer Abnehmer | = | Wohnort oder Sitz im Ausland, ausgenommen die in § 1 Abs. 3 UStG genannten Gebiete |

## Buchnachweis: Aufzeichnungen in der Buchführung (§ 13 UStDV)

- vollständiger Name und vollständige Anschrift des Auftraggebers

- Menge des Gegenstands der Lieferung und die Art und den Umfang der Lohnveredelung

- handelsübliche Bezeichnung

- Tag der Lohnveredelung

- vereinbartes bzw. vereinnahmtes Entgelt

- Art und Umfang einer Bearbeitung oder Verarbeitung vor der Ausfuhr

- Tag der Ausfuhr

- Bestimmungsort

- Master-Reference-Number (MRN)

## Belegnachweis (§ 12 UStDV)

Die Vorschriften über die Führung des Ausfuhr-nachweises bei Ausfuhrlieferungen
(§§ 8 bis 11 UStDV) sind entsprechend anzuwenden.

# Einfuhr von Gegenständen (§ 1 Abs. 1 Nr. 4 UStG) (1/2)

Einfuhr von Gegenständen im Inland (§ 1 Abs. 2 Satz 1 UStG) oder in den österreichischen Gebieten Jungholz und Mittelberg (Sondergebiete) unterliegt der Einfuhrumsatzsteuer

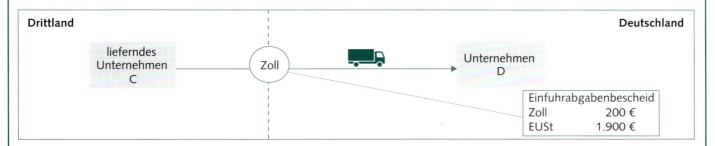

Drittland          Deutschland

lieferndes Unternehmen C — Zoll → Unternehmen D

| Einfuhrabgabenbescheid | |
|---|---|
| Zoll | 200 € |
| EUSt | 1.900 € |

## Einfuhr im Inland

- körperliches Verbringen von Gegenständen aus einem Drittland in das Inland
- der Vorgang unterliegt grundsätzlich der Besteuerung, d.h. durch sinngemäße Anwendung der Vorschriften für Zölle entsteht mit der Zollschuld auch die Einfuhrumsatzsteuerschuld (§ 13 Abs. 2, § 21 Abs. 2 UStG i.V.m. Art. 77 Abs. 2 UZK)
- auch Waren, die von der Zollschuld befreit sind, können der Einfuhrumsatzsteuer unterliegen

## Gegenstände

Körperliche Waren und Wirtschaftsgüter, die im Wirtschaftsverkehr wie Sachen umgesetzt werden (z.B. Wärme, Strom)

 Die Steuerbarkeit eines Einfuhrumsatzes unterscheidet sich grundlegend vom Umsatz nach § 1 Abs. Nr. 1 UStG – weder unternehmerisches Handeln noch ein Leistungsaustausch ist notwendig.

# Einfuhr von Gegenständen (§ 1 Abs. 1 Nr. 4 UStG) (2/2)

**Folgender Fall löst EUSt aus, unabhängig von der Zollschuld**

**Besonderes Zollverfahren passive Veredelung**

Drittland — Be- oder Verarbeitung — DE — Unternehmen

Gegenstände werden von einem Unternehmen ausgeführt, in einem Drittlandsgebiet für Rechnung dieses Ausführers veredelt (be- oder verarbeitet) und von diesem oder für ihn wieder eingeführt.

Bei der Wiedereinfuhr werden die Zollabgaben nach der Mehrwertmethode (Art. 86 Abs. 3 UZK) berechnet. Diese Methode führt zu einer Einfuhrabgabenbegünstigung, da nur das Veredelungsentgelt (Mehrwert) bei der Wiedereinfuhr zu verzollen ist. Die Einfuhrumsatzsteuer bemisst sich ebenfalls auf Grundlage des Veredelungsentgelts.

## Steuerbefreiungen bei der Einfuhr (§ 5 UStG)

### Steuerfrei sind zum Beispiel:

| | |
|---|---|
| Einfuhr bestimmter Gegenstände | Unter normierten Voraussetzungen:<br>• Erdgas, Elektrizität oder Wärme<br>• Gold für Zentralbanken (§ 4 Nr. 4 UStG) und gesetzliche Zahlungsmittel<br>• im Inland gültige amtliche Wertzeichen (§ 4 Nr. 8 Buchst. b und i UStG)<br>• Luftfahrzeuge und Gegenstände zu deren Ausrüstung und Versorgung (§ 8 Abs. 2 Nr. 1, 2 und 3 UStG)<br>• bestimmte Wertpapiere (§ 4 Nr. 8 Buchst. e UStG)<br>• menschliche Organe, menschliches Blut und (§ 4 Nr. 17 Buchst. a UStG)<br>• bestimmte Wasserfahrzeuge, Gegenstände zu deren Ausrüstung und Versorgung (§ 8 Abs. 1 Nr. 1-3 UStG) |
| Einfuhr, bei sich **unmittelbar** anschließender innergemeinschaftlicher Lieferung | »Zollverfahren 42« bzw. »EU-Verzollung« – Voraussetzungen für diese Steuerbefreiung sind:<br>• USt-IdNr. des Einfuhrumsatzsteuerschuldners/seines Fiskalvertreters<br>• im anderen Mitgliedstaat erteilte USt-IdNr. des Abnehmers<br>• Nachweis, dass die Gegenstände zur Beförderung oder Versendung in das übrige Gemeinschaftsgebiet bestimmt sind |
| Einfuhr bei bestimmter Verwendung im Anschluss daran | Ausführung von steuerfreien Umsätzen nach § 4 Nr. 4a Satz 1 Buchst. a Satz 1 UStG: Einlagerung der eingeführten Gegenstände in ein Umsatzsteuerlager unmittelbar nach der Einfuhr |
| In sinngemäßer Anwendung der Zollvorschriften kann darüber hinaus die Einfuhr folgender Gegenstände steuerfrei sein | Rückwaren, Kleinbetragssendungen (unter 10 €), Gegenstände erzieherischen, wissenschaftlichen oder kulturellen Charakters etc.<br>Bestimmte Ausnahmen und besonderen Regelungen ergeben sich aus der Einfuhrumsatzsteuerbefreiungs-Verordnung (EUStBV) |

# Bemessungsgrundlage für die Einfuhrumsatzsteuer (§ 11 UStG)

**Grundsatz: Einfuhrumsatzsteuer = EUSt-Wert × EUSt-Satz[1]**

| | |
|---|---|
| Zollwert | Der Zollwert wird nach Art. 70 UZK bestimmt und grundsätzlich auf Basis des tatsächlich gezahlten Preises der eingeführten Gegenstände ermittelt. Es erfolgen noch Hinzurechnungen zum oder Abzüge vom tatsächlich gezahlten Preis, z.B. Beförderungs- und Versicherungskosten bis zum Ort des Verbringens, Lizenzgebühren. |
| + auf den eingeführten Gegenstand entfallene Abgaben und Verbrauchsteuern | Dies sind **Zölle**, Antidumping- und Ausgleichzölle, **Verbrauchsteuern**, und andere Abgaben gleicher Wirkung, die tatsächlich zu entrichten sind. |
| + innergemeinschaftliche Beförderungskosten | Hinzuzurechnen sind alle Kosten, die **bis zum ersten Bestimmungsort im Unionsgebiet** anfallen und die noch nicht im Zollwert enthalten sind (z.B. Fracht-, Umladekosten, Transportversicherung für die grenzüberschreitende Warenbewegung, sofern nicht im Zollwert enthalten Verzollungskosten, Spediteursprovision, Vermittlungskosten). |
| + Kosten für die Vermittlung der Lieferung | |
| + Kosten für sonstige Leistungen | |
| = EUSt-Bemessungsgrundlage | EUSt-Wert |

 Bei einer passiven Veredelung ist das Veredelungsentgelt anstelle des Zollwerts der eingeführten Gegenstände Ausgangspunkt der EUSt-Wert-Berechnung.

---

[1] Der EUSt-Satz entspricht den Steuersätzen für die USt in § 12 UStG, siehe Kapitel VI.

# Abzug von Einfuhrumsatzsteuer (§ 15 Abs. 1 Nr. 2 UStG)

**Entstandene Einfuhrumsatzsteuer kann für Gegenstände, die für das Unternehmen eingeführt wurden, in der Umsatzsteuer-Erklärung als Vorsteuer abgezogen werden.**

### entstandene EUSt

Es ist ausreichend, dass die Einfuhrumsatzsteuer entstanden ist, eine vorherige Bezahlung ist nicht mehr notwendig (i.d.R. bei Überlassung zum freien Verkehr).

### Gegenstände, die für das Unternehmen eingeführt wurden

#### Sachliche Abzugsberechtigung

Der Gegenstand muss im Rahmen der **unternehmerischen Tätigkeit** zur Ausführung von Umsätzen verwendet werden.

#### Personelle Abzugsberechtigung

Zum Zeitpunkt der Einfuhr muss das Unternehmen die **Verfügungsmacht** besessen haben. Bei der Einfuhr mitwirkende Personen (z.B. Spediteure, Zolllagerbetreiber) ohne Verfügungsmacht sind nicht abzugsberechtigt.

### Unternehmer

Unternehmer nach dem UStG: siehe Kapitel II

**!** Der Nachweis für den Vorsteuerabzug gegenüber dem FA wird über den Einfuhrabgabenbescheid (= zollamtlicher Beleg) geführt. EUSt muss im Beleg separat ausgewiesen sein.

Die Berechtigung zum Vorsteuerabzug erklärt der Anmelder eigenverantwortlich in der Zollanmeldung.

EuGH vom 02.06.2016 (C-228/14 und C-226/14): Zusammenspiel von eigener Verfügungsbefugnis und Vorsteuerberechtigung im Verhältnis zur EUSt-Schuldnerschaft; BFH vom 11.11.2015, VR 68/14, BStBl II 2016, 720: Personelle Abzugsberechtigung

# Lieferung aus dem Drittland (§ 3 Abs. 8 UStG) (1/2)

Abweichend vom Grundsatz des § 3 Abs. 6 UStG, nach dem der Ort der Lieferung grundsätzlich an dem Ort liegt, an dem die Beförderung oder Versendung beginnt, regelt § 3 Abs. 8 UStG, dass der Lieferort als im Inland gelegen gilt, wenn der Gegenstand der Lieferung aus dem Drittlandsgebiet in das Inland gelangt und der Lieferant oder sein Beauftragter (Vertreter) Schuldner der deutschen EUSt ist.

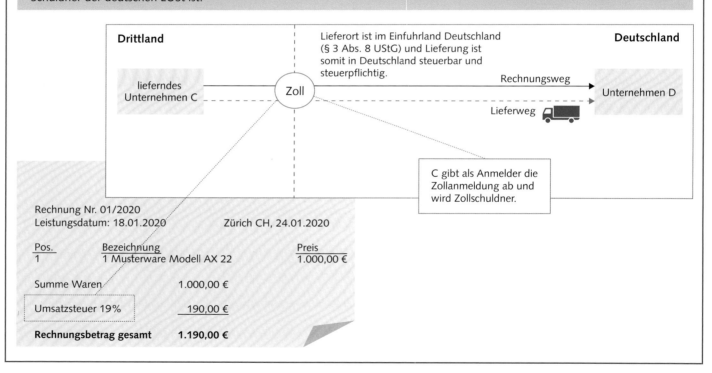

# Lieferung aus dem Drittland (§ 3 Abs. 8 UStG) (2/2)

**Lösung**

C muss sich für diese Lieferung in Deutschland umsatzsteuerlich registrieren lassen. Er muss an seine Kunden eine Rechnung unter Ausweis der deutschen Umsatzsteuer ausstellen und diese USt beim deutschen Finanzamt anmelden. Die EUSt kann er als Vorsteuer geltend machen.

**Achtung**

Schuldner der Einfuhrumsatzsteuer ist **immer** der Zollschuldner. Drittländische Unternehmen können bei Überlassung zum freien Verkehr nur im Rahmen einer indirekten Vertretung Zollschuldner werden. Bei einer indirekten Vertretung handelt der Vertreter in eigenem Namen, aber für Rechnung des vertretenen Unternehmens. So wird sowohl der Vertretene als auch der Vertreter Zollschuldner und somit auch Schuldner der Einfuhrumsatzsteuer

Die vertraglich vereinbarten Lieferbedingungen wie Incoterms® legen fest, welche Vertragspartei die Einfuhrverzollung durchzuführen hat.

# 2 Lieferungen im Binnenmarkt

Seit dem Wegfall der innergemeinschaftlichen Zollgrenzen zum 01.01.1993 wird bei grenzüberschreitenden Warenbewegungen innerhalb der EU keine Einfuhrumsatzsteuer mehr erhoben. Insoweit wäre es konsequent gewesen, die Besteuerung im Herkunftsland vorzunehmen und einen Steuerausgleich zwischen den Mitgliedstaaten auf makroökonomischer Basis durchzuführen. Dies scheiterte jedoch an der erforderlichen einstimmigen Zustimmung der EU-Mitgliedstaaten. Mit der Umsetzung des bereits in der Einleitung dargestellten Mehrwertsteueraktionsplans wird nunmehr in nahezu allen wesentlichen Bereichen des innergemeinschaftlichen Warenverkehrs auf Dauer das Prinzip der Besteuerung im Bestimmungsland umgesetzt.

Dem wird aktuell je nach Fallgruppe auf zwei Arten Rechnung getragen:
- durch Verlagerung des Lieferorts ins Bestimmungsland (vgl. § 3c UStG),
- durch Besteuerung des innergemeinschaftlichen Erwerbs (§§ 1 Abs. 1 Nr. 5, 1a UStG).

Die Erwerbsbesteuerung tritt an die Stelle der Einfuhrumsatzsteuer.

Wie bei dieser kommt es zur Steuerfreiheit der **innergemeinschaftlichen Lieferung** im Ursprungsland und einer Besteuerung im Bestimmungsland. Erwerbsteuer und Steuerfreiheit der innergemeinschaftlichen Lieferung sind dabei so verknüpft, dass eine Steuerfreiheit der Lieferung stets einen steuerbaren innergemeinschaftlichen Erwerb beim Erwerber voraussetzt (vgl. § 6a Abs. 1 Nr. 3 UStG). Insoweit wird ein unversteuerter Endverbrauch im Gemeinschaftsgebiet vermieden.

Die Erwerbsbesteuerung greift vor allem in folgenden Fällen ein:
- bei Warenbewegungen im unternehmerischen Bereich (von Unternehmen zu Unternehmen bzw. von Betriebsstätte zu Betriebsstätte) (§ 1a UStG),
- bei Lieferungen von Neufahrzeugen (§ 1b UStG).

Problematisch für den leistenden Unternehmer, vor allem im Hinblick auf die Gewährung der Steuerbefreiung für innergemeinschaftliche Lieferungen und auf die Sicherheit seines Vorsteuerabzugs, sind die seit 01.10.2013 geltenden Nachweispflichten, die spätestens seit dem 01.01.2014 verbindlich in Form des Beleg- und Buchnachweises zu führen sind.

In den folgenden Übersichten werden die Wirkmechanismen des innergemeinschaftlichen Warenverkehrs in all ihren Facetten dargestellt und mit den Pflichten zur Nachweisführung unterlegt. Jeweils am Ende der Darstellung zur innergemeinschaftlichen Lieferung bzw. des innergemeinschaftlichen Erwerbs findet sich – quasi als eine Art Zusammenfassung – eine Checkliste zu den jeweiligen Tatbestandsvoraussetzungen.

Dabei wurde die zum 01.01.2020 erfolgte Umsetzung der sog. Quick Fixes berücksichtigt:
1. Die Ergänzung des § 6a Abs. 1 Nr. 2 UStG um das Erfordernis der umsatzsteuerlichen Erfassung des Abnehmers in einem anderen Mitgliedstaat sowie die Erweiterung des § 6a

Abs. 1 UStG um eine neue Nr. 4, wonach die Verwendung einer gültigen, von einem anderem Mitgliedstaat erteilten USt-IdNr. durch den Abnehmer gegenüber dem Lieferanten zur materiellrechtlichen Voraussetzung für die innergemeinschaftliche Lieferung wird.

2. Die Ergänzung des § 4 Nr. 1b UStG um das zwingende Erfordernis der Abgabe einer vollständigen und richtigen Zusammenfassenden Meldung für die Steuerbefreiung der innergemeinschaftlichen Lieferung.

3. Die Ergänzung um § 25f Abs. 1 Nr. 1 UStG, wonach die Steuerbefreiung der innergemeinschaftlichen Lieferung zu versagen ist, sofern der Lieferant wusste oder hätte wissen müssen, dass er sich mit der von ihm durchgeführten Lieferung an einem Umsatz beteiligt, bei dem er oder ein anderer Beteiligter auf einer vorhergehenden oder nachfolgenden Umsatzstufe in eine begangene Hinterziehung von Umsatzsteuer oder Erlangung eines nicht gerechtfertigten Vorsteuerabzugs i. S. d. § 370 AO oder in eine Schädigung des Umsatzsteueraufkommens i. S. d. §§ 26b, 26c UStG einbezogen war.

4. Die Ergänzung der Buch- und Belegnachweise um die Gelangensvermutung in § 17a UStDV.

5. Die Neuregelung des § 3 Abs. 6a UStG zu den Reihengeschäften und der Zuordnung der Warenbewegung bei Beförderung oder Versendung durch den Zwischenhändler im innergemeinschaftlichen Warenverkehr und beim Warenverkehr mit dem umsatzsteuerlichen Drittland.

6. Die Neuregelung des § 6b UStG zu den Verfahrenserleichterungen bei Lieferungen auf ein EU-Konsignationslager sowie die damit verbundenen weiteren lediglich redaktionellen Änderungen des UStG.

# Lieferungen im Binnenmarkt

**Grundprinzip**

Inland                                                                                    übriges Gemeinschaftsgebiet

| A | (Lieferung) | B |
| --- | --- | --- |

**Bestimmungslandprinzip**

(Unternehmer)                                                                        (Unternehmer)

Innergemeinschaftliche **Lieferung**
(§ 6a Abs. 1 UStG)

im Inland steuerbar, aber **steuerfrei**
gem. § 1 Abs. 1 Nr. 1, § 4 Nr. 1
Buchst. b UStG

Innergemeinschaftlicher **Erwerb**
(§ 1 Abs. 1 Nr. 5, § 1a UStG)

unterliegt im übrigen
Gemeinschaftsgebiet der **USt**

Prüfungsreihenfolge:
zuerst innergemeinschaftlicher Erwerb, dann innergemeinschaftliche Lieferung

# Innergemeinschaftliche Lieferungen (1/8)

## Voraussetzungen der innergemeinschaftlichen Lieferung (§ 4 Nr. 1 Buchst. b i.V.m. § 6a UStG)

| Sachliche Voraussetzungen § 6a Abs. 1 Nr. 1 UStG & 4 Nr. 1 Buchst. b 2. HS | Persönliche und sachliche Voraussetzungen auf Seiten des Leistungsempfängers | | |
|---|---|---|---|
| **Warenbewegung** | § 6a Abs. 1 Nr. 2 UStG | § 6a Abs. 1 Nr. 3 UStG | § 6a Abs. 1 Nr. 4 |
| • steuerbare Lieferung (§ 1 Abs. 1 Nr. 1 UStG) im Inland<br>• mittels realer Warenbewegung vom EU-Staat 1 in einen anderen EU-Staat 2 (Transit nicht maßgebend)<br>• Abgabe einer richtigen und vollständigen ZM sowie keine Beteiligung an einer Steuerhinterziehung (§ 25 f Abs 1. Nr.1 UStG) | **Nr. 2 Buchst. a**<br>• Abnehmer ist ein in einem anderen EU-Staat für Zwecke der USt erfasster Unternehmer<br>• Erwerb für das Unternehmen<br><br>**Nr. 2 Buchst. b**<br>• Abnehmer ist juristische Person, die nicht Unternehmer ist, oder<br>• die Lieferung nicht für Unternehmen erworben hat<br><br>**Nr. 2 Buchst. c**<br>• bei Lieferung eines neuen Fahrzeugs auch **jeder** andere Erwerber | Erwerb des Gegenstands unterliegt beim Abnehmer im anderen Mitgliedstaat der Erwerbsbesteuerung (§ 13 Abs. 1 Nr. 5, § 1a UStG entsprechend) | Abnehmer i.S.v. Nr. 2 Buchst. a oder b hat gegenüber Lieferer ein von anderem EU-Staat erteilte USt-IdNr. verwendet. |

**Kontrollmechanismen** (§ 6a Abs. 3 i.V.m. §§ 17d – 17c UStDV; neu: Gelangensvermutung nach § 17a UStDV)
- **Nachweis** aller Voraussetzungen sowie Erstellung der Rechnung nach § 14a UStG
- **Datenabgleich** zwischen EU-Staaten aus den USt-VA und ZM

## Gelangensvermutung § 17a UStDV = Vermutung grenzüberschreitender Warenbewegung

Zur Inanspruchnahme der Steuerfreiheit muss der Lieferant durch Belege **nachweisen**, dass er oder der Abnehmer den Gegenstand in das übrige Gemeinschaftsgebiet befördert oder versendet hat (Verbringensnachweis). Außerdem müssen in der Buchhaltung spezielle Aufzeichnungen geführt werden (§§ 17b–d UStDV).

### Belegnachweise bei innergemeinschaftlichen Lieferungen (§ 17b UStDV)

- Doppel der Rechnung (§§ 14, 14a UStG)

  **Wichtig:** Hinweis in Rechnung auf Steuerfreiheit der innergemeinschaftlichen Lieferung!

- Verbringensnachweis (Gelangensbestätigung oder alternativer Nachweis)

  **Wichtig:** Überwachung des Eingangs des Nachweises im Unternehmen!

 Bei fehlendem Hinweis auf die Steuerfreiheit oder fehlendem oder unvollständigem Belegnachweis kann die Finanzverwaltung die Steuerfreiheit versagen!

### Buchnachweis bei innergemeinschaftliche Lieferungen (§ 17c UStDV)

Pflichtangaben für jede innergemeinschaftliche Lieferung in der Buchhaltung:
- **gültige USt-IdNr.** des Abnehmers aus einem anderen EU-Staat (siehe Kapitel XIII),
- Name und Anschrift des Abnehmers oder Beauftragten des Abnehmers,
- Gewerbezweig oder Beruf des Abnehmers,
- Menge und handelsübliche Bezeichnung des Gegenstands,
- Tag der Lieferung,
- vereinbartes bzw. vereinnahmtes Entgelt,
- ggf. Art und Umfang einer Bearbeitung oder Verarbeitung vor der Beförderung oder Versendung in das übrige Gemeinschaftsgebiet,
- Bestimmungsort im übrigen Gemeinschaftsgebiet.

**Gelangensvermutung § 17a UStDV = Vermutung grenzüberschreitender Warenbewegung**

Nach § 17a UStDV (Art. 45a DVO zur MwStSystRL) gilt die Vermutung der grenzüberschreitenden Warenbewegung bei dem Vorliegen folgender **Voraussetzungen**:

| **Verkäufer** befördert/versendet und ist im Besitz folgender Dokumente: | **Erwerber** befördert/versendet und **Verkäufer** ist im Besitz folgender Dokumente: |
|---|---|
| Mindestens zwei einander nicht widersprechende Nachweise zweier unabhängiger Parteien – Verkäufer und Erwerber – (z.B. unterzeichneter CMR-Frachtbrief mit Empfangsbestätigung oder Lieferschein mit Kontoauszug über Bezahlung des Frachtführers) | • Schriftliche Erklärung über Beförderung/Versendung auf seine Rechnung mit USt-IdNr. und Angabe des Bestimmungs-Mitgliedstaats bis zum 10. Tag nach Liefermonat und<br>• mindestens zwei einander nicht widersprechende Nachweise zweier unabhängiger Parteien – Verkäufer und Erwerber – (z.B. unterzeichneter CMR-Frachtbrief mit Empfangsbestätigung) |

 **Zwei Dokumente, nicht Gelangensbestätigung!**

 **Drei Dokumente!**

Die zugelassenen **Belegnachweis** hängen von der Art des Transports und der Transportbeauftragung ab.

| | Versendung | Beförderung |
|---|---|---|
| Transport oder Versendungs-auftrag durch **liefernden Unternehmer** | • Gelangensbestätigung<br>• Versendungsbeleg (z.B. CMR-Frachtbrief **mit** Unterschrift Absender und Empfänger)<br>• anderer handelsüblicher Beleg (insbesondere Spediteurbescheinigung)<br>• Auftragserteilung an Kurierdienst **und** Tracking-and-tracing-Protokoll<br>• Empfangsbescheinigung Postdienstleister über Entgegennahme der Sendung **und** Nachweis über Bezahlung der Lieferung | • Gelangensbestätigung |
| Transport oder Versendungs-auftrag durch **Abnehmer** | • Gelangensbestätigung<br>• Versendungsbeleg (z.B. CMR-Frachtbrief **mit** Unterschrift Empfänger)<br>• Auftragserteilung an Kurierdienst und Tracking-and-tracing-Protokoll<br>• Empfangsbescheinigung Postdienstleister über Entgegennahme der Sendung und Nachweis über Bezahlung der Lieferung<br>• Bescheinigung des beauftragten Spediteurs einschließlich Nachweis über Entrichtung der Gegenleistung von Bankkonto des Abnehmers | • Gelangensbestätigung |

 In Beförderungsfällen sind keine Alternativnachweise zugelassen!

Kapitel XII: Grenzüberschreitende Liefersachverhalte

## Vorschriften und Erleichterungen zur Gelangensbestätigung

### Notwendige Pflichtangaben

Gelangensbestätigung kann aus **mehreren Dokumenten** bestehen, aus denen sich die geforderten Angaben insgesamt ergeben (z.B. Kombination aus Lieferschein und Empfangsbestätigung)

Es ist **keine bestimmte Form** vorgeschrieben, Mustervorlagen der Finanzverwaltung abrufbar

Bei **elektronischer Übermittlung** ist keine Unterschrift erforderlich; es muss erkennbar sein, dass die E-Mail aus dem Verfügungsbereich des Abnehmers heraus gesendet wurde.
Versender-E-Mail-Adresse muss dem Lieferanten nicht bereits bekannt sein; unschädlich, wenn E-Mail-Adresse Domain ohne Hinweis auf Ansässigkeitsstaat des Abnehmers enthält.

Gelangensbestätigung auch als **Sammelbestätigung** möglich, in der Umsätze aus bis zu einem Quartal enthalten sind.

Für die Angabe des Zeitpunkts des Erhalts der Lieferung reicht **Monat** aus

Gelangensbestätigung kann auch von einer zur Abnahme der Waren beauftragten Person **unterzeichnet** werden (z.B. Lagerhalter, letzter Abnehmer im Reihengeschäft, Arbeitnehmer)

Gelangensbestätigung in deutscher, englischer oder französischer **Sprache** möglich; Nachweise in anderen Sprachen bedürfen amtlich beglaubigter Übersetzung

# Innergemeinschaftliche Lieferungen (6/8)

## Vorschriften zu alternativen Belegnachweisen

### Alternativnachweise nach UStDV

Versand des Liefergegenstands durch Unternehmer oder Abnehmer:

- Versendungsbeleg (z.B. handelsrechtlicher Frachtbrief, Konnossement)
- anderer handelsüblicher Beleg (insbesondere Spediteurbescheinigung)
- schriftliche oder elektronische Auftragserteilung an Kurierdienst und Beförderungsprotokoll (Tracking-and-tracing-Protokoll)
- Empfangsbescheinigung eines Postdienstleisters über die Entgegennahme der Postsendung und Nachweis über Bezahlung der Lieferung

Versand des Liefergegenstands durch Abnehmer:

- Nachweis über die Entrichtung der Gegenleistung zusammen mit Bescheinigung des beauftragten Spediteurs

## Rechtsprechung zu Beleg- und Buchnachweis (§§ 17b bis 17d UStG)

**EuGH (EuGH vom 27.09.2007, C-146/05, Collée, BStBl II 2009, 78 Rz. 31):**

Grundsatz der Neutralität erfordert MwSt-Befreiung bei Vorliegen der materiellen Anforderungen, selbst wenn Steuerpflichtiger bestimmten formellen Anforderungen nicht genügt. Etwas anders kann nur gelten, wenn der Verstoß gegen formelle Anforderungen den sicheren Nachweis verhindert, dass die materiellen Anforderungen (der Steuerbefreiung) erfüllt wurden.

**Folgegrundsätze laut BFH** (Entscheidung vom 06.12.2007, V R 59/03, BStBl II 2009, 57):

- Vereinbarkeit der Nachweispflichten (§ 6a Abs. 3 UStG i.V.m. §§ 17a, 17c UStDV alt) mit Gemeinschaftsrecht;
- Nachweispflichten sind **keine materiellen Voraussetzungen** für die Befreiung als i.g. Lieferung;
- § 6a Abs. 3 UStG und §§ 17a, 17c UStDV alt bestimmen die Verpflichtung und die Art der Nachweise;
- Bei Nichterfüllung der Nachweispflichten **gelten grundsätzlich die Voraussetzungen einer i.g. Lieferung als nicht erfüllt**; eine Ausnahme gilt nur dann, wenn trotz Nichterfüllung der formellen Nachweispflichten aufgrund **objektiver Beweislage** feststeht, dass Voraussetzungen des § 6a Abs. 1 UStG vorliegen. Dann ist die Steuerbefreiung zu gewähren.

 Die Nachweise sind **keine materiell-rechtliche Voraussetzung für die Gewährung der Steuerbefreiung**, zu beachten sind allerdings die Neuregelungen in § 4 Nr. 1 Buchst. b 2. HS und § 6a Abs. 1 UStG!

## Checkliste zur Prüfung der innergemeinschaftlichen Lieferung

|  | Prüfungsschritt | Ergebnis, damit i.g. Lieferung vorliegen kann | Vorschrift |
|---|---|---|---|
| 1 | Art des Umsatzes | Lieferung | § 3 Abs. 1 UStG |
| 2 | Ort der Lieferung | Beginn der Warenbewegung | § 3 Abs. 6 UStG |
| 3 | Steuerbarkeit | Leistungsort im Inland gegen Entgelt | § 1 Abs. 1 Nr. 1 UStG |
| 4 | Steuerpflicht | Steuerfreiheit | § 4 Nr. 1 Buchst. b i.V.m. § 6a UStG |
| 5 | Bemessungsgrundlage | Nettoentgelt | § 10 Abs. 1 UStG |
| 6 | Rechnungsstellung | Besondere Rechnungsvorschriften<br>• Ausstellung bis 15. des Folgemonats<br>• Nettorechnung und Hinweis auf Steuerfreiheit<br>• USt-IdNr. von Leistendem und Leistungsempfänger | § 14a UStG |
| 7 | Belegnachweis | • Empfangsbestätigung des Abnehmers und<br>• Bestätigung des Bestimmungsorts | § 17b UStDV |
| 8 | Buchnachweis | Aufzeichnungen in der Buchhaltung, gültige USt-IdNr. | § 17d UStDV |
| 9 | Vorsteuerabzug | VSt-Abzug aus Eingangsrechnungen gegeben | § 15 Abs. 1 Nr. 1, Abs. 3 Nr. 1a UStG |
| 10 | Anmeldeverfahren | USt-VA, Zusammenfassende Meldungen und ggf. Intrastat | § 18 Abs. 1 und 2 UStG |
| 11 | Aufzeichnungspflicht | Beleg- und Buchnachweis | §§ 18a, 22 Abs. 2 Nr. 1 UStG |

# Lieferung neuer Fahrzeuge (§ 1b UStG) (1/2)

Werden neue Fahrzeuge von einem EU-Staat in einen anderen EU-Staat geliefert, gelten spezielle Vorschriften, die auch Nichtunternehmern Meldepflichten auferlegen.

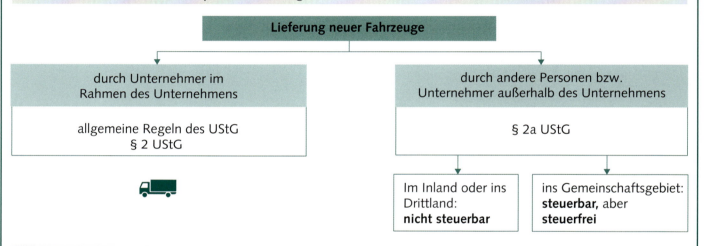

**Lieferung neuer Fahrzeuge**

**durch Unternehmer im Rahmen des Unternehmens**

allgemeine Regeln des UStG
§ 2 UStG

**durch andere Personen bzw. Unternehmer außerhalb des Unternehmens**

§ 2a UStG

Im Inland oder ins Drittland:
**nicht steuerbar**

ins Gemeinschaftsgebiet:
**steuerbar,** aber
**steuerfrei**

**»Neues Fahrzeug« (§ 1b Abs. 2 und 3 UStG, A 15c UStAE)**
- Wasser- und Luftfahrzeuge sowie motorbetriebene Landfahrzeuge; für die Einordnung maßgebend sind Länge, Starthöchstmasse, Motor-Hubraum oder Motor-Leistung (§ 1b Abs. 2 UStG) und
- zur Personen- oder Güterbeförderung bestimmt (A.1b.1 Sätze 2 und 3 gegen Satz 5 UStAE) und
- Zeitpunkt der ersten Inbetriebnahme (nicht mehr als 3 bzw. 6 Monate zurückliegend) oder
- bei Landfahrzeugen bereits zurückgelegte km (nicht mehr als 6.000 km),
- bei Wasser- bzw. Luftfahrzeugen nicht mehr als 100 bzw. 40 Betriebsstunden.

# Lieferung neuer Fahrzeuge (§ 1b UStG) (2/2)

**Fazit:**

- Fiktion von Unternehmereigenschaft und Handeln im Rahmen des Unternehmens durch § 2a Satz 1 und 2 UStG
- Steuerbefreiung des § 6a UStG gilt für alle Fälle (§ 6a Abs. 1 Nr. 2c UStG sowie § 1b Abs. 1 UStG)
- keine Beschränkung für Kleinunternehmer (§ 19 Abs. 4 Satz 1 i.V.m. Abs. 1 Satz 4 UStG)

**VSt-Abzug von liefernden Privatleuten (§ 2a UStG)**
Begrenzung gem. § 15 Abs. 4a Nr. 2 UStG auf den Betrag, der sich bei unterstellter Steuerpflicht für die gem. § 6a UStG steuerfreie Lieferung als geschuldete USt ergeben würde

**Meldepflicht**
- Alle Unternehmer und private Fahrzeuglieferer,
- die steuerfrei Neufahrzeuge an Nichtunternehmer in andere Mitgliedstaaten liefern,
- müssen jede Lieferung gesondert bis zum 10. Tag nach Ablauf des Kalendervierteljahres der Ausführung der Lieferung melden (§ 18 Abs. 5a UStG).

§ 18c UStG i.V.m. Fahrzeuglieferungs-MeldepflichtVO (FzgLiefgMeldV):
Meldung ans BZSt bis zum 10. Tag nach Ablauf des Kalendervierteljahres der Lieferung

# Innergemeinschaftlicher Erwerb (§ 1 Abs. 1 Nr. 5 UStG)  (1/4)

## Voraussetzungen des innergemeinschaftlichen Erwerbs

| Erwerb von **Gegenständen** durch Unternehmer für sein Unternehmen (**§ 1a UStG**) | Erwerb **neuer Fahrzeuge** durch Privatpersonen bzw. Unternehmer für den **Privatbereich (§ 1b UStG)** |

### entgeltlicher Erwerb (§ 1a Abs. 1 UStG)

### innergemeinschaftliches Verbringen (§ 1a Abs. 2 UStG) Ausnahme: § 2a i.V.m. §66 UStG

| reale Warenbewegung (§ 1a Abs. 1 Nr. 1 UStG) | Erwerber (Leistungsempfänger) (§ 1a Abs. 1 Nr. 2 UStG) | Lieferer (Leistender) (§ 1a Abs. 1 Nr. 3 UStG) | Ort des innergemeinschaftlichen Erwerbs (§ 3d UStG) |
|---|---|---|---|
| Gegenstand gelangt von EU-Staat 1 in EU-Staat 2 | Nr. 2 Buchst. a<br>• Unternehmer<br>• für Zwecke des Unternehmens<br><br>Nr. 2 Buchst. b<br>• juristische Person,<br>• Nichtunternehmer<br>• Unternehmer, aber nicht für Unternehmen | Nr. 3 Buchst. a<br>• Unternehmer<br>• Lieferung gegen Entgelt im Rahmen des Unternehmens<br><br>Nr. 3 Buchst. b<br>• kein steuerbefreiter Kleinunternehmer | • im Gebiet des Mitgliedstaats, in dem sich der Gegenstand am Ende der Beförderung oder Versendung befindet (§ 3d **Satz 1** UStG);<br>• verwendet der Erwerber gegenüber dem Lieferer eine ihm von einem **anderen** EU-Mitgliedstaat erteilte USt-IdNr., liegt der Ort des i.g. Erwerbs **auch** (!) in diesem anderen EU-Mitgliedstaat (§ 3d **Satz 2** UStG) |

# Innergemeinschaftlicher Erwerb (§ 1 Abs. 1 Nr. 5 UStG) (2/4)

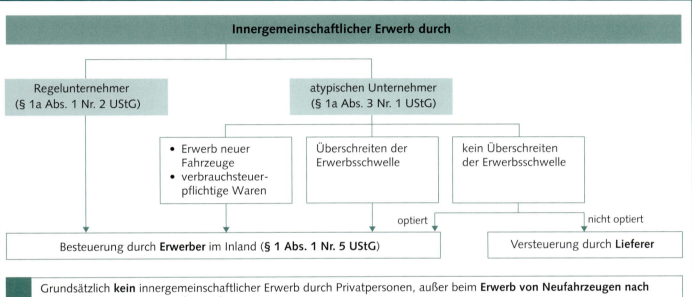

**Innergemeinschaftlicher Erwerb durch**

Regelunternehmer
(§ 1a Abs. 1 Nr. 2 UStG)

atypischen Unternehmer
(§ 1a Abs. 3 Nr. 1 UStG)

- Erwerb neuer Fahrzeuge
- verbrauchsteuerpflichtige Waren

Überschreiten der Erwerbsschwelle

kein Überschreiten der Erwerbsschwelle

optiert

nicht optiert

Besteuerung durch **Erwerber** im Inland (§ 1 Abs. 1 Nr. 5 UStG)

Versteuerung durch **Lieferer**

**Ausnahme**

Grundsätzlich **kein** innergemeinschaftlicher Erwerb durch Privatpersonen, außer beim **Erwerb von Neufahrzeugen nach § 1b UStG mit einigen Sonderregeln**

- Ortsbestimmung **ausschließlich** nach § 3d **Satz 1** UStG
- Zeitpunkt des i.g. Erwerbs ist identisch mit Erwerb des Neufahrzeugs (§ 13 Abs. 1 Nr. 7 UStG)
- Fahrzeug-Einzelbesteuerung (§ 16 Abs. 5a und § 18 Abs. 5a UStG)
- eingeschränkter Vorsteuerabzug (§ 15 Abs. 4a UStG)
- Erstellen von Rechnungen durch Nichtunternehmer (§ 14a Abs. 3 und 4 UStG)
- Einzelabgabe von USt-Voranmeldungen (§ 18 Abs. 4a Satz 1 und 2 UStG)

# Innergemeinschaftlicher Erwerb (§ 1 Abs. 1 Nr. 5 UStG) (3/4)

## Erwerbsschwelle nach § 1a Abs. 3 Nr. 2 UStG

Gesamtbetrag der Entgelte i.S.d. § 1a Abs. 1 Nr. 1 UStG (für Lieferungen aus anderen EU-Mitgliedstaaten)

| hat im **vorangegangenen** Kalenderjahr | wird im **laufenden** Kalenderjahr |
|---|---|
| den Betrag von 12.500 € | den Betrag von 12.500 € **voraussichtlich** |

| **nicht** überschritten | überschritten | überschreiten | nicht überschreiten |
|---|---|---|---|
| keine Erwerbsbesteuerung (nur optional) im folgenden Kalenderjahr | **zwingende Erwerbsbesteuerung im laufenden Kalenderjahr** | | keine Erwerbsbesteuerung (nur optional) im laufenden Kalenderjahr |

| | Prüfungsschritt | Ergebnis, damit i.g. Erwerb vorliegen kann | Vorschrift |
|---|---|---|---|
| | **Checkliste zur Prüfung des innergemeinschaftlichen Erwerbs**   | | |
| 1 | Art des Umsatzes | innergemeinschaftlicher Erwerb | § 1a Abs. 1 Nr. 1 – 3 UStG |
| 2 | Ort des Umsatzes | Ende des Warenwegs | § 3d UStG |
| 3 | Steuerbarkeit | Leistungsort im Inland | § 1 Abs. 1 Nr. 5 UStG |
| 4 | Steuerpflicht | grds. steuerpflichtig; Befreiungstatbestand möglich | § 4b UStG |
| 5 | Bemessungsgrundlage | Nettoentgelt | § 10 Abs. 1 UStG |
| 6 | Steuersatz | Regelsteuersatz oder ermäßigter Steuersatz | § 12 Abs. 1 und 2 UStG |
| 7 | Entstehung der Steuer | mit Ausstellung der Rechnung, spätestens einen Monat nach Erwerb | § 13 Abs. 1 Nr. 6 UStG |
| 8 | Steuerschuldner | Erwerber | § 13a Abs. 1 Nr. 2 UStG |
| 9 | Rechnungsstellung | Leistender ist der nach dem zugrundeliegenden Rechtsgeschäft Verpflichtete | |
| 10 | Vorsteuerabzug | bei Leistungsbezug für Unternehmen und Ortsbestimmung nach § 3d Satz 1 UStG | § 15 Abs. 1 Nr. 3 UStG |
| 11 | Anmeldeverfahren | USt-VA, ggf. Intrastat | § 18 Abs. 1 oder 2 UStG |
| 12 | Aufzeichnungspflicht | Bemessungsgrundlage sowie darauf entfallende Steuerbeträge | § 22 Abs. 2 Nr. 7 UStG |

Kapitel XII: Grenzüberschreitende Liefersachverhalte

## Lieferung aus einem anderen EU-Land (§ 3d UStG)

### Ortsbestimmung eines i.g. Erwerbs

### Lieferung aus EU-Land

§ 3d **Satz 1** UStG:
Lieferort am Ende der Warenbewegung = Steuerbarkeit des i.g. Erwerbs

→ Vorsteuerabzug nach § 15 Abs. 1 Nr. 3 UStG

§ 3d **Satz 2** UStG:
Lieferort und damit Steuerbarkeit des i.g. Erwerbs **auch** im EU-Mitgliedstaat, dessen USt-IdNr. der Erwerber dem Lieferer nennt (**ausdrückliche Mitteilung erforderlich**, vgl. A 3d.1 Abs. 3 i.V.m. A 3a.2 Abs. 10 UStAE)

→ **Kein** Vorsteuerabzug nach § 15 Abs. 1 Nr. 3 UStG

doppelte Besteuerung des i.g. Erwerbs
- in dem Land, in dem die Warenbewegung endet
- in dem Land, dessen USt-IdNr. verwendet wird

**Achtung! Häufiges Problem bei Reihengeschäften**

**Aufhebung der Doppelbesteuerung**
- im EU-Staat, dessen USt-IdNr. der Erwerber verwendet, bei Nachweis der Besteuerung im Bestimmungsmitgliedstaat oder aufgrund Fiktion des § 25b Abs. 3 UStG
- Aufhebung der Doppelbesteuerung aufgrund einer verwendeten deutschen USt-IdNr. durch Berichtigung gem. § 17 Abs. 2 Nr. 4 UStG

## Steuerbefreiung beim innergemeinschaftlicher Erwerb (§ 4b UStG)

**Steuerbefreiungen für den i.g. Erwerb bestimmter Gegenstände nach § 4b UStG**

| | |
|---|---|
| Nr. 1 | Lieferung von Wertpapieren (§ 4 Nr. 8 Buchst. e UStG), menschliche Organe (§ 4 Nr. 17 UStG), Lieferung, Ausrüstung etc. von Wasserfahrzeugen für die Seeschifffahrt (§ 8 Abs. 1 Nr. 1 und 2 UStG) |
| Nr. 2 | Gold durch Zentralbanken (§ 4 Nr. 4 UStG), Zwischenlagerung im Umsatzsteuerlager (§ 4 Nr. 4a UStG), der Einfuhr vorausgehende Erwerbe bei Einfuhr durch den Abnehmer oder dessen Beauftragten (§ 4 Nr. 4b UStG) sowie Erwerb von Ausrüstung etc. für Luftfahrzeuge für den Luftverkehr (§ 8 Abs. 2 Nr. 1 und 2 UStG) |
|  | i.d.R. Erwerbsvorgänge, deren Lieferung in Inland steuerfrei wäre (§ 4b Nr. 1 und 2 UStG) |
| Nr. 3 | Gegenstände, deren Einfuhr steuerfrei wäre (§ 5 UStG, Art. 140, 141 MwStSystRL, A 4b.1 Abs. 2 UStAE) |
| Nr. 4 | i.g. Erwerb von Gegenständen, die der Unternehmer für steuerfreie Umsätze verwendet, für die er zum vollen Vorsteuerabzug berechtigt ist (Problem: Erwerber kennt bei Bezug der Gegenstände oft spätere Verwendung nicht, daher keine Beanstandung, wenn in diesen Fällen der i.g. Erwerb steuerpflichtig behandelt wird, vgl. A 4b.1 Abs. 3 Satz 2 UStAE) |

## Abzug von Steuern für den innergemeinschaftlichen Erwerb (§ 15 Abs. 1 Nr. 3 UStG)

Der Erwerber muss die Umsatzsteuer auf den i.g. Erwerb bei seinem Finanzamt anmelden. Unter den folgenden Voraussetzungen kann er die Erwerbsteuer als Vorsteuer geltend machen.

**Tatbestandsvoraussetzungen des § 15 Abs. 1 Nr. 3 UStG**

a) Unternehmereigenschaft des Erwerbers

b) Entstehen der Erwerbsteuer beim Unternehmer

c) Gegenstand wurde beim Erwerb Unternehmensvermögen (Bezug unter Verwendung seiner USt-IdNr.)

d) kein Vorsteuerausschluss nach § 15 Abs. 1a, 1b und 2 UStG und keine Sonderregelungen, insbesondere nach §§ 19 und 24 UStG

 Abzug der Vorsteuer für den **Voranmeldungszeitraum der Entstehung**
In der Praxis erfolgt regelmäßig eine Verrechnung der Erwerbsteuer und der Vorsteuer in derselben USt-Voranmeldung.

**Entstehung gem. § 13 Abs. 1 Nr. 6 UStG (Windhundprinzip)**
- mit Ausstellung der Rechnung (Abweichung vom Kalendermonatsprinzip), jedoch nicht vor Erwerb
- spätestens mit Ablauf des dem Erwerb folgenden Kalendermonats (vgl. A 15.10 Abs. 3 UStAE)

## Innergemeinschaftliches Verbringen (§ 6a Abs. 2 i.V.m. § 3 Abs. 1a UStG) (1/2)

Innergemeinschaftliches Verbringen wird einer innergemeinschaftlichen Lieferung gleichgestellt und kann damit unter denselben Voraussetzungen auch steuerfrei sein (Fiktion). Ausnahme: Konsignationslagerregelung § 6b UStG

**Dauerhaftes steuerbares Verbringen**, wenn der Unternehmer im Ausland (A 1a.2 Abs. 5, 6, 11 und 13 UStAE)
- den Gegenstand dem Anlagevermögen zuführt oder
- den Gegenstand als Roh-, Hilfs- oder Betriebsstoff verarbeitet bzw. verbraucht oder
- (bei zwischenzeitlicher Einlagerung) Absicht der Weiterlieferung hat oder nach beabsichtigter vorübergehender Verwendung seine Absicht ändert: Fristüberschreitung bzw. Untergang oder Veräußerung des Gegenstandes im Bestimmungsmitgliedstaat

Zur Konsignationslagerregelung s. S. 243

## Innergemeinschaftliches Verbringen (§ 6a Abs. 2 i.V.m. § 3 Abs. 1a UStG) (2/2)

| | | | |
|---|---|---|---|
| 1 | Ort des i.g. Verbringens | • im Ausgangsstaat<br>• im Empfangsstaat | • § 3 Abs. 6 UStG<br>• § 3d UStG |
| 2 | Steuerpflicht | grundsätzlich steuerpflichtig am Bestimmungsort (i.g. Erwerb) | ggf. Steuerbefreiung gem. § 4b Nr. 4 UStG möglich |
| 3 | Bemessungsgrundlage | Einkaufspreis oder Selbstkosten samt Nebenkosten | § 10 Abs. 4 Nr. 1 UStG |
| 4 | Zeitpunkt des i.g. Verbringens und Entstehung der Umsatzsteuer | i.d.R. mit Beginn der Beförderung bzw. Versendung; späterer Zeitpunkt nur bei nachträglichem Verbringen (A.1a.2 Abs. 11 oder 13 UStAE: Warenuntergang oder nicht geplanter Verkauf) Entstehung der USt nach h.M. mit Ablauf des dem fiktiven »Erwerb« folgenden Kalendermonats | § 13 Abs. 1 Nr. 6 UStG |
| 5 | Rechnungsstellung | »Pro-Forma-Rechnung«[1] für ausländischen Unternehmensteil (Nachweisgründe s. A.14a.1 Abs. 3 Satz 2 UStAE) | |
| 6 | Vorsteuerabzug | Vorsteuerabzug aus dem i.g. Erwerb | § 15 Abs. 1 Nr. 3 UStG |

**Sonderfälle**
- Rückverbringen nicht verkaufter Ware (A.1a.2 Abs. 6 UStAE – Beschränkung auf tatsächlich gelieferte Menge)
- Kommissionsgut gelangt bei Abgabe vom Kommittenten an Kommissionär vom Ausgangs- in Bestimmungsmitgliedstaat (A 3.1 Abs. 3 Satz 8 UStAE – Wahlrecht zur Vereinfachung der Besteuerung)

[1] Inhalt der Pro-Forma-Rechnung: Aufzählung der verbrachten Ware, BMG (Einkaufspreis/Selbstkosten zzgl. NK), deutsche USt-IdNr., USt-IdNr. des verbringenden Unternehmens im Bestimmungsland.

# Konsignationslagerregelung (§ 6b UStG) (1/2)

Umsetzung des Art. 17a Abs. 2 MwStSystRL

A

B

Italien

**Konsignationslager**
Deutschland

**§ 1a Abs. 2a (neu)**

(2a) Ein i.g. Erwerb im Sinne des Absatzes 2 liegt **nicht vor** in den Fällen des § 6b.

**§ 6b Abs. 2 UStG**

(2) … **gilt** zum Zeitpunkt der Lieferung des Gegenstands an den Erwerber […] Folgendes:

1. Die Lieferung wird einer […] steuerfreien **i.g. Lieferung (§ 6a) gleichgestellt.**

2. Die Lieferung an den Erwerber wird einem **i.g. Erwerb (§ 1a Absatz 1) gleichgestellt.**

# Konsignationslagerregelung (§ 6b UStG) (2/2)

Die **Voraussetzungen** ergeben sich unter § 6b Abs. 1 UStG aus der jeweiligen Nummer:

| Nr. 1 | Nr. 1 | Nr. 3 | Nr. 4 |
|---|---|---|---|
| • Warenbewegung aus EU-Staat 1 (Abgangs-) in EU-Staat 2 (Bestimmungsmitgliedstaat),<br>• Bewirken der Lieferung **nach Ende** der Warenbewegung (§ 3 Abs. 1) innerhalb von zwölf Monaten (§ 6b Abs. 3),<br>• gemäß bestehender Vereinbarung<br>• an Erwerber, dessen vollständiger Name und dessen vollständige Anschrift dem liefernden Unternehmer zum Zeitpunkt des Beginns der Beförderung oder Versendung bekannt ist und<br>• Gegenstand verbleibt im Bestimmungsland. | kein Sitz, keine Geschäftsleitung oder Betriebsstätte, kein Wohnsitz oder gewöhnlichen Aufenthalt des **liefernden Unternehmers** im Bestimmungsmitgliedstaat | Verwendung der vom Bestimmungsmitgliedstaat erteilten USt-IdNr. **durch Erwerber** bis zum Beginn der Beförderung oder Versendung | • Gesonderte Aufzeichnungspflichten **des liefernden Unternehmers** nach § 22 Abs. 4f UStG und<br>• rechtzeitige, richtige und vollständige Abgabe der ZM nach § 18a Abs. 1 i.V.m. Abs. 6 Nr. 3 und Abs. 7 Nr. 2a UStG |

Neuer Erklärungstatbestand »Verbringen Konsignationalager«

 Korrespondierende Aufzeichnungen des Erwerbers nach § 22 Abs. 4g UStG

 **In den Fällen der Fiktion nach § 6b Abs. 2 UStG zum Zeitpunkt der Lieferung =** steuerfreie i.g. Lieferung (§ 6a UStG) und spiegelbildlich i.g. Erwerb (§ 1a Abs. 1 UStG)

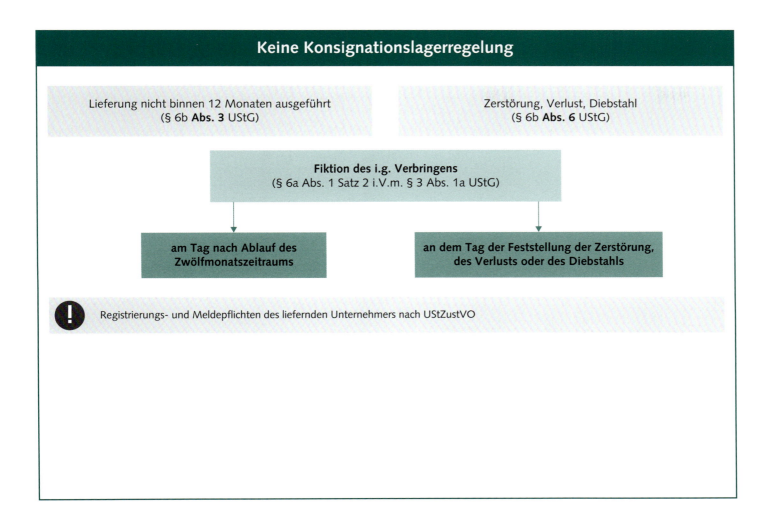

# Keine Konsignationslagerregelung

Lieferung nicht binnen 12 Monaten ausgeführt
(§ 6b **Abs. 3** UStG)

Zerstörung, Verlust, Diebstahl
(§ 6b **Abs. 6** UStG)

**Fiktion des i.g. Verbringens**
(§ 6a Abs. 1 Satz 2 i.V.m. § 3 Abs. 1a UStG)

**am Tag nach Ablauf des
Zwölfmonatszeitraums**

**an dem Tag der Feststellung der Zerstörung,
des Verlusts oder des Diebstahls**

! Registrierungs- und Meldepflichten des liefernden Unternehmers nach UStZustVO

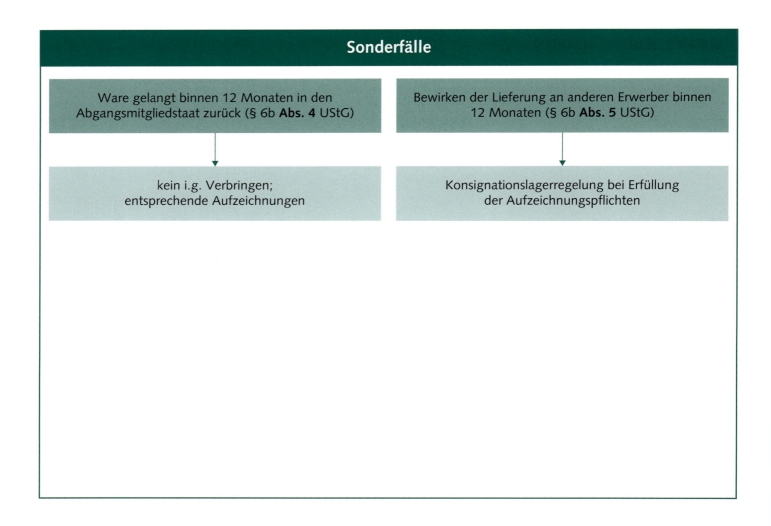

## Sonderfälle

| Ware gelangt binnen 12 Monaten in den Abgangsmitgliedstaat zurück (§ 6b **Abs. 4** UStG) | Bewirken der Lieferung an anderen Erwerber binnen 12 Monaten (§ 6b **Abs. 5** UStG) |
| --- | --- |
| kein i.g. Verbringen; entsprechende Aufzeichnungen | Konsignationslagerregelung bei Erfüllung der Aufzeichnungspflichten |

Schließen mehrere Unternehmen über denselben Gegenstand Umsatzgeschäfte ab und werden diese dadurch erfüllt, dass der Gegenstand unmittelbar vom ersten Unternehmer an den letzten Abnehmer befördert oder versendet wird, so liegt ein umsatzsteuerliches **Reihengeschäft** vor (§ 3 Abs. 6a, Satz 1 UStG).

- Beteiligung mehrerer (mindestens zweier) Unternehmer (alle Lieferanten; Endabnehmer muss nicht notwendig Unternehmer sein),

- Abschluss von Umsatzgeschäften (z.B. von Kaufverträgen),

- über **denselben** Gegenstand (fehlt u.U. bei Sachgesamtheiten und Werklieferungen) und

- unmittelbare Warenbewegung vom ersten Lieferanten zum letzten Abnehmer (durch Beförderung oder Versendung).

Kauf (§ 433 BGB)                     Kauf (§ 433 BGB)

Hersteller ———— 1. Lieferung ————→ Händler ———— 2. Lieferung ————→ Kunde

Warenweg

Da mehrere Kaufverträge, aber nur eine tatsächliche Warenbewegung existieren, gelten für die umsatzsteuerliche Beurteilung der Lieferung folgende Grundsätze:

**»Highlander«-Prinzip**

- Zuordnung der **Warenbewegung nur zu einer der Lieferungen**, diese ist Beförderungs- oder Versendungslieferung (§ 3 Abs. 6a Satz 1 UStG am Ende), § 3 Abs. 8 UStG ist dabei zu beachten

- Bestimmung des Lieferorts für andere Lieferungen nach § 3 Abs. 7 Satz 2 UStG (ruhende Lieferung):
  - Lieferungen, die der Beförderungs- bzw. Versendungslieferung **vorangehen**, gelten dort als erbracht, wo die Beförderung oder Versendung beginnt **(Nr. 1)**
  - Lieferungen, die ihr **nachfolgen**, gelten dort als erbracht, wo die Beförderung bzw. Versendung endet (Nr. 2; A 3.14 Abs. 2 Sätze 4 und 5 UStAE)

- Beförderung bzw. Versendung durch **ersten** Unternehmer führt zur Zuordnung der Warenbewegung an ihn, d.h. nur er tätigt eine Beförderungs- bzw. Versendungslieferung

- Beförderung bzw. Versendung der Ware durch **letzten** Abnehmer führt zur Zuordnung der Warenlieferung zur Lieferung an ihn (§ 3 Abs. 6a Satz 3 UStG)

# Reihengeschäft (§ 3 Abs. 6a Sätze 5 und 6 UStG) (3/8)

**Sonderfall**

Transport durch Zwischenhändler, d.h. Unternehmer der **sowohl Abnehmer als auch Lieferer** ist (§ 3 Abs. 6a Satz 4 UStG): **widerlegbare Vermutung**, dass handelnder Unternehmer **als Abnehmer** der Vorlieferung tätig wird (§ 3 Abs. 6a Satz 4, 1. HS UStG).

**Folge:** Grundsätzlich ist die erste Lieferung in der Kette die bewegte Lieferung.

Die Zuordnung der bewegten Lieferung hängt davon ab, ob der Zwischenhändler
den Transport bewirkt in seiner Eigenschaft als

oder

**Abnehmer** der Vorlieferung:
Handelt der Zwischenhändler als **Abnehmer der Vorlieferung**, ist die Warenbewegung der Lieferung **an ihn** zuzuordnen, d.h. die erste Lieferung stellt die bewegte Lieferung im Reihengeschäft dar (gesetzliche Grundannahme)

**Lieferer** seiner eigenen Folgelieferung:
Weist der Zwischenhändler hingegen nach, dass er die **Verantwortung für die Lieferung** trägt, wird die Warenbewegung der Lieferung **von ihm** an seinen Abnehmer zugeordnet.
Erforderliche Nachweise für Liefereigenschaft des mittleren Unternehmers:
Er verwendet gegenüber dem leistenden Unternehmer bis zum Beginn der Beförderung oder Versenundung seine USt-IdNR. des Warenabgangstaates (§ 3 Abs. 6a Sätze 5 und 6 UStG)

**Fallvarianten des Reihengeschäfts**

**Variante 1:** A bringt die Ware unmittelbar zu C.

**Variante 2:** C holt die Ware unmittelbar von A ab; ihm wird direkt Verfügungsmacht an der Ware verschafft.

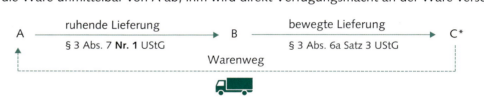

**Beachte**

Nur die **bewegte Lieferung** kann eine steuerfreie Ausfuhrlieferung (§ 4 Nr. 1 Buchst. a i.V.m. § 6 UStG) oder eine steuerfreie innergemeinschaftliche Lieferung (§ 4 Nr. 1 Buchst. b i.V.m. § 6a UStG) sein.

* Abweichendes aus Gesamtumständen möglich, s. BFH vom 25.02.2015, XI R 30/13.

## Fallvarianten des Reihengeschäfts (Forts.)

**Variante 3:** B holt die Ware bei A ab und bringt sie sofort zu C.

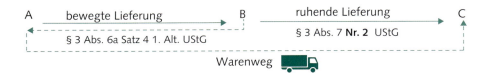

**Variante 4:** B holt die Ware bei A ab und bringt sie sofort zu C.
Aufgrund der Gesamtumstände ergibt sich, dass B die Ware als Lieferer befördert.

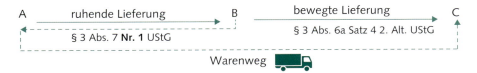

Im internationalen Warenverkehr gilt: B muss bis zum Beginn der Beförderung die ihm vom Warenabgangsstaat erteilte USt-IdNr. gegenüber A verwenden (§ 3 Abs. 6a, Sätze 5 und 6 UStG).

**Beachte**

Nur die **Varianten 1 und 3** ermöglichen das innergemeinschaftliche Dreiecksgeschäft nach § 25b UStG.

**Innergemeinschaftliches** Reihengeschäft

- Liefergegenstand gelangt dabei vom EU-Staat 1 in EU-Staat 2
- Sonderfall ist das innergemeinschaftliche Dreiecksgeschäft (§ 25b UStG)

**Beispiel**

Cesare bestellt bei Ernesto einen Liefergegenstand, den Ernesto nicht vorrätig hat. Der bestellt seinerseits denselben Liefergegenstand bei Max. Max ist deutscher Unternehmer. Die Unternehmen von Ernesto und Cesare befinden sich in Italien. Alle Unternehmer treten unter der USt-IdNr. ihres Heimatstaates auf. Max befördert den Liefergegenstand unmittelbar zu Cesare.

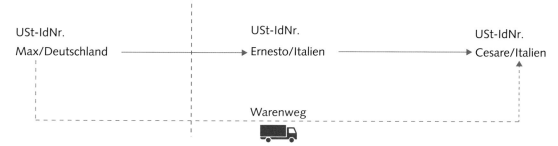

**Lösung**

Die bewegte Lieferung von Max an Ernesto ist gem. §§ 4 Nr. 1 Buchst. b, 6 Buchst. a UStG steuerfrei, Ernesto unterliegt nach italienischem Recht analog §§ 1a, 3d UStG in Italien einem innergemeinschaftlichen Erwerb. Die ruhende Lieferung von Ernesto an Cesare ist entsprechend § 3 Abs. 7 Satz 2 Nr. 2 UStG in Italien steuerbar.

## Sonderregelung des § 3c UStG

**Beispiel**

Resi aus Österreich bestellt bei Georgio einen Liefergegenstand, den Georgio nicht vorrätig hat. Er bestellt seinerseits denselben Liefergegenstand bei Theo. Theo ist deutscher Unternehmer. Resi ist keine Unternehmerin i.S.d. UStG. Das Unternehmen von Georgio befindet sich in Italien. Georgio verwendet gegenüber Theo im Rahmen des Bestellvorgangs seine deutsche USt-Id.Nr.

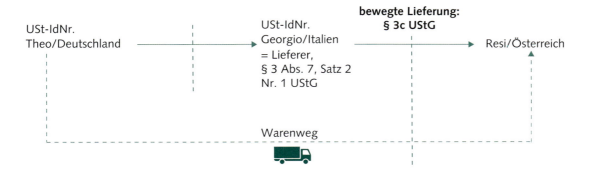

Möglichkeit der **Verlagerung des Lieferorts** gem. § 3c UStG (vgl. A 3.14 Abs. 18 Satz 17 UStAE): Zwischenhändler tritt als Lieferer gem. § 3 Abs. 6a Satz 4, 2. Alt. UStG auf und letzter Abnehmer in der Reihe ist **Nichtunternehmer**.

**Prüfungsreihenfolge bei der Beurteilung eines Reihengeschäfts für Klausur und Praxis**

| | |
|---|---|
| 1. Schritt: | Zeichnung anfertigen! |
| 2. Schritt: | Liegt ein Reihengeschäft vor? |
| 3. Schritt: | Welche Lieferung ist die bewegte Lieferung? |
| 4. Schritt: | Wo befindet sich der Lieferort der bewegten Lieferung?<br>⟶ Beurteilung dieser Lieferung |
| 5. Schritt: | Wo befindet sich der Lieferort der ruhenden Lieferung(en)?<br>⟶ Beurteilung dieser Lieferung |
| 6. Schritt: | Liegen Ausnahmetatbestände vor, z.B. Dreiecksgeschäft? |

# Dreiecksgeschäft (§ 25b UStG) (1/3)

Eine Sonderform des innergemeinschaftlichen Reihengeschäfts stellt das sog. **Dreiecksgeschäft** dar, bei dem drei Unternehmer mit USt-IdNr. aus drei unterschiedlichen EU-Staaten beteiligt sein müssen.

## Voraussetzungen für ein Dreiecksgeschäft (§ 25b UStG)

| | | | |
|---|---|---|---|
| • **drei** Unternehmer,<br>• Umsatzgeschäfte über denselben Gegenstand und<br>• Beförderung oder Versendung des Gegenstands **unmittelbar** vom ersten Lieferer an den letzten Abnehmer | Unternehmer in **jeweils verschiedenen Mitgliedstaaten** für Zwecke der USt erfasst (Verwendung von drei verschiedenen USt-IdNrn. aus unterschiedlichen Ländern) | Gegenstand der Lieferung **gelangt** aus dem Gebiet eines Mitgliedstaates in das Gebiet eines anderen Mitgliedstaates | Beförderung oder Versendung des Gegenstands durch **ersten** Lieferer oder ersten Abnehmer (= die erste Lieferung in der Kette ist die bewegte Lieferung) |

**Ziel:** Vermeidung steuerlicher Registrierungs- und Meldevorschriften im Land des letzten Abnehmers (Vereinfachungsregelung) für mittleren Unternehmer.

**Fazit:** Vorteilhaft für mittleren Unternehmer, keine Besonderheit für ersten Unternehmer, Verlagerung der Steuerschuld des mittleren Unternehmers auf den letzten Unternehmer (Reverse-Charge-Fall).

# Dreiecksgeschäft (§ 25b UStG) (2/3)

**Beispiel**

Unternehmerin Michelle aus Paris bestellt einen Gegenstand beim Unternehmer Anton, Stuttgart. Dieser kauft den Gegenstand beim Unternehmer Luigi in Neapel. Die Geschäfte werden dadurch erfüllt, dass Luigi den Gegenstand von Italien unmittelbar an Michelle nach Frankreich versendet. Alle beteiligten Unternehmer treten unter der USt-IdNr. ihres Mitgliedstaats auf.

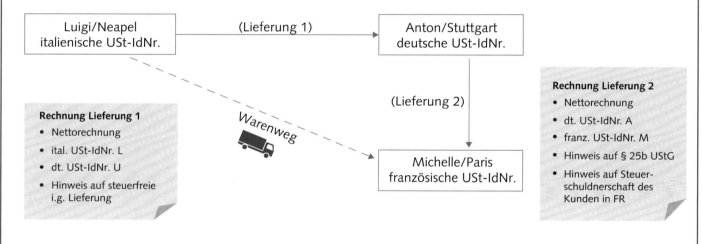

Bei Vorliegen der Voraussetzungen für das innergemeinschaftliche Dreiecksgeschäft müssen die Unternehmer jeweils Rechnungen mit den dargestellten Angaben ausstellen.

# Dreiecksgeschäft (§ 25b UStG) (3/3)

**§ 25b UStG**
- Beförderungs- und Versendungslieferung  zwischen erstem Lieferer und erstem Abnehmer (§ 25b Abs. 1 Nr. 4 i.V.m. § 3 Abs. 6a Satz 4 1. Alt. UStG),
- mittlerer Abnehmer**:**
  – Verwendung derselben USt-IdNr. gegenüber Lieferer und gegenüber Abnehmer
  – USt-IdNr. nicht durch Zielstaat (= EU-Mitgliedstaat, in dem Beförderung oder Versendung endet) erteilt und
- **kein gesonderter Ausweis** der USt in der Rechnung des mittleren Abnehmers an den letzten Abnehmer (§ 25b Abs. 2 Nr. 3 UStG)
- der **letzte Abnehmer** verwendet USt-IdNr. des Zielstaates

**Folge**
- **Keine** umsatzsteuerliche Registrierung für mittleren Unternehmer im Bestimmungsland
- **§ 25b Abs. 2 UStG:** Überwälzung der USt des mittleren Unternehmers auf letzten Abnehmer
- **§ 25b Abs. 3 UStG:** i.g. Erwerb beim ersten Abnehmer **gilt** als besteuert; damit entfällt mögliche »Strafsteuer« nach § 3d Satz 2 UStG
- **§ 25b Abs. 4 UStG:** Gegenleistung wird zum Entgelt bestimmt und ist Bemessungsgrundlage für Berechnung der USt-Schuld des letzten Abnehmers (Nettobetrag ohne USt)
- **§ 25b Abs. 5 UStG:** Abzug der geschuldeten USt  gem. § 15 UStG als Vorsteuer durch letzten Abnehmer

**Erklärungspflichten des ersten Abnehmers**
- ZM im EU-Staat seiner ustlichen Erfassung zu Lieferumfang, USt-IdNr. des letzten Abnehmers, BMG und dem Hinweis des Vorliegens eines innergemeinschaftlichen Dreiecksgeschäfts (§ 18a Abs. 7 Satz 1 Nr. 4 UStG) und
- Angabe der BMG seiner Lieferung an den letzten Abnehmer in USt-Voranmeldung (§ 18b UStG)

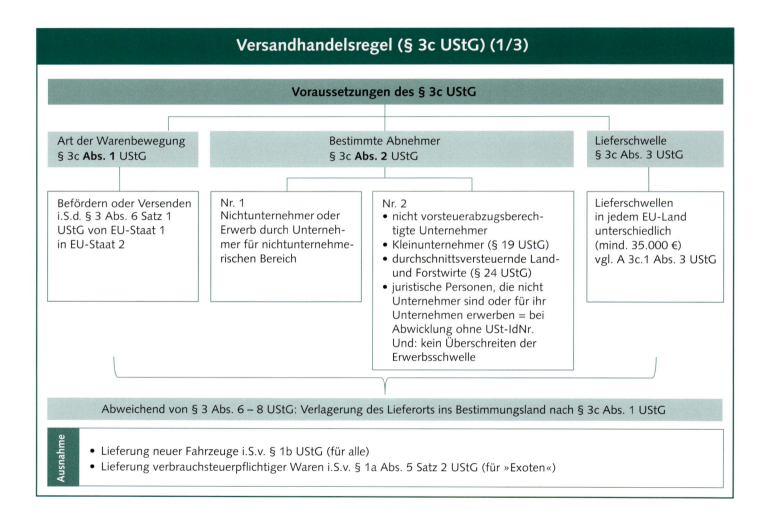

# Versandhandelsregel (§ 3c UStG) (1/3)

**Voraussetzungen des § 3c UStG**

| Art der Warenbewegung § 3c **Abs. 1** UStG | Bestimmte Abnehmer § 3c **Abs. 2** UStG | | Lieferschwelle § 3c Abs. 3 UStG |
|---|---|---|---|

| Befördern oder Versenden i.S.d. § 3 Abs. 6 Satz 1 UStG von EU-Staat 1 in EU-Staat 2 | Nr. 1 Nichtunternehmer oder Erwerb durch Unternehmer für nichtunternehmerischen Bereich | Nr. 2 • nicht vorsteuerabzugsberechtigte Unternehmer • Kleinunternehmer (§ 19 UStG) • durchschnittsversteuernde Land- und Forstwirte (§ 24 UStG) • juristische Personen, die nicht Unternehmer sind oder für ihr Unternehmen erwerben = bei Abwicklung ohne USt-IdNr. Und: kein Überschreiten der Erwerbsschwelle | Lieferschwellen in jedem EU-Land unterschiedlich (mind. 35.000 €) vgl. A 3c.1 Abs. 3 UStG |

Abweichend von § 3 Abs. 6 – 8 UStG: Verlagerung des Lieferorts ins Bestimmungsland nach § 3c Abs. 1 UStG

**Ausnahme**

- Lieferung neuer Fahrzeuge i.S.v. § 1b UStG (für alle)
- Lieferung verbrauchsteuerpflichtiger Waren i.S.v. § 1a Abs. 5 Satz 2 UStG (für »Exoten«)

# Versandhandelsregel (§ 3c UStG) (2/3)

## Prüfungssystematik des § 3c UStG

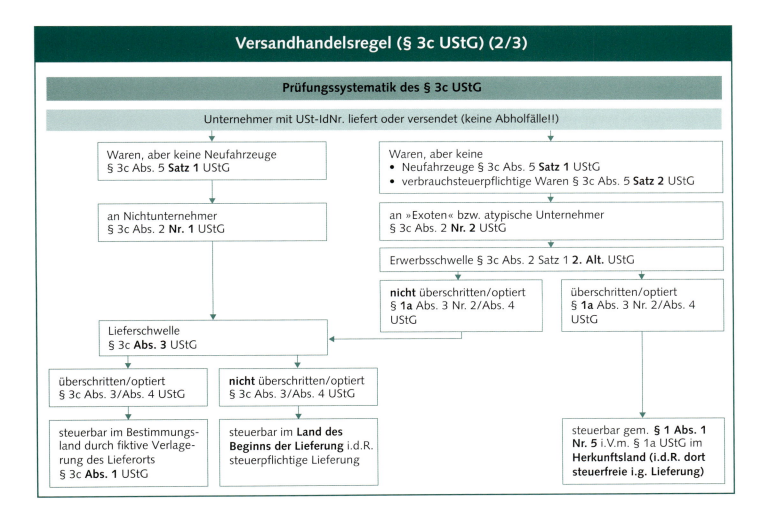

Unternehmer mit USt-IdNr. liefert oder versendet (keine Abholfälle!!)

Waren, aber keine Neufahrzeuge
§ 3c Abs. 5 **Satz 1** UStG

Waren, aber keine
- Neufahrzeuge § 3c Abs. 5 **Satz 1** UStG
- verbrauchsteuerpflichtige Waren § 3c Abs. 5 **Satz 2** UStG

an Nichtunternehmer
§ 3c Abs. 2 **Nr. 1** UStG

an »Exoten« bzw. atypische Unternehmer
§ 3c Abs. 2 **Nr. 2** UStG

Erwerbsschwelle § 3c Abs. 2 Satz 1 **2. Alt.** UStG

**nicht** überschritten/optiert
§ **1a** Abs. 3 Nr. 2/Abs. 4 UStG

überschritten/optiert
§ **1a** Abs. 3 Nr. 2/Abs. 4 UStG

Lieferschwelle
§ 3c **Abs. 3** UStG

überschritten/optiert
§ 3c Abs. 3/Abs. 4 UStG

**nicht** überschritten/optiert
§ 3c Abs. 3/Abs. 4 UStG

steuerbar im Bestimmungsland durch fiktive Verlagerung des Lieferorts
§ 3c **Abs. 1** UStG

steuerbar im **Land des Beginns der Lieferung** i.d.R. steuerpflichtige Lieferung

steuerbar gem. **§ 1 Abs. 1 Nr. 5** i.V.m. § 1a UStG im **Herkunftsland (i.d.R. dort steuerfreie i.g. Lieferung)**

# Versandhandelsregel (§ 3c UStG) (3/3)

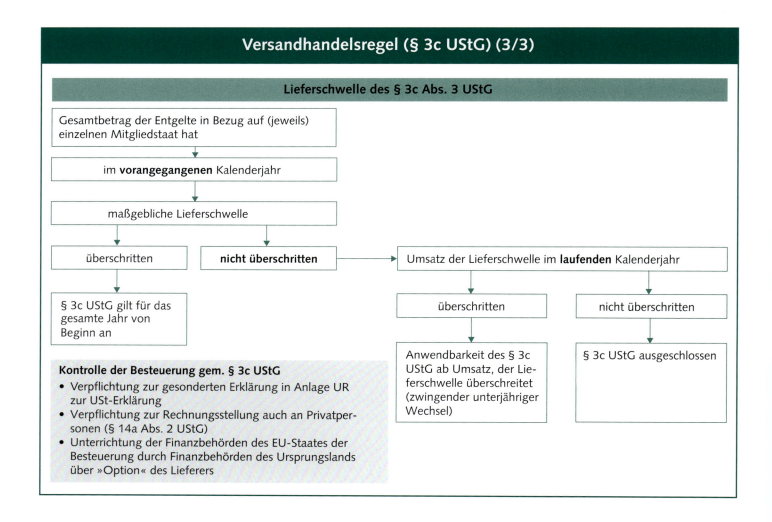

## Lieferschwelle des § 3c Abs. 3 UStG

Gesamtbetrag der Entgelte in Bezug auf (jeweils) einzelnen Mitgliedstaat hat

↓

im **vorangegangenen** Kalenderjahr

↓

maßgebliche Lieferschwelle

↓

**überschritten** | **nicht überschritten** → Umsatz der Lieferschwelle im **laufenden** Kalenderjahr

**überschritten:**
§ 3c UStG gilt für das gesamte Jahr von Beginn an

**nicht überschritten:** (von Umsatz der Lieferschwelle im laufenden Kalenderjahr)

überschritten → Anwendbarkeit des § 3c UStG ab Umsatz, der Lieferschwelle überschreitet (zwingender unterjähriger Wechsel)

nicht überschritten → § 3c UStG ausgeschlossen

**Kontrolle der Besteuerung gem. § 3c UStG**
- Verpflichtung zur gesonderten Erklärung in Anlage UR zur USt-Erklärung
- Verpflichtung zur Rechnungsstellung auch an Privatpersonen (§ 14a Abs. 2 UStG)
- Unterrichtung der Finanzbehörden des EU-Staates der Besteuerung durch Finanzbehörden des Ursprungslands über »Option« des Lieferers

# Kapitel XIII: Besteuerungsverfahren und Meldungen

Sobald ein Unternehmer in Deutschland unternehmerisch aktiv wird und Umsätze tätigt, muss er sich für umsatzsteuerliche Zwecke beim Finanzamt anmelden. Plant er grenzüberschreitende innergemeinschaftliche Umsätze auszuführen, muss er außerdem eine deutsche Umsatzsteuer-Identifikationsnummer (USt-IdNr.) bei der deutschen Finanzbehörde beantragen.

Seine Ausgangsumsätze sowie die Vorsteuerbeträge aus den Eingangsumsätzen hat der Unternehmer regelmäßig in laufenden **Umsatzsteuervoranmeldungen** bei seinem zuständigen Finanzamt anzumelden und im Falle einer Nachzahlung die von ihm berechnete Steuer an sein Finanzamt abzuführen. Ob und wann die Voranmeldungen abzugeben sind, entscheidet der für den Unternehmer maßgebliche Voranmeldungszeitraum. Abhängig von der Höhe der im vorangegangenen Kalenderjahr an das Finanzamt abgeführten Umsatzsteuer regelt § 18 UStG den **anzuwendenden Voranmeldungszeitraum**.

Die Umsatzsteuervoranmeldungen müssen grundsätzlich auf elektronischem Wege bis zum 10. Tag nach Ablauf des jeweiligen Voranmeldungszeitraums eingereicht werden. Nichtsdestotrotz geraten viele Unternehmen bei der Abgabe ihrer Voranmeldungen unter Zeitdruck. Mit der sog. **Dauerfristverlängerung** gewährt der Gesetzgeber dem Unternehmer die Möglichkeit, auf Antrag die Abgabefrist für die Voranmeldung um einen Monat zu verlängern. Bei Unternehmern, die monatlich Umsatzsteuervoranmeldungen abgeben müssen, verlangt das Finanzamt dafür als Gegenleistung für die jeweils spätere Abgabe eine sog. **Sondervorauszahlung**.

Die Abgabe- und Zahlungsfristen sind dabei stets zu beachten! Wird die Umsatzsteuervoranmeldung nicht oder verspätet abgegeben oder die Zahlung der Steuer nicht fristgerecht bis zum Fälligkeitstag geleistet, kann die Finanzverwaltung **Verspätungs- und Säumniszuschläge** festsetzen.

Unternehmer, die am grenzüberschreitenden Waren- und Dienstleistungsverkehr innerhalb der Europäischen Union teilnehmen, müssen darüber hinaus eine sog. **Zusammenfassende Meldung (ZM)** erstellen. Die ZM dient als Grundlage für einen Datenaustausch zwischen den EU-Staaten, um die Besteuerung des innergemeinschaftlichen Erwerbs in dem Bestimmungsland sicherzustellen. Hierzu wurden europaweit zentrale Behörden eingerichtet (in Deutschland: Bundeszentralamt für Steuern). Unternehmer, die innergemeinschaftliche Lieferungen, Dreiecksgeschäfte oder sonstige Leistungen ausführen, müssen ihre ZM elektronisch beim Bundeszentralamt für Steuern (BZSt) abgeben. Die Abgabe muss monatlich oder quartalsweise bis zum 25. Tag nach Ende des Abgabezeitraums erfolgen. Auch das BZSt achtet genau auf korrekte und fristgerechte Meldung. Daher ist ein regelmäßiger Abgleich der Daten mit der Umsatzsteuer-Voranmeldung durchaus empfehlenswert.

Die Abgabe der ZM wurde bisher lediglich als eine formelle (keine zwingende) Voraussetzung für die Steuerbefreiung einer innergemeinschaftlichen Lieferung qualifiziert. Die Verletzung der Abgabepflicht/-frist konnte daher (nur) mit einem **Bußgeld** oder **Verspätungszuschlägen** geahndet werden.

Ab 01.01.2020 wird die ZM erstmals mit der Gewährung der Steuerbefreiung einer innergemeinschaftlichen Lieferung verknüpft, so dass diese nun eine materielle (zwingende) Voraussetzung für die Befreiung darstellt. Die nicht rechtzeitige oder Nicht-Abgabe der ZM führt nunmehr nicht nur zum Bußgeld, sondern auch zur Versagung der Steuerbefreiung.

Für Unternehmen, die an dem innergemeinschaftlichen Warenverkehr teilnehmen, besteht außerdem die Verpflichtung für die Abgaben von **Intrastat-Meldungen (Intrahandelsstatistik)**. Zweck dieser Intrahandelsstatistik ist die Kontrolle des gegenseitigen tatsächlichen Warenverkehrs zwischen Deutschland und den anderen EU-Mitgliedstaaten. Auskunftspflichtig ist in diesem Rahmen jeder in Deutschland registrierte Unternehmer, der einen Vertrag mit einem ausländischen EU-Geschäftspartner über das Verbringen einer Ware zwischen Deutschland und einem anderen EU-Mitgliedstaat abschließt. Demnach sind in der Regel diejenigen Unternehmer auskunftspflichtig, die eine innergemeinschaftliche Lieferung (Intrastat-Ausgang) bzw. einen innergemeinschaftlichen Erwerb (Intrastat-Eingang) tätigen.

Die Intrastat-Meldung ist keine umsatzsteuerliche Meldung, sondern dient rein statistischen Zwecken. Dennoch findet ein Datenabgleich des Statistischen Bundesamtes mit den Daten der Finanzverwaltung aus Umsatzsteuervoranmeldung und ZM statt. Dies sollte bei der Erstellung der Meldungen berücksichtigt werden.

Auch bei Intrastat-Meldungen sind die **Meldefristen** stets einzuhalten. Intrastat-Meldungen müssen bis zum 10. Werktag des folgenden Monats elektronisch übermittelt werden.

Neben den laufenden Meldungen sind die Unternehmer verpflichtet eine **Umsatzsteuerjahreserklärung** abzugeben, die bis zum 31.07. des Folgejahres eingereicht werden muss. Zur Abgabe der Umsatzsteuererklärung sind auch Unternehmer verpflichtet, die unterjährig keine Voranmeldungen abgeben mussten.

Erbringt ein Unternehmer in anderen EU-Mitgliedstaaten **Telekommunikations-, Rundfunk- und Fernsehdienstleistungen oder elektronische Dienstleistungen an Privatpersonen**, müsste er sich in jedem dieser Mitgliedstaaten zu umsatzsteuerlichen Zwecken registrieren lassen. Die sog. kleine einzige Anlaufstelle (**Mini-One-Stop-Shop**) erlaubt aus Vereinfachungsgründen die von dem Unternehmer auf diese Umsätze geschuldete Umsatzsteuer über ein Internetportal in dem Mitgliedstaat anzumelden und abzuführen, in dem der Unternehmer umsatzsteuerlich registriert ist.

Für die Entlastung der Kleinstunternehmen von der Erfüllung umsatzsteuerlicher Pflichten in anderen EU-Mitgliedsstaaten wurde zum 01.01.2019 ein EU-weit geltender Schwellenwert von 10.000 € eingeführt. Auch Drittlandsunternehmer, die bereits aus anderen Gründen über eine umsatzsteuerliche Registrierung in Deutschland oder einem anderen EU-Mitgliederstaat verfügen, dürfen nun seit dem 01.01.2019 das MOSS-Verfahren in einem dieser EU-Länder in Anspruch nehmen.

Wird einem ausländischen Unternehmer, der in Deutschland umsatzsteuerlich nicht registriert ist, für die von ihm im Inland in Anspruch genommenen Leistungen deutsche Umsatzsteuer in Rechnung gestellt, kann dieser die Vorsteuererstattung nicht im Rahmen von Umsatzsteuervoranmeldungen geltend machen. Die ihm in Rechnung gestellte Umsatzsteuer kann er nur im Rahmen eines besonderen Verfahrens (**Vorsteuervergütungsverfahren**) erstattet bekommen. Es gibt jeweils unterschiedliche Verfahren für EU-Unternehmer (gem. Richtlinie 2008/9/EG) und Drittlands-Unternehmer (gem. Richtlinie 86/560/EWG).

Umgekehrt gilt dies auch, wenn ein deutscher Unternehmer ausländische Vorsteuern in Rechnung gestellt bekommt, ohne in diesem Land umsatzsteuerlich registriert zu sein (z. B. im Rahmen eines Messebesuchs). Die Umsatzsteuer aus anderen EU-Staaten kann in einem elektronischen Verfahren über das BZSt beantragt werden. Vorsteuererstattung aus dem Drittland ist nur in manchen Ländern möglich und erfordert eine oftmals aufwendige Antragstellung im jeweiligen Staat.

Zur Sicherung des Steueraufkommens und zur Kontrolle, ob einschlägige umsatzsteuerliche Rechtsvorschriften korrekt angewendet wurden, kann die Finanzverwaltung bei dem Steuerpflichtigen eine sog. **Umsatzsteuer-Sonderprüfung** oder eine **Umsatzsteuer-Nachschau** i. S. d. § 27b UStG durchführen. Da für die Umsatzsteuer das sog. Selbstveranlagungsprinzip gilt, sieht der Staat in diesem Bereich einen erhöhten Prüfungsbedarf.

Doch auch der Unternehmer selbst kann aktiv werden, um die Risiken der Meldungskorrekturen durch Einsatz eines innerbetrieblichen Kontrollsystems in seinem Unternehmen zu minimieren. Aufgrund der dramatischen Verschärfungen des Steuerstrafrechts in den letzten Jahren, stehen immer mehr Unternehmer vor neuen Herausforderungen, insbesondere bei der Korrektur von unrichtigen Umsatzsteuer-Voranmeldungen oder –Jahreserklärungen. Wurden Meldungen irrtümlich falsch abgegeben, stellt sich für jeden Unternehmer die Frage: bloße Berichtigung nach § 153 AO oder schon Selbstanzeige? Letztere ist mit einem enormen Aufwand für den Unternehmer verbunden und löst in der Regel die Einleitung eines Steuerstrafverfahrens seitens der Finanzverwaltung aus.

Durch die Einrichtung eines innerbetrieblichen Kontrollsystems kann der Unternehmer dem Vorwurf einer Steuerverkürzung von Vornherein entgegensteuern. Dabei ist kein spezielles Softwareprogramm erforderlich. Vielmehr können die Unternehmer selbst pragmatische Lösungsansätze entwickeln und diese stets überwachen, weiterentwickeln und dokumentieren.

Im Bereich des Warenhandels über das Internet unter Nutzung von elektronischen Marktplätzen (wie z. B. Amazon), bei dem es in den letzten Jahren verstärkt zu Umsatzsteuerhinterziehungen gekommen ist, ist die deutsche Bundesregierung selbst aktiv geworden und zum Schutz vor weiteren Umsatzsteuerausfällen sowie dem Schutz und der Wahrung der Wettbewerbsfähigkeit der steuerehrlichen Unternehmen eine Haftungsregelung eingeführt. Die Haftunsnorm trat am 01.01.2019 in Kraft und soll zukünftig erlauben, die Betreiber elektronischer Marktplätze für die nicht-abgeführte Umsatzsteuer der auf ihren Plattformen tätigen Onlinehändler in Haftung zu nehmen.

# Umsatzsteuervoranmeldung (1/2)

**Abgabe und Fälligkeit (§ 18 Abs. 1 bis 2a UStG)**
Der Unternehmer hat grds. seine steuerpflichtigen und steuerfreien Ausgangsumsätze sowie seine Vorsteuerbeträge und Reverse-Charge-Umsätze regelmäßig in Voranmeldungen bei seinem zuständigen Finanzamt anzumelden und die von ihm berechnete Steuer abzuführen. Die Umsatzsteuervoranmeldungen müssen elektronisch an das Finanzamt gesandt werden.

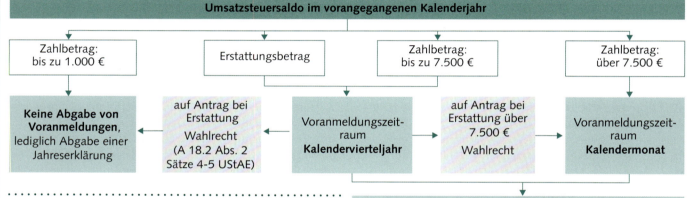

**Umsatzsteuersaldo im vorangegangenen Kalenderjahr**

| Zahlbetrag: bis zu 1.000 € | Erstattungsbetrag | Zahlbetrag: bis zu 7.500 € | Zahlbetrag: über 7.500 € |
|---|---|---|---|

**Keine Abgabe von Voranmeldungen**, lediglich Abgabe einer Jahreserklärung

auf Antrag bei Erstattung
Wahlrecht
(A 18.2 Abs. 2 Sätze 4-5 UStAE)

Voranmeldungszeit-raum
**Kalendervierteljahr**

auf Antrag bei Erstattung über 7.500 €
Wahlrecht

Voranmeldungszeit-raum
**Kalendermonat**

---

Das Wahlrecht in den Fällen der **Erstattung von über 7.500 €** im Vorjahr muss **bis zum 10.02. des Folgejahres** durch Abgabe einer Umsatzsteuervoranmeldung für den ersten Kalendermonat ausgeübt werden (§ 18 Abs. 2a Satz 2 UStG). Die Beantragung der jährlichen Abgabe in Erstattungsfällen kann **formlos** beim zuständigen Finanzamt erfolgen.

**Abgabefrist einer Umsatzsteuervoranmeldung auf elektronischem Weg:**
- **bis zum 10. Tag** nach Ablauf des jeweiligen Voranmeldungs-zeitraums
- fällt der 10. Tag auf einen Samstag, Sonntag oder Feiertag, ist der nächste Werktag der Abgabestichtag.

**Ausnahme:** Dauerfristverlängerung

 Im Falle der **Neugründung** oder **Neuregistrierung** ist der Voranmeldungszeitraum im Jahr der Aufnahme der unter-nehmerischen Tätigkeit und im Folgejahr der **Kalendermonat** (§ 18 Abs. 2 Satz 4 UStG).[1] Dies gilt auch für Vorrats- und Mantelgesellschaften (§ 18 Abs. 2 Satz 5 UStG).

---

[1] Im Rahmen des Bürokratieentlastungsgesetzes III (BEG III) vom 28.11.2019 wurde für Existenzgründer eine Erleichterung geschaffen: vierteljährliche Abgabe der Umsatzsteuervoranmeldung sofern die zu entrichtende Umsatzsteuer voraussichtlich 7.500 € nicht überschreitet (Gilt für BZ 2021 bis 2026, § 18 Abs. 2 Satz 5 und 6 und Abs. 2a UStG-E; Inkrafttreten: 01.01.2021).

# Umsatzsteuervoranmeldung (2/2)

## Wo sind die Angaben in der Umsatzsteuervoranmeldung zu erklären?

Die wichtigsten Kennziffern (Kz.) in der Umsatzsteuervoranmeldung:[1]

| | | Kz. |
|---|---|---|
| **Ausgangs- und Eingangsumsätze** | **Steuerfreie Umsätze** mit Vorsteuerabzug<br>• Innergemeinschaftliche Lieferungen (§ 4 Nr. 1 Buchst. b UStG)<br>• Ausfuhrlieferungen (§ 4 Nr. 1 Buchst. a UStG) | 41<br>43 |
| | **Steuerpflichtige Umsätze**<br>• zum Steuersatz von 19 % bzw. 7 % | 81/86 |
| | **Steuerpflichtige innergemeinschaftliche Erwerbe**<br>• zum Steuersatz von 19 % bzw. 7 % | 89/93 |
| | **Steuerpflichtige Umsätze**, für die der Leistungsempfänger die Steuer nach **§ 13b Abs. 5 UStG** schuldet | 60 |
| | **Nicht steuerbare** sonstige Leistungen gem. § 18b Satz 1 Nr. 2 UStG | 21 |
| | **Übrige nicht steuerbare Umsätze** | 45 |
| **abziehbare Vorsteuerbeträge aus Eingangsumsätzen** | **Leistungsempfänger als Steuerschuldner (§ 13b UStG)**<br>• im Inland steuerpflichtige sonstige Leistung | 46 und 47 |
| | **Vorsteuerbeträge aus Rechnungen von anderen Unternehmern**<br>i.S.d. § 15 Abs. 1 Satz 1 Nr. 1 UStG | 66 |
| | **Vorsteuerbeträge aus dem innergemeinschaftlichen Erwerb**<br>i.S.d. § 15 Abs. 1 Satz 1 Nr. 3 UStG | 61 |
| | **Vorsteuerbeträge aus Leistungen i.S.d. § 13b UStG**<br>i.S.d. § 15 Abs. 1 Satz 1 Nr. 4 UStG | 67 |
| | **Sondervorauszahlung für Dauerfristverlängerung** | 39 |

**Berichtigung der Umsatzsteuervoranmeldung:**

Muss die Umsatzsteuervoranmeldung berichtigt werden, ist dies durch die Eintragung der Ziffer »1« unter **Kz. 10** der Meldung deutlich zu machen.
In der berichtigten Umsatzsteuervoranmeldung müssen **alle Werte** – nicht nur die geänderten – eingetragen sein.
Werden **Ausgangsumsätze** berichtigt, müssen in der Voranmeldung die korrigierten Werte in der entsprechenden Kennziffer eingetragen werden.
Bei der **Vorsteuerberichtigung** muss beachtet werden, dass der vollständige Wert eingetragen wird und **nicht nur die Differenz** zwischen den alten und den neuen abziehbaren Vorsteuerbeträgen. Gezahlt bzw. erstattet wird nur der Differenzbetrag.
Fällt ein Fehler auf, muss die Voranmeldung **zeitnah** berichtigt werden. Wurde bereits eine Jahreserklärung beim Finanzamt abgegeben, sollte die Berichtigung über die Änderung der Jahreserklärung erfolgen.

Ergänzende Angaben zur Steueranmeldung ab 2017 möglich (Kz. 23)

---

[1] Vollständiges Vordruckmuster der Umsatzsteuervoranmeldung – siehe BMF-Schreiben vom 30.09.2019, III C 3-S 7344/19/10001:001.

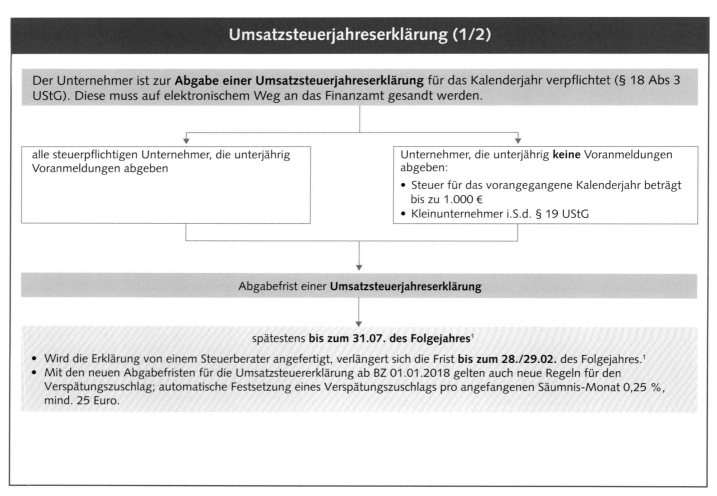

# Umsatzsteuerjahreserklärung (1/2)

Der Unternehmer ist zur **Abgabe einer Umsatzsteuerjahreserklärung** für das Kalenderjahr verpflichtet (§ 18 Abs 3 UStG). Diese muss auf elektronischem Weg an das Finanzamt gesandt werden.

alle steuerpflichtigen Unternehmer, die unterjährig Voranmeldungen abgeben

Unternehmer, die unterjährig **keine** Voranmeldungen abgeben:

- Steuer für das vorangegangene Kalenderjahr beträgt bis zu 1.000 €
- Kleinunternehmer i.S.d. § 19 UStG

Abgabefrist einer **Umsatzsteuerjahreserklärung**

spätestens **bis zum 31.07. des Folgejahres**[1]

- Wird die Erklärung von einem Steuerberater angefertigt, verlängert sich die Frist **bis zum 28./29.02.** des Folgejahres.[1]
- Mit den neuen Abgabefristen für die Umsatzsteuererklärung ab BZ 01.01.2018 gelten auch neue Regeln für den Verspätungszuschlag; automatische Festsetzung eines Verspätungszuschlags pro angefangenen Säumnis-Monat 0,25 %, mind. 25 Euro.

[1] Gilt für Umsatzsteuerjahreserklärung für BZ, die nach dem 31.12.2017 beginnen (Art. 97 EGAO § 100 Abs. 4).

# Umsatzsteuerjahreserklärung (2/2)

**Wo sind die Angaben in der Umsatzsteuerjahreserklärung zu erklären?**

Die wichtigsten Kennziffern (Kz.) in der Umsatzsteuerjahreserklärung:[1]

|  |  | Kz. |
|---|---|---|
| **Ausgangs- und Eingangsumsätze** | **Steuerpflichtige** Umsätze<br>• zum Steuersatz von 19 % bzw. 7 % | 177 – 196 |
|  | **Steuerfreie** Umsätze mit Vorsteuerabzug<br>• innergemeinschaftliche Lieferungen (§ 4 Nr. 1 Buchst. b UStG) | 741 |
|  | **Steuerpflichtige innergemeinschaftliche Erwerbe**<br>• zum Steuersatz von 19 % bzw. 7 % | 781 – 796 |
|  | **Leistungsempfänger als Steuerschuldner (§ 13b UStG)**<br>• im Inland steuerpflichtige sonstige Leistung | 846 – 878 |
| **abziehbare Vorsteuerbeträge aus Eingangsumsätze** | **Vorsteuerbeträge aus Rechnungen von anderen Unternehmern**<br>i.S.d. § 15 Abs. 1 Satz 1 Nr. 1 UStG | 320 |
|  | **Vorsteuerbeträge aus dem innergemeinschaftlichen Erwerb**<br>i.S.d. § 15 Abs. 1 Satz 1 Nr. 3 UStG | 761 |
|  | **Vorsteuerbeträge aus Leistungen i.S.d. § 13b UStG**<br>i.S.d. § 15 Abs. 1 Satz 1 Nr. 4 UStG | 467 |
|  | **Sondervorauszahlung für Dauerfristverlängerung** | Zeile 168 |

**Berichtigung der Umsatzsteuerjahreserklärung**

Muss die Umsatzsteuerjahreserklärung berichtigt werden, ist dies durch die Eintragung der Ziffer »1« unter **Kz. 110** der Erklärung deutlich zu machen. Die Einreichung einer berichtigten Umsatzsteuererklärung ist möglich, soweit die Festsetzungsverjährung gem. § 169 AO noch nicht eingetreten ist und eine Änderungsvorschrift i.S.d. AO greift. Die Festsetzungsverjährung beträgt **vier Jahre** und beginnt mit Ablauf des Jahres, in dem die Steuererklärung eingereicht wurde.

**Besonderheit bei ausländischen Unternehmern**

Die im Ausland ansässigen Unternehmer, die in Deutschland Umsätze tätigen und sich für diese Zwecke in Deutschland umsatzsteuerlich registriert haben, müssen auch die **Anlage UN** ausfühlen, in der sie u.a. ihre ausländische Bankverbindung einzutragen haben.

Ergänzende Angaben zur Steueranmeldung möglich (Kz. 123)

---

[1] Vollständiges Vordruckmuster der Umsatzsteuerjahreserklärung – siehe BMF vom 17.12.2019, III C 3-S 7344/19/10002:001; ab 2018 keine Anlage UR mehr; die bislang in der Anlage UR erforderlichen Eintragungen sind im Hauptvordruck USt 2A (Abschn. D bis I) vorzunehmen.

# Dauerfristverlängerung und Sondervorauszahlung

Beantragt der Unternehmer, der seine Umsatzsteuervoranmeldungen monatlich bzw. vierteljährlich abgibt, beim Finanzamt eine Dauerfristverlängerung, verlängert sich die Frist zur Abgabe der Voranmeldung **um einen Monat** (§ 18 Abs. 6 UStG)

**Elektronische Übermittlung des Antrags auf Dauerfristverlängerung und der Sondervorauszahlung**

| bei **monatlicher** Abgabe der Voranmeldung | bei **vierteljährlicher** Abgabe der Voranmeldung |
|---|---|

**Anmeldung und Entrichtung einer Sondervorauszahlung[1]**
i.H.v. 1/11 der Summe der Vorauszahlungen
für das vorangegangene Kalenderjahr

- als Gegenleistung für die spätere Abgabe der Voranmeldung (»Kaution«)
- Anrechnung bei der Voranmeldung für den Monat **Dezember**

**Kz. 38** des Antrags

**keine** Sondervorauszahlung

**jährliche Anmeldung und Entrichtung der Sondervorauszahlung notwendig**

Eine **einmal abgegebene und vom Finanzamt nicht widerrufene** Fristverlängerung gilt für die folgenden Kalenderjahre

➡ **keine** jährliche Beantragung notwendig

**Frist der Antragstellung** auf Dauerfristverlängerung und evtl. Entrichtung einer Sondervorauszahlung:
**bis zum 10.02.** des laufenden Kalenderjahres

Ergänzende Angaben zur Steueranmeldung möglich (Kz. 23)

---

[1] Vollständiges Vordruckmuster des Antrags auf Dauerfristverlängerung und der Anmeldung der Sondervorauszahlung – siehe BMF-Schreiben vom 30.09.2019, III C 3-S 7344/19/10001:001.

# Zusammenfassende Meldung (§ 18a UStG) (1/2)

Um die Umsatzbesteuerung der innergemeinschaftlichen Leistungen in dem Bestimmungsland im Rahmen des innergemeinschaftlichen Waren- und Dienstleistungsverkehrs zwischen den Mitgliedstaaten der EU kontrollieren zu können, sind Unternehmer verpflichtet, eine sog. Zusammenfassende Meldung (ZM) auf elektronischem Weg beim BZSt abzugeben.

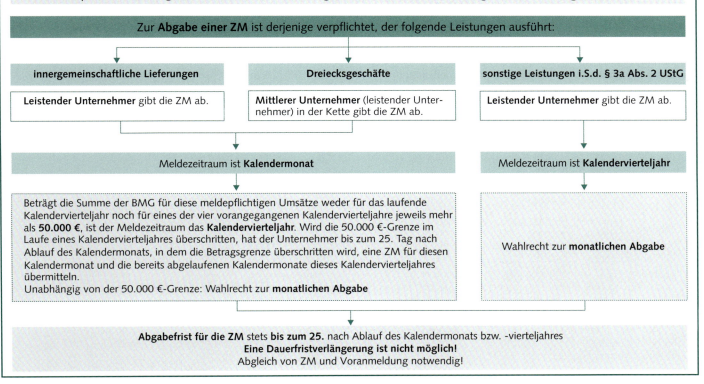

Zur **Abgabe einer ZM** ist derjenige verpflichtet, der folgende Leistungen ausführt:

| innergemeinschaftliche Lieferungen | Dreiecksgeschäfte | sonstige Leistungen i.S.d. § 3a Abs. 2 UStG |
|---|---|---|
| **Leistender Unternehmer** gibt die ZM ab. | **Mittlerer Unternehmer** (leistender Unternehmer) in der Kette gibt die ZM ab. | **Leistender Unternehmer** gibt die ZM ab. |

Meldezeitraum ist **Kalendermonat**

Meldezeitraum ist **Kalendervierteljahr**

Beträgt die Summe der BMG für diese meldepflichtigen Umsätze weder für das laufende Kalendervierteljahr noch für eines der vier vorangegangenen Kalendervierteljahre jeweils mehr als **50.000 €**, ist der Meldezeitraum das **Kalendervierteljahr**. Wird die 50.000 €-Grenze im Laufe eines Kalendervierteljahres überschritten, hat der Unternehmer bis zum 25. Tag nach Ablauf des Kalendermonats, in dem die Betragsgrenze überschritten wird, eine ZM für diesen Kalendermonat und die bereits abgelaufenen Kalendermonate dieses Kalendervierteljahres übermitteln.
Unabhängig von der 50.000 €-Grenze: Wahlrecht zur **monatlichen Abgabe**

Wahlrecht zur **monatlichen Abgabe**

**Abgabefrist für die ZM** stets **bis zum 25.** nach Ablauf des Kalendermonats bzw. -vierteljahres
**Eine Dauerfristverlängerung ist nicht möglich!**
Abgleich von ZM und Voranmeldung notwendig!

# Zusammenfassende Meldung (2/2)

## Angaben in der ZM

- gültige **USt-IdNr.** eines jeden Leistungsempfängers
- für jeden Leistungsempfänger die **Summe der Bemessungsgrundlagen** der an ihn ausgeführten Lieferungen bzw. sonstigen Leistungen
- die **Art der Leistung** in Form einer Kennziffer

  »0« für innergemeinschaftliche Lieferungen (sollte Kz. 41 der USt-VA entsprechen)
  »1« für innergemeinschaftliche sonstige Leistungen (sollte Kz. 21 der USt-VA entsprechen)
  »2« für Dreiecksgeschäfte (sollte Kz. 42 der USt-VA entsprechen)

Eine ZM muss nur abgegeben werden, wenn im Meldezeitraum innergemeinschaftliche Warenlieferungen und/oder innergemeinschaftliche sonstige Leistungen und/oder innergemeinschaftliche Dreiecksgeschäfte ausgeführt worden sind. **NEU ab 2020:** ZM als materielle (zwingende) Voraussetzung für die Steuerbefreiung einer innergemeinschaftlichen Lieferung!
**Sog. »Nullmeldungen« sind nicht erforderlich.**

**Besonderheiten**
- Ist ein Unternehmer vom Finanzamt von der Verpflichtung zur Abgabe der USt-Voranmeldungen und der Entrichtung der Vorauszahlungen befreit worden (**Jahreszahler**), kann er die ZM **bis zum 25. Tag nach Ablauf jedes Kalenderjahres** abgeben, wenn im vorangegangenen Kj. die Summe seiner innergemeinschaftlichen Warenlieferungen oder sonstigen Leistungen **15.000 €** und die Summe seiner Lieferungen und sonstigen Leistungen **200.000 € nicht überstiegen** hat und im laufenden Kj. voraussichtlich nicht übersteigen wird.
- Kleinunternehmer i.S.d. § 19 Abs. 1 UStG müssen **keine** ZM übermitteln.
- Für einen ausländischen Unternehmer, der im Inland ausschließlich steuerfreie Umsätze ausführt und keine Vorsteuerbeträge abziehen kann, besteht die Möglichkeit der **Fiskalvertretung** (§ 22a UStG). Die Abgabe der ZM erfolgt durch den Fiskalvertreter.

# Intrastat-Meldung (1/2)

Um die Warenlieferungen zwischen Deutschland und den anderen Mitgliedstaaten der Europäischen Union handelsstatistisch zu erfassen, sind die Unternehmer zur Auskunft über ihre innergemeinschaftlichen Warenverkehre an das Statistische Bundesamt verpflichtet.

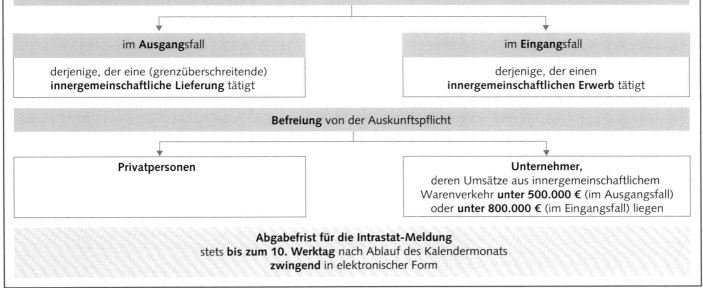

**Auskunftspflichtig** im Rahmen der Intrahandelsstatistik ist grundsätzlich jeder Steuerpflichtige, der
- nach dem Umsatzsteuergesetz in Deutschland als Unternehmer registriert ist (deutsche USt-IdNr.) und
- einen Vertrag mit einem ausländischen Geschäftspartner abschließt, der das Verbringen einer Ware zwischen Deutschland und einem anderen EU-Land beinhaltet.

| im **Ausgang**sfall | im **Eingang**sfall |
|---|---|
| derjenige, der eine (grenzüberschreitende) **innergemeinschaftliche Lieferung** tätigt | derjenige, der einen **innergemeinschaftlichen Erwerb** tätigt |

**Befreiung** von der Auskunftspflicht

| Privatpersonen | **Unternehmer,** deren Umsätze aus innergemeinschaftlichem Warenverkehr **unter 500.000 €** (im Ausgangsfall) oder **unter 800.000 €** (im Eingangsfall) liegen |
|---|---|

**Abgabefrist für die Intrastat-Meldung**
stets **bis zum 10. Werktag** nach Ablauf des Kalendermonats
**zwingend** in elektronischer Form

# Intrastat-Meldung (2/2)

## Ausgewählte Besonderheiten bei der Meldung von

| | |
|---|---|
| … innergemeinschaftlichen Reihen-/**Dreiecksgeschäften** | Der deutsche Unternehmer bestellt für seinen Kunden in Frankreich die Möbel bei einem italienischen Hersteller. Die Möbel werden unmittelbar von Italien nach Frankreich verbracht. Sowohl der Italiener als auch der Franzose müssen jeweils eine Intrastat-Meldung abgeben, da die beiden EU-Staaten von der Warenbewegung körperlich als Versendungs- bzw. Eingangsmitgliedstaat betroffen sind. |
| … unternehmensinternem **Verbringen** | Der deutsche Unternehmer verbringt die Ware aus seiner Produktion nach Italien in ein zentrales Auslieferungslager (kein Konsignationslager), aus dem italienische Kunden beliefert werden.<br>Das unternehmensinterne (innergemeinschaftliche) Verbringen von Deutschland in das Auslieferungslager in Italien muss der deutsche Unternehmer als Versendung in Deutschland melden. Weiterhin hat der deutsche Unternehmer in Italien den Vorgang in einer italienischen Intrastat-Meldung zu erfassen. |
| … **Werklieferungen** | Der belgische Bauunternehmer erbringt für ein deutsches Unternehmen in Deutschland eine Werklieferung, hierfür verbringt er alle Materialien aus eigener Produktion nach Deutschland.<br>Verfügt der belgische Bauunternehmer über keine deutsche USt-IdNr., hat der deutsche Unternehmer über die verbrachten Materalen in Deutschland eine Intrastat-Eingangsmeldung abzugeben. |
| … Lieferungen in ein **Konsignationslager** | Der italienische Unternehmer verbringt die Maschinenbauteile aus seiner Produktion in das Konsignationslager bei seinem deutschen Kunden. Bis zur Entnahme durch den deutschen Unternehmer bleiben die Bauteile in der Verfügung des Italieners. Die Voraussetzungen der § 6b UStG n.F. sind nicht erfüllt.<br>Die Verbringung der Bauteile aus Italien nach Deutschland löst sowohl eine Versendungsmeldung in Italien als auch eine Eingangsmeldung in Deutschland durch den italienischen Unternehmer aus. |

# Mini-One-Stop-Shop (MOSS) (1/2)

Durch eine Änderung des Umsatzsteuergesetzes im Jahr 2015 liegt der Leistungsort bei **Telekommunikationsleistungen, Rundfunk- und Fernsehleistungen sowie bei auf elektronischem Weg erbrachten Leistungen an Nichtunternehmer** (Privatpersonen) an dem **Verbraucherort** (Wohnsitz des Kunden).

 **Problematik der Verlagerung des Leistungsortes** → **Einführung des »Mini-One-Stop-Shop« (MOSS)**

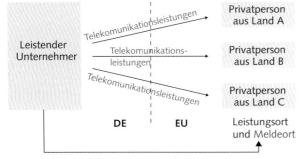

Aufgrund der Verlagerung des Leistungsortes an den Wohnort des Kunden würde eine **umsatzsteuerliche Registrierung in jedem einzelnen EU-Land**, in dem die Kunden wohnen, erforderlich werden.

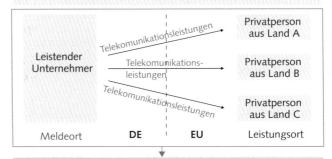

Schaffung eines **neuen Besteuerungsverfahren »Mini-One-Stop-Shop (MOSS)** (dt.: »Kleine einzige Anlaufstelle (KEA)«)

- **keine** umsatzsteuerliche Registrierung in anderen EU-Ländern
- Abgabe von Umsatzsteuermeldungen **in eigenem Ansässigkeitsstaat** für andere EU-Staaten
- In Deutschland stellt das BZSt eine entsprechende Plattform zur Verfügung

# Mini-One-Stop-Shop (MOSS) (2/2)

Der sog. Mini-One-Stop-Shop (MOSS) ist ein neues **freiwilliges** Besteuerungsverfahren, das dem betroffenen EU-Unternehmer ermöglicht seine Leistungen in **seinem** Ansässigkeitsstaat anzumelden, auch wenn sie in einem andere EU-Land der Umsatzsteuer unterliegen (§ 18h UStG).

## Voraussetzungen für die Teilnahme am Besteuerungsverfahren

- Der inländische Unternehmer muss **vor Beginn des Besteuerungszeitraums** (Kalendervierteljahr) gegenüber dem Bundeszentralamt für Steuern (BZSt) anzeigen, dass er an dem besonderen Besteuerungsverfahren teilnehmen möchte.
- Die Teilnahme an diesem Besteuerungsverfahren ist nur **einheitlich für alle betroffenen EU-Staaten**, in denen die Kunden ihren Wohnsitz haben, möglich.
- Der leistende Unternehmer darf in den EU-Staaten, in denen seine Kunden ansässig sind, **weder einen Sitz noch eine Betriebsstätte** haben.

**Abgabefrist einer Umsatzsteuererklärung nach dem besonderen Besteuerungsverfahren:**

Die Umsätze sind **bis zum 20. Tag nach Ende jedes Kalendervierteljahres** zu erklären und die Steuer abzuführen.

**Beachte:** Die 20-Tage-Frist muss inklusive der Wochenenden und Feiertagen berechnet werden. Fällt der 20. auf ein Wochenende oder einen Feiertag, verlängert sich die Frist nicht. Für die Zahlung gibt es ebenfalls keine Karenzfrist.
Bei wiederholt verspätet vorgenommener Meldung oder Zahlung kann der Unternehmer von der Nutzung des MOSS ausgeschlossen werden.

 Der Unternehmer müsste sich dann in den einzelnen betroffenen EU-Ländern umsatzsteuerlich registrieren und dort jeweils eine Umsatzsteuererklärung abgeben.

**Neu ab 2020:**
- Einführung einer EU-weit geltenden 10.000 €-Grenze, bis zu der die Dienstleistungen der Umsatzsteuer im Ansässigkeitsstaat des leistenden Unternehmers unterliegen
- Rechnungsstellung zukünftig nach Vorschriften des EU-Mitgliedsstaates, in dem der leistende Unternehmer das MOSS-Verfahren anwendet (i.d.R. Ansässigkeitsstaat).[1]

---

[1] MOSS-Verfahren auch für Drittlandsunternehmer anwendbar, die bereits aus anderen Gründen über eine umsatzsteuerliche Registrierung ein einem der EU-Mitgliedstaaten verfügen.

# Vorsteuer-Vergütungsverfahren (1/3)

**Ausländische Unternehmer** können sich in den Fällen, in denen sie im Inland (Bundesrepublik Deutschland) nicht umsatzsteuerlich registriert sind und somit nicht an dem normalen Besteuerungsverfahren (Abgabe von Umsatzsteuererklärung und/oder Umsatzsteuervoranmeldung) teilnehmen, die ihnen **in Rechnung gestellte deutsche Umsatzsteuer** im Rahmen eines speziellen **Vorsteuer-Vergütungsverfahrens erstatten** lassen.

Vorsteuervergütung für **ausländische** Unternehmer im Inland (§§ 59 – 61 UStDV)

## Vorsteuer-Vergütungsverfahren **nicht anwendbar**

Der ausländische Unternehmer

- erbringt steuerbare Lieferungen oder sonstigen Leistungen im Inland
- verwirklicht innergemeinschaftliche Erwerbe im Inland

**Kein** Vorsteuer-Vergütungsverfahren möglich; Möglichkeit der Vorsteuererstattung im normalen Besteuerungsverfahren (Abgabe von Umsatzsteuererklärung und/oder Umsatzsteuervoranmeldung)

 umsatzsteuerliche Registrierung im Inland i.d.R. Pflicht

## Vorsteuer-Vergütungsverfahren **anwendbar**

Der ausländische Unternehmer

- erbringt steuerfreie Umsätze im Rahmen grenzüberschreitender Güterbeförderungen i.S.d. § 4 Nr. 3 UStG im Inland
- erbringt Umsätze, für die der Leistungsempfänger die Steuer im Reverse-Charge-Verfahren schuldet
- führt innergemeinschaftliche Erwerbe mit daran anschließenden Lieferungen im Rahmen eines innergemeinschaftlichen Dreiecksgeschäfts i.S.d. § 25b UStG aus

**Vorsteuer-Vergütungsverfahren**

**NEU ab 01.01.2019:**
Anwendung des Vorsteuer-Verfügungsverfahrens auch dann, wenn ausländischer Unternehmer die Umsatzsteuer nach § 14c Abs. 1 UStG schuldet (sofern Voraussetzungen für das Verfahren erfüllt sind)

Vorsteuervergütung für **inländische** Unternehmer in anderen Staaten

| Vorsteuervergütung in **EU-Staaten** (Richtlinie 2008/9/EG) | Vorsteuervergütung in **Drittstaaten** (13. Richtlinie 86/560/EWG) |
|---|---|
| <ul><li>einheitliches Verfahren in der EU</li><li>Antragstellung einheitlich über elektronisches Portal des BZSt in Deutschland; BZSt leitet Antrag an den Antragsstaat weiter</li><li>Prüfung des Antrags und Entscheidung direkt durch die zuständige Behörde im Antragsstaat</li><li>Merkblätter und Übersichten zur Antragsstellung auf der Homepage des BZSt abrufbar</li></ul> | <ul><li>jeder Drittstaat hat eigene Vorschriften und Verfahren</li><li>nicht alle Drittstaaten bieten überhaupt Vorsteuer-Vergütungsverfahren für deutsche Unternehmer an (vgl. regelmäßig aktualisiertes BMF-Schreiben zur Gegenseitigkeit)</li><li>Antragstellung muss bei der zuständigen Behörde direkt im Drittstaat auf dem jeweiligen Formular in der dortigen Amtssprache gestellt werden</li><li>Prüfung des Antrags und Entscheidung direkt durch die zuständige Behörde im Antragsstaat</li></ul> |

Korrespondierend zu dem Recht deutscher Unternehmern in anderen EU-Staaten die Vorsteuer erstatten zu lassen, können nach der Richtlinie 2008/9/EG und den §§ 59-61 UStDV auch **Unternehmer aus anderen EU-Staaten** die Rückerstattung **deutscher Vorsteuer** beantragen.

Unternehmern aus dem Drittland wird die Vorsteuer nur dann erstattet, wenn das Land auch deutschen Unternehmern ein Vergütungsverfahren anbietet (Gegenseitigkeit).[1] Über die Anträge entscheidet das BZSt.

[1] BMF-Schreiben vom 17.10.2014, IV D3 – S 7359/07/10009, BStBl I 2014, 1369.

# Vorsteuer-Vergütungsverfahren (3/3)

## Einzelheiten zur Vergütung von Vorsteuerbeträgen in anderen EU-Mitgliedstaaten (RL 2008/9/EG)

| | |
|---|---|
| **Vergütung für mehrere Mitgliedstaaten** | Hat der Unternehmer Anspruch auf Vergütung von Vorsteuerbeträgen aus mehreren Mitgliedstaaten, muss für **jeden** Mitgliedstaat ein gesonderter Antrag beim BZSt gestellt werden. |
| **Vorlage von Rechnungskopien** | Der Vergütungsmitgliedstaat kann verlangen, dass der Antragsteller zusammen mit dem Vergütungsantrag auf elektronischem Weg eine Kopie der Rechnung oder des Einfuhrdokuments einreicht, falls die **Bemessungsgrundlage** in der Rechnung oder dem Einfuhrdokument **mind. 1.000 €** (bei Rechnungen über Kraftstoffe mind. 250 €) beträgt. |
| **Antragsfrist** | Der Vergütungsantrag ist spätestens **bis zum 30.09.** des auf das Jahr der Ausstellung der Rechnung folgenden Kj. zu stellen. Die Frist ist nicht verlängerbar. Der Antrag muss bis zu dem Termin vollständig gestellt werden, d.h. mit allen notwendigen Angaben und Rechnungskopien. |
| **Mindestbetrag** | Der Vergütungsbetrag muss **mind. 50 €** betragen. Für Quartalsanträge bzw. für Anträge, die mehr als drei Monate aber weniger als ein Jahr betreffen, liegt der Mindestbetrag bei **400 €**. |
| **Vergütung/Verzinsung** | Das BZSt hat den Vergütungsantrag innerhalb von **15 Tagen** nach Eingang an den Mitgliedstaat der Erstattung weiterzuleiten. Die Erstattung der Vorsteuer hat innerhalb von **vier Monaten** und zehn Werktagen zu erfolgen. Die Frist verlängert sich, wenn zusätzliche Informationen angefordert werden. Ist diese Frist abgelaufen, ist der zu vergütende Betrag von der Behörde zu **verzinsen**. |

# Registrierungspflicht ausländischer Unternehmer in Deutschland (1/2)

Wer in der Bundesrepublik Deutschland Lieferungen ausführt, innergemeinschaftliche Erwerbe bewirkt oder Dienstleistungen im Rahmen des Reverse-Charge-Verfahrens empfängt, muss sich grundsätzlich umsatzsteuerlich registrieren lassen (deutsche USt-IdNr. beantragen) und seine Umsätze in Deutschland erklären und versteuern.

## Übliche Fälle, in denen eine umsatzsteuerliche Registrierung **erforderlich** ist:

| | |
|---|---|
| **Warentransport nach Deutschland** | Der belgische Unternehmer bestellt bei einem französischen Unternehmer Käse. Der französische Unternehmer liefet die Ware auf Wunsch des belgischen Unternehmers nach Deutschland in sein Auslieferungslager.<br>• Es liegt eine innergemeinschaftliche Lieferung des französischen Unternehmers von Frankreich nach Deutschland vor.<br>• Ort **des innergemeinschaftlichen Erwerbs ist in Deutschland** (§ 3d UStG).<br>• Umsatzsteuerliche Registrierung des belgischen Unternehmers in Deutschland notwendig. |
| **Warenverkauf aus Deutschland in andere Länder** | Der belgische Unternehmer bestellt bei einem deutschen Unternehmer Äpfel. Der Kunde des Belgiers holt die Ware in Deutschland ab und transportiert sie direkt nach Belgien.<br>• Es liegt eine innergemeinschaftliche Lieferung des belgischen Unternehmers von Deutschland nach Belgien vor.<br>• Ort **der innergemeinschaftlichen Lieferung ist in Deutschland** (§ 3 Abs. 6 UStG).<br>• Umsatzsteuerliche Registrierung des belgischen Unternehmers in Deutschland notwendig. |
| **Vorhaltung von Waren in deutschen Lagern als Bestand für Weiterverkauf in Deutschland** | Der belgische Unternehmer verbringt Gegenstände aus seiner Produktion in Belgien nach Deutschland in sein Auslieferungslager (kein Konsignationslager).<br>• Es liegt ein innergemeinschaftliches Verbringen des belgischen Unternehmers von Belgien nach Deutschland vor.<br>• Ort **des innergemeinschaftlichen Erwerbs ist in Deutschland** (§ 3d UStG).<br>• Umsatzsteuerliche Registrierung des belgischen Unternehmers in Deutschland notwendig. |

Übliche Fälle, in denen eine umsatzsteuerliche Registrierung **erforderlich** ist:

| | |
|---|---|
| **Empfang von Werklieferungen in Deutschland** | Der belgische Bauunternehmer erbringt für ein französisches Unternehmen in Deutschland eine Werklieferung.<br>• Es liegt eine Werklieferung des belgischen Unternehmers in Deutschland vor.<br>• Ort **der Werklieferung** ist **in Deutschland** (§ 3 Abs. 4 UStG).<br>• Reverse-Charge-Verfahren findet Anwendung (§ 13b Abs. 2 Nr. 1 UStG).<br>• Umsatzsteuerliche Registrierung des französischen Unternehmers in Deutschland notwendig. |
| **Empfang von diversen Dienstleistungen in Deutschland** | Der belgische Künstler tritt im Auftrag eines französischen Veranstalters in Deutschland auf.<br>• Es liegt eine sonstige Leistung des belgischen Künstlers in Deutschland vor.<br>• Ort der **sonstigen Leistung** ist **in Deutschland** (§ 3a Abs. 3 Nr. 3 UStG).<br>• Reverse-Charge-Verfahren findet Anwendung (§ 13b Abs. 2 Nr. 1 UStG).<br>• Umsatzsteuerliche Registrierung des französischen Unternehmers in Deutschland notwendig. |
| **Versandhandel an private Kunden in Deutschland** | Der belgische Unternehmer liefert an einen privaten Kunden aus Stuttgart Pralinen.<br>• Es liegt eine Lieferung des belgischen Unternehmers von Belgien nach Deutschland vor.<br>• Ort der **Lieferung** ist **in Deutschland**, wenn der belgische Unternehmer die Lieferschwelle überschreitet (§ 3c Abs. 1 UStG).<br>• Umsatzsteuerliche Registrierung des belgischen Unternehmers in Deutschland notwendig. |

Liegen die Voraussetzungen für eine umsatzsteuerliche Registrierung des ausländischen Unternehmers in Deutschland vor, muss der betroffene Unternehmer dies seinem **zuständigen deutschen Finanzamt** mitteilen. Die Registrierung ist verpflichtend. Es besteht kein Wahlrecht und keine Möglichkeit für eine freiwillige Registrierung.
Die Zuständigkeit der Finanzämter für die einzelnen Länder ist zentral geregelt. Die **USt-IdNr.** wird grundsätzlich auf **schriftlichen Antrag** vom BZSt vergeben.

# Fiskalvertreter (§§ 22a bis 22e UStG) (1/2)

Für **ausländische Unternehmer** besteht die Möglichkeit sich in bestimmten Fällen **im Inland** durch einen Fiskalvertreter (Steuervertreter) **vertreten** zu lassen.

| | |
|---|---|
| **Fiskalvertretung (steuerliche Vertretung)** <br> **§ 22a UStG** | • **Vertretung** möglich **für Unternehmer**, die im Inland nicht ansässig sind und ausschließlich steuerfreie Umsätze ausführen und keine Vorsteuerbeträge abziehen können. <br><br> • Zur Bestellung des Fiskalvertreters ist eine **Vollmacht** des im Ausland ansässigen Unternehmers erforderlich. <br><br> • Fiskalvertreter können sein z.B. Steuerberater, Steuerberatungsgesellschaften, Speditionsunternehmen (§ 3 Nr. 1 bis 3 und § 4 Nr. 9c StBG) |
| **Rechte und Pflichten des Fiskalvertreters** <br> **§ 22b UStG** | • Der Fiskalvertreter hat **die Pflichten** des ausländischen Unternehmers **als eigene** zu erfüllen und hat die **gleichen Rechte** wie der vertretene ausländischer Unternehmer. |
| **Ausstellung von Rechnungen** <br> **§ 22c UStG** | • Werden im Fall einer Fiskalvertretung Rechnungen über inländische Vorgänge erteilt, haben sie folgenden **Angaben** zu enthalten: <br>   – den Hinweis auf die Fiskalvertretung <br>   – den Namen und die Anschrift des Fiskalvertreters <br>   – die dem Fiskalvertreter erteilte USt-IdNr. |
| **Steuernummer und zuständiges Finanzamt** <br> **§ 22d UStG n.F.** | • Für seine Tätigkeit erhält der Fiskalvertreter **eine gesonderte Steuernummer und eine gesonderte USt-IdNr.**, unter der er für alle von ihm vertretenen ausländischen Unternehmer auftritt. <br><br> • Er hat unter dieser Steuernummer vierteljährlich USt-Voranmeldungen sowie eine **Steuererklärung abzugeben**, in der er die Besteuerungsgrundlagen für jeden von ihm vertretenen Unternehmer zusammenfasst. Außerdem hat er unter der ihm erteilten USt-IdNr. eine zusammenfassende Meldung abzugeben. <br><br> • Er hat die **Aufzeichnungen i.S.d. § 22 UStG gesondert zu führen**. Die Aufzeichnungen müssen den Namen und die Anschrift der von ihm vertretenen Unternehmer enthalten. |
| **Untersagung der Fiskalvertretung** <br> **§ 22e UStG** | • Das Finanzamt kann die Fiskalvertretung einer Person **untersagen**, wenn sie wiederholt ihre **Pflichten verletzt** oder **ordnungswidrig** handelt. |

# Fiskalvertreter (§§ 22a bis 22e UStG) (2/2)

## Anwendungsfälle der Fiskalvertretung

**Steuerfreie Einfuhren**, an die sich unmittelbar eine **innergemeinschaftliche Lieferung** anschließt (§ 5 Abs. 1 Nr. 3 UStG)

**Steuerfreie innergemeinschaftliche Erwerbe**, an die sich unmittelbar eine **innergemeinschaftliche Lieferung** anschließt (§ 4b Nr. 4 UStG)

**Steuerfreie grenzüberschreitende Beförderung von Gegenständen** i.S.d. § 4 Nr. 3 UStG, sofern der Unternehmer **keine** Lieferungen oder sonstige Leistungen bezieht, für die er die Vorsteuer nach § 15 UStG schuldet

**Beispiel**

Schweizer Unternehmer CH verkauft aus seiner Produktion eine Maschine an einen in Belgien ansässigen Unternehmer BE. Die Maschine wird mit Hilfe eines deutschen Spediteurs aus der Schweiz über Deutschland nach Belgien transportiert. Dabei liefert der Produzent CH die Maschine »verzollt und versteuert«. Die Maschine wird bei Grenzübertritt in Deutschland zum freien Verkehr überlassen.

**Lösung**

Da der CH die Maschine zur Kondition »verzollt und versteuert« liefert, ist der Lieferort im Einfuhrland Deutschland (§ 3 Abs. 8 UStG).

Die Lieferung des CH ist somit in Deutschland steuerbar, aber aufgrund der unmittelbar anschließenden steuerfreien innergemeinschaftlichen Lieferung von Deutschland nach Belgien steuerfrei (§ 5 Abs. 1 Nr. 3 UStG).

Da der Unternehmer CH in Deutschland lediglich eine steuerfreie Lieferung tätigt und aufgrund der steuerfreien Einfuhr keinen Vorsteuerabzug hat, kann er in Deutschland einen Fiskalvertreter bestellen, der für ihn seine steuerlichen Pflichten (Abgabe der Umsatzsteuerjahreserklärung und Zusammenfassenden Meldung) erfüllt.

# Umsatzsteuer-Sonderprüfung und Umsatzsteuer-Nachschau

Zur Sicherung des Steueraufkommens und zur Kontrolle, ob einschlägige umsatzsteuerliche Rechtsvorschriften bei den Unternehmen korrekt angewendet worden sind, kann die Finanzverwaltung die sog. Umsatzsteuer-Sonderprüfung oder Umsatzsteuer-Nachschau durchführen.

| Umsatzsteuer-**Sonderprüfung** | | Umsatzsteuer-**Nachschau** |
|---|---|---|
| **Außenprüfung i.S.d. § 193 AO**, bei der sich die Prüfungshandlung ausschließlich auf **Umsatzsteuersachverhalte** beschränkt. Anlässe können sein: <br> • Neugründung <br> • häufiger hoher Vorsteuerüberhang <br> • Kontrollmitteilungen <br> • Abweichungen beim Datenabgleich | Definition | **Keine** Außenprüfung nach § 193 AO, sondern ein besonderes **Verfahren zur zeitnahen Aufklärung umsatzsteuerrechtlich erheblicher Sachverhalte**, z.B.: <br> • Neugründung <br> • Eingangs- und Ausgangsrechnungen <br> • Verbuchung von Geschäftsvorfällen |
| Ankündigung der Prüfung **in angemessener Zeit vor Prüfungsbeginn** | Ankündigung | **Keine** vorherige Ankündigung notwendig |
| **Kein** Durchsuchungsrecht der Prüfer | Durchsuchungsrecht | **Kein** Durchsuchungsrecht der Prüfer |
| Mitwirkungspflicht des Unternehmers | Mitwirkungspflicht | Mitwirkungspflicht des Unternehmers |
| Prüfungsbericht | Prüfungsbericht | **Kein** Prüfungsbericht |

**Gebot zum Übergang zu einer Umsatzsteuer-Sonderprüfung**, wenn sofortige umfangreiche Sachverhaltsaufklärung zweckmäßig erscheint. Übergang ist dem Unternehmer **schriftlich bekannt zu geben**.

# Mögliche Strafen und Bußgelder bei der Umsatzsteuer

| umsatzsteuerliche Bußgeldvorschriften § 26a UStG | Verspätungszuschlag § 152 AO[1] | Säumniszuschlag § 240 AO | Zwangsgeld § 328 ff. AO | Steuerhinterziehung § 370 AO |
|---|---|---|---|---|
| Rechnungsausstellung/ -aufbewahrung | Umsatzsteuer- meldungen | Umsatzsteuer- meldungen | Meldungen/ Erklärungen | alle steuerlichen Tatsachen |
| Bei Verletzung von Ausstellungs- und Aufbewahrungspflichten (Ordnungswidrigkeit): Geldbuße **bis zu 5.000 €** | Bei verspäteter Abgabe: Verspätungszuschlag **0,25%** der festgesetzten Steuer, mindestens jedoch 10 € und **höchstens 25.000 €** | Bei verspäteter Zahlung der Steuer: Säumniszuschlag **1%** des abgerundeten rückständigen Steuerbetrags **für jeden angefangenen Monat** der Säumnis | Bei Nichtabgabe: Zwangsgeld jeweils **bis zu 25.000 €** | Bei Steuerverkürzung: Freiheitsstrafe **bis zu fünf Jahren** oder Geldstrafe |

## Zusammenfassende Meldung

Bei Verletzung von Abgabepflicht oder verspäteter Abgabe (Ordnungswidrigkeit): Geldbuße **bis zu 5.000 €**

## Verzögerungsgeld § 146 AO

### Umsatzsteuer-Sonderprüfung

Bei Verletzung von Auskunftpflicht: Verzögerungsgeld **bis zu 250.000 €**

*(Steuerhinterziehung, Fortsetzung:)* In besonders schweren Fällen: Freiheitsstrafe von sechs Monaten bis zu zehn Jahren.

---

**!** Es muss unbedingt auf die **fristgerechte Abgabe** der Umsatzsteuermeldungen und -jahreserklärung **sowie die pünktliche Zahlung** der Umsatzsteuer geachtet werden, um die **Bußgelder und Strafen zu vermeiden** und den **Vorsteuerabzug sicherzustellen!**

---

[1] Ab dem 01.01.2017 kein Verspätungszuschlag bei ZM nach § 152 AO.

# Tax Compliance – Internes Kontrollsystem zur Vermeidung von Risiken

Aufgrund der dramatischen Verschärfungen des Steuerstrafrechts in den letzten Jahren – insbesondere der Anforderungen an die strafbefreiende Selbstanzeige – stehen immer mehr Unternehmer vor neuen Herausforderungen, falls die Korrektur einer unrichtigen Umsatzsteuer-Voranmeldung oder Umsatzsteuer-Jahreserklärung notwendig wird. Dabei stellt sich immer die Frage: **Bloße Berichtigung oder schon Selbstanzeige?**

 Selbstanzeige nach § 371 AO (bei **Vorsatz** oder **Leichtfertigkeit**)

- Vollständigkeitsgebot
- Nacherklärung der letzten zehn Jahre
- Entrichtung der USt-Nachzahlung und ggf. Zuschlag

Die Einrichtung und die konsequente Nutzung eines innerbetrieblichen Kontrollsystems kann ein Indiz darstellen, das gegen das Vorliegen eines Vorsatzes oder der Leichtfertigkeit spricht! [1]

Die Finanzverwaltung wird daher eher kein Strafverfahren einleiten bzw. eine normale Berichtigung nach § 153 AO akzeptieren.

## Berichtigung nach § 153 AO

- Korrektur versehentlicher Fehler im Rahmen der abgabenrechtlichen Korrekturvorschriften
- Berichtigungspflicht betrifft nur die nicht festsetzungsverjährten Jahre – keine Ausdehnung der steuerlichen Verjährungsfristen
- Berichtigungsanzeige muss unverzüglich (innerhalb ca. zwei Wochen) erfolgen

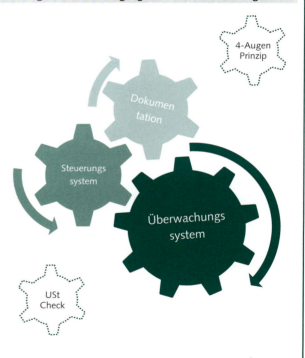

4-Augen Prinzip

Dokumen tation

Steuerungs system

Überwachungs system

USt Check

---

[1] Vgl. BMF-Schreiben vom 23.05.2016, IV A 3-S0324/15/10001, BStBl I 2016, 490 und IDW PS 261 n.F.

# E-Commerce: Haftung für Marktplatzbetreiber (1/2)

Zum 01.01.2019 sind zwei neue Vorschriften für die Betreiber von elektronischen Marktplätzen (wie z.B. Amazon) in Kraft getreten. Zum einen unterliegen nun die Marktplatzbetreiber besonderen Aufzeichnungspflichten über die Lieferungen aller auf ihren Onlineplattformen agierenden Unternehmer (§ 22f UStG). Zum anderen sollen zukünftig alle Marktplatzbetreiber für die von diesen Onlinehändlern nicht abgeführte deutsche Umsatzsteuer in Haftung genommen werden (§ 25e UStG).
Mit diesen neuen Vorschriften wollte die Bundesregierung den hohen Umsatzsteuerausfällen im Onlinehandel entgegen steuern und die Wettbewerbsfähigkeit der steuerehrlichen Unternehmen schützen.

## Besondere Aufzeichnungspflichten des Marktplatzbetreibers § 22f UStG

- Als Onlinehändler kommen sowohl **Unternehmer** als auch **Privatpersonen** in Frage
- Betroffen sind alle Lieferungen der Onlinehändler mit dem Beginn oder Ende der Beförderung/Versendung im Inland
- Folgende **Aufzeichnungen** sind vorzunehmen:
  - ✓ allgemeine Angaben zum Onlinehändler, wie Name und Anschrift
  - ✓ bei *Unternehmern:* zusätzlich deutsche Steuernummer bzw. USt-IdNr. sowie Dauer der Gültigkeit der sog. Erfassungsbescheinigung
  - ✓ bei *Privatpersonen:* zusätzlich Geburtsdatum
  - ✓ Angaben zu jeder einzelnen durchgeführten Lieferung, wie Versendungs- und Bestimmungsort sowie der Zeitpunkt und Höhe des Umsatzes
- Vorlage einer **Erfassungsbescheinigung** seitens der Onlinehändler:
  - – Bescheinigung bestätigt nur die Registrierung für Umsatzsteuerzwecke, nicht die Steuerehrlichkeit des Händlers
  - – Beantragung beim zuständigen Finanzamt über das Formular *USt 1 TJ* (aktuell nur in Papierform möglich mit Gültigkeit für längstens *3 Jahre*)
  - – Jeder Händler erhält von seinem Finanzamt nur eine Bescheinigung, diese kann eingescannt und bei Bedarf mehreren Marktplatzbetreibern zur Verfügung gestellt werden
- **Aufbewahrungspflicht** der Aufzeichnungen von 10 Jahren (§ 147 AO)
- Bei Nichtbeachtung: Bußgeld bis zu 25.000 € (§ 379 Abs. 6 AO n.F.)[1]

---

[1] Bußgeldvorschrift ist erstmals für Kalenderjahre nach dem 31.12.2019 anzuwenden.

# E-Commerce: Haftung für Marktplatzbetreiber (2/2)

## Haftung
## § 25e UStG

- Haftung verschuldensunabhängig für die nicht entrichtete Umsatzsteuer aus der Lieferung des Unternehmers, die auf dem von Marktplatzbetreiber bereitgestellten Marktplatz rechtlich begründet worden ist

 **ABER:** Haftung bei bewusster **Pflichtverletzung** des Onlinehändlers (Marktplatzbetreiber wusste oder hätte wissen müssen, dass der Händler seinen steuerlichen Verpflichtungen nicht nachkommt.)

- **Begrenzung** der Haftung des Martplatzbetreibers nur, sofern er:
  - alle Aufzeichnungen und die Erfassungsbescheinigung des Onlinehändlers vorlegt,
  - den Onlinehändler – im Falle einer Pflichtverletzung – auf diese hinweist und ihn auffordert, die Pflichtverletzung innerhalb einer Frist von längstens 2 Monaten abzustellen und der Händler der Aufforderung nachkommt oder
  - den Account sperrt, falls das Finanzamt ihm mitteilt, dass ein Händler seinen Pflichten nicht nachkommt.

### Probleme der Neuregelung und EU-Vertragsverletzungsverfahren:

- Die Regelung trifft nicht nur die bisher steuerunehrlichen Unternehmer (hauptsächlich aus dem Drittland), sondern auch hunderttausende steuerehrliche Unternehmer in Deutschland und der EU
- Erhebliche Schwierigkeiten der Marktplatzbetreiber, um alle für die Aufzeichnung notwendigen Informationen zu erhalten
- Haftungsumfang sehr weit, umfasst nicht nur Umsatzsteuer auf die Lieferungen an Abnehmer, sondern alle in Deutschland nicht entrichteten Umsatzsteuern des Händlers

 EU-Kommission hat ein Vertragsverletzungsverfahren wegen Neuregelung gegen Deutschland eingeleitet; die Regelung verstößt gegen EU-Recht, da Vorlage einer Erfassungsbescheinigung von EU-Onlinehändlern deren Zugang zum deutschen Markt behindert.
Die EU-Mitgliedstaaten haben sich bereits auf gemeinsame und effizientere Maßnahme zur Bekämpfung von Mehrwertsteuerbetrug geeinigt, die am 01.01.2021 in Kraft treten sollen.

# Glossar

**Abtretung des Herausgabeanspruchs**
Hat eine dritte Person die tatsächliche Verfügungsmacht über einen Gegenstand, kann seine Übergabe im Rahmen der Eigentumsübertragung vom übertragenden Eigentümer an den Erwerber dadurch ersetzt werden, dass der bisherige Eigentümer dem Erwerber seinen Herausgabeanspruch nach § 985 BGB abtritt (§ 931 BGB).

**Aktive Veredelung**
Gegenstände werden vom Unternehmen in das Unionsgebiet eingeführt, unter zollamtlicher Überwachung be- oder verarbeitet und anschließend wieder ausgeführt.

**Allphasennetto-Umsatzsteuersystem mit Vorsteuerabzug:**
Jede Wirtschaftsstufe besteuert per Saldo nur die von ihr geschaffene Wertschöpfung – eben den »Mehrwert«. In der Unternehmerkette wirkt sich die Umsatzsteuer i. d. R. neutral aus; sie wird wirtschaftlich letztlich vom privaten Konsumenten getragen.

**Ausfuhr**
Lieferung und Transport eines Gegenstands in das Drittlandsgebiet.

**Ausländischer Abnehmer**
Wohnort oder Sitz im Ausland, ausgenommen die in § 1 Abs. 3 UStG genannten Gebiete

**Ausländischer Auftraggeber**
Siehe ausländischer Abnehmer

**B2B**
Business to business – Leistungen von einem an einen anderen Unternehmer

**B2C**
Business to consumer – Leistungen eines Unternehmers an einen Endverbraucher

**Beförderung**
Transport eines Gegenstandes durch den Lieferer oder den Käufer selbst (z. B. mit eigenem LKW)

**Beförderungsleistungen**
Leistungen von Transportunternehmern, die Transporte als Hauptleistungen durchführen (Frachtführer, Spediteure, Deutsche Bahn, Bus- und Taxiunternehmer etc.).

**Beförderungsmittel**
Gegenstände, deren Zweck auf die Beförderung von Personen und Gütern zu Lande, zu Wasser oder in der Luft gerichtet ist und die sich auch tatsächlich fortbewegen.

## Bemessungsgrundlage

Rechengröße zur Ermittlung der Umsatzsteuer; Entspricht in der Regel der Gegenleistung für eine Lieferung oder Dienstleistung, außer bei Eingreifen einer Ersatz- bzw. Mindestbemessungsgrundlage.

## Besitzkonstitut

Ersatz der tatsächlichen Übergabe der Sache durch die Vereinbarung eines sogenannten Besitzmittlungsverhältnisses, z.B. eines Mietvertrags zwischen dem Erwerber der Sache und dem übertragenden Eigentümer (§ 930 BGB).

## Bewegte Lieferung

Ist die Fortbewegung eines Gegenstands nach § 3 Abs. 6 UStG.

## Dauerfristverlängerung

Möglichkeit der Verlängerung der Abgabe der Umsatzsteuer-Voranmeldungen um einen Monat. Dauerfristverlängerung erfolgt auf Antrag.

## Einfuhr

Körperliches Verbringen von Gegenständen aus dem Drittland in das Inland.

## Entgelt

Gegenleistung für eine Leistung; in der Regel in Geld oder in tauschähnlicher Leistung.

## Europäischer Gerichtshof

Er nimmt im Umsatzsteuerrecht eine wichtige Rolle ein. Er entscheidet Vorabentscheidungsersuchen nationaler Gerichte wie z.B. die Vereinbarkeit nationaler Regeln des UStG mit der Vereinbarkeit der Mehrwertsteuersystemrichtlinie, Klagen der EU-Kommission gegen einzelne Mitgliedstaaten, Klagen der EU-Kommission oder des Europäischen Parlaments zur Rechtsgrundlage eines Rechtsakts des Sekundärrechts im EG-Vertrag sowie Klagen einzelner Mitgliedstaaten gegen andere Mitgliedstaaten.

## Fiskalvertreter

Vertretungsberechtigte Person im Inland (in der Regel Steuerberater), die von einem ausländischen Unternehmer zu dessen Vertretung in umsatzsteuerlichen Sachen ernannt wird.

## Gegenstände

Körperliche Waren und Wirtschaftsgüter, die im Wirtschaftsverkehr wie Sachen umgesetzt werden (z.B. Wärme, Strom).

## Innergemeinschaftliches Dreiecksgeschäft

Dies ist eine Form des Reihengeschäfts innerhalb der EU. Voraussetzungen nach § 25b UStG sind, dass drei Unternehmer, die in verschiedenen Mitgliedstaaten für umsatzsteuerliche Zwecke erfasst sind, über denselben Gegenstand Umsatzgeschäfte abschließen und dieser unmittelbar vom ersten Lieferer zum letzten Abnehmer gelangt. Der Gegenstand muss dabei aus dem Gebiet des einen in das Gebiet eines anderen Mitgliedstaats gelangen und entweder durch den ersten Lieferer oder durch den ersten Abnehmer befördert oder versendet werden.

## Innergemeinschaftlicher Erwerb

Ein nach § 1 Abs. 1 Nr. 5 i. V. m. § 1a UStG steuerbarer Vorgang im zwischenunternehmerischen Bereich, bei dem Ware aus dem EU-Ausland an einen Unternehmer im Inland zu dessen unternehmerischer Verwendung geliefert wird. Ausnahmen geltenbeim Erwerb durch Nichtunternehmer beim Erwerb von neuen Fahrzeugen (§ 1b UStG) bzw. beim Erwerb durch diplomatische Missionen, zwischenstaatliche Einrichtungen und Streitkräfte der Vertragsparteien des Nordatlantikvertrags nach § 1c UStG.

## Innergemeinschaftliche Lieferung

Lieferung und Transport eines Gegenstands in ein anderes EU-Land.

## Innergemeinschaftliches Verbringen

Fiktion des Liefertatbestands nach § 3 Abs. 1a UStG beim Verbringen eines Gegenstands aus dem Inland in das übrige Gemeinschaftsgebiet durch einen Unternehmer zu seiner Verfügung, es sei denn, es handelt sich nur um eine vorübergehende Verwendung. Findet der Vorgang im Inland statt, handelt es sich um ein rechtsgeschäftsloses Verbringen vom einen in den anderen Unternehmensteil, der umsatzsteuerrechtlich keine Auswirkungen hat.

## Kleine einzige Anlaufstelle (KEA)

Siehe Mini One-Stop Shop

## Kommissionsgeschäft

Kommissionär ist, wer es gewerbsmäßig übernimmt, in eigenem Namen Waren oder Wertpapiere für Rechnung eines anderen, nämlich des Kommittenten, zu kaufen (Einkaufskommission) oder zu verkaufen (Verkaufskommission -§ 383 HGB i. V. m. § 3 Abs. 3 UStG).

## Konsignationslager

Warenlager eines Lieferanten auf dem Gelände oder in der Nähe seines Kunden. Der Lieferant bleibt so lange Eigentümer der eingelagerten Waren, bis der Kunde sie aus dem Lager entnimmt.

## Lieferung

Eine Lieferung liegt vor, wenn die Verfügungsmacht an einem Gegenstand verschafft wird. Lieferungen sind – neben sonstigen Leistungen – maßgeblicher Anknüpfungspunkt für die Umsatzsteuer.

## Lohnveredelung

Lohnveredelung an Gegenständen der Ausfuhr liegt vor, wenn Gegenstände zum Zweck der Be- oder Verarbeitung in das Gemeinschaftsgebiet eingeführt oder zu diesem Zweck im Gemeinschaftsgebiet erworben wurden, und nach der Be- oder Verarbeitung wieder ausgeführt werden (§ 7 UStG). Sie ist steuerfrei, wenn die notwendigen Buch- und Belegnachweise vorliegen.

## Marktplatzbetreiber

Eigentümer von Internetseiten, die Dritten eine Möglichkeit bieten, über diese Internetseite Waren zu verkaufen und einzukaufen (sog. »Online-Marktplatz«).

**Marge**

Differenz zwischen dem Einkaufspreis und dem Verkaufspreis; wird bei bestimmten Vereinfachungsregelung zur Ermittlung der Umsatzsteuer herangezogen.

**Mehrwertmethode**

Die Zollabgaben berechnen sich bei der Wiedereinfuhr nach einer passiven Verdelung nach dem Veredelungsentgelt (Veredelungsentgelt x Zollsatz = Zollabgaben).

**Mini One-Stop Shop (MOSS)**

Besteuerungsverfahren auf freiwilliger Basis, welches dem EU-Unternehmer ermöglicht seine erbrachten Telekommunikationsleistungen/ auf elektronischem Weg erbrachten Leistungen an Privatpersonen aus anderen EU-Ländern in seinem EU-Land zu besteuern.

**MWSt-SystRL**

Der Rat der Europäischen Union hat am 28.11.2006 die R 2006/112/EG über das gemeinsame Mehrwertsteuersystem, die sog. Mehrwertsteuersystemrichtlinie (MWSt-SystRL) verabschiedet. Sie ist zum 01.01.2007 in Kraft getreten und ersetzte die bisherige 6. EG-Richtlinie zur Harmonisierung der Umsatzsteuern. Darüber hinaus wurden auch die bisher geltenden Regelungen der 1 EG-R aufgenommen.

**Nebenleistung**

Lieferung oder Dienstleistung, die lediglich im Gefolge bzw. zur Abrundung einer anderen Leistung erbracht wird und für den Kunden keinen eigenen Nutzen oder Gebrauchswert hat.

Nebenleistungen teilen das umsatzsteuerliche Schicksal der Hauptleistungen.

**Option**

Möglichkeit einen von der Umsatzsteuer befreiten Vorgang als steuerpflichtig zu behandeln, wenn dies vorteilhaft ist.

**Organschaft**

Zusammenschluss mehrerer Wirtschaftsbeteiligter zu einem Unternehmen unter der Führung eines Organträgers.

**Passive Veredelung**

Gegenstände werden von einem Unternehmer ausgeführt, in einem Drittland für Rechnung des Ausführers be- oder verarbeitet und von diesem oder für ihn wieder in das Unionsgebiet eingeführt.

**Quick-Fixes**

Schnell umgesetzte Sofortmaßnahmen der EU zur Vereinheitlichung wichtiger Umsatzsteuerregelungen in den einzelnen EU-Mitgliedstaaten und zur Missbrauchsbekämpfung im Hinblick auf eine ganzheitliche Mehrwertsteuerreform in den kommenden Jahren.

**Reihengeschäft**

Mehrere Unternehmer, also mindestens zwei, schließen über denselben Gegenstand Umsatzgeschäfte ab. Dabei gelangt der Gegenstand unmittelbar vom ersten Lieferer an den letzten Abnehmer. In diesem Fall ist nach § 3 Abs. 6 S. 5 UStG die Warenbewegung nur einer der Lieferungen zuzuordnen. Die jeweils anderen Lieferungen sind ruhende Lieferungen nach § 3 Abs. 7 S. 2 Nr. 1 oder 2 UStG.

### Restaurationsleistungen
Sonstige Leistung nach § 3 Abs. 9 UStG, die in der Abgabe von Speisen und Getränken zum Verzehr an Ort und Stelle besteht.

### Reverse-Charge
Übergang der Steuerschuldnerschaft auf den Leistungsempfänger, d. h. der Leistungsempfänger muss die Umsatzsteuer beim Finanzamt anmelden.

### Ruhende Lieferung
Lieferung, bei der keine Warenbewegung stattfindet. Lieferort ist dort, wo sich der Gegenstand im Zeitpunkt der Verschaffung der Verfügungsmacht an den Leistungsempfänger befindet (§ 3 Abs. 7 S. 1 UStG).

### Sonstige Leistung
Sonstige Leistungen sind alle Leistungen, die in positivem Tun, Dulden oder Unterlassen bestehen und keine Lieferungen sind. Sonstige Leistungen sind – neben Lieferungen – maßgeblicher Anknüpfungspunkt für die Umsatzsteuer.

### Tausch und tauschähnlicher Umsatz
Eine Lieferung oder sonstige Leistung, die nicht mit Geld oder anderen Zahlungsmitteln vergütet werden, sondern in Form einer Gegenlieferung oder einer sonstigen Leistung (z. B. Tausch einer Kuh gegen ein Pferd vgl. § 3 Abs. 12 UStG).

### Tax Compliance
Das gesetzeskonforme Einhalten aller administrativen Pflichten im Zusammenhang mit der fristgemäßen Abgabe von Steueranmeldungen und -erklärungen, der Erfüllung sämtlicher Dokumentations- und Nachweispflichten und der Gewährleistung rechtzeitiger Zahlungen.

### Traditionspapier
Ersatz der zivilrechtlichen tatsächlichen Übergabe eines Gegenstands nach § 929 S. 1 BGB aus Praktikabilitätsgründen durch entsprechende Vermerke auf einem Handelspapier, das vom bisherigen Eigentümer an den Erwerber übergeben wird (§ 448 HGB).

### Übergabe kurzer Hand
Ist bei einer Eigentumsübertragung der Erwerber bereits im Besitz der Sache, z. B. weil er sie bereits zur Ansicht bekommen hat, wird die tatsächliche Übergabe durch die Einigung der Parteien ersetzt, dass das Eigentum an dieser Sache auf den Erwerber übergehen soll (§ 929 S. 2 BGB).

### Überlassung zum freien Verkehr
Dieses Zollverfahren kommt regelmäßig dann zur Anwendung, wenn Nichtunionswaren endgültig in den Wirtschaftskreislauf der Union gelangen sollen. Zur Erledigung dieses Verfahrens müssen die entsprechenden Einfuhrabgaben entrichtet werden. Erst dann findet ein Statuswechsel statt und Nichtunionswaren werden zu Unionswaren. Nach Erledigung dieses Verfahrens darf über die Waren frei verfügt werden.

## Unentgeltliche Wertabgaben

Kostenlose Lieferung eines Gegenstandes oder unentgeltliche Ausführung einer Dienstleistung, oftmals für den privaten Bereich des Unternehmers oder für seine Arbeitnehmer bzw. Geschäftsfreunde.

## Unternehmensvermögen

Alle Wirtschaftsgüter, die im Eigentum des Unternehmens stehen und betrieblichen Zwecken dienen. Eine Zuordnung zum Unternehmensvermögen ist ab mindestens 10 % unternehmerischer Nutzung möglich. Entspricht nicht dem ertragsteuerlichen Betriebsvermögen.

## Vermittlungsleistung

Tätigkeit im Namen und auf Rechnung eines anderen Unternehmers (§ 164 Abs. 1 BGB). Vermittler oder Agent stellt lediglich eine Leistungsbeziehung zwischen zwei anderen Personen her, wird aber selbst nicht Teil der Liefer- oder Leistungskette.

## Versandhandelsregelung

Fiktion des Lieferorts nach § 3c UStG innerhalb der EU, wenn die Ware durch den Lieferer von einem in den anderen Mitgliedstaat an einen bestimmten Abnehmerkreis versendet wird. Insoweit hat dann das Bestimmungsland das Besteuerungsrecht.

## Versendung

Transport eines Gegenstandes durch einen vom Lieferer oder Käufer beauftragten selbständigen Unternehmer (z. B. Postdienstleister, Spediteur, etc.)

## Vorsteuer

Umsatzsteuer, die ein Unternehmer für eine von ihm bezogenen Leistung von einem anderen Unternehmer in Rechnung gestellt bekommt (Umsatzsteuer aus der Eingangsleistung).

## Vorsteuer-Vergütungsverfahren

Ein spezielles Besteuerungsverfahren, welches dem ausländischen Unternehmer die Möglichkeit gibt, die ihm in Rechnung gestellte deutsche Umsatzsteuer erstatten zu lassen, ohne im Inland umsatzsteuerlich registriert zu sein.

## Werkleistung

Dienstleistung eines Unternehmers aufgrund eines Werkvertrages, bei der der Leistende keinen notwendigen Hauptstoff selbst beschafft; die Hauptstoffe können z. B. vom Auftraggeber beigestellt werden.

## Werklieferung

Lieferung eines Gegenstandes, der aufgrund eines Werkvertrages für den Kunden erst hergestellt wird, wenn der Lieferant mindestens einen für die Herstellung des Gegenstandes notwendigen Hauptstoff selbst beschafft.

## Zollverfahren 42

Werden **Drittlandswaren** im Anschluss an ihre Einfuhr in das Unionsgebiet unmittelbar im Rahmen einer innergemeinschaftlichen Lieferung (Verfahrenscode 4200) in ein anderes EU-Land verbracht, wird bei der Einfuhr unter Erfüllung bestimmter Voraussetzungen keine Einfuhrumsatzsteuer erhoben.

## Zusammenfassende Meldung

Meldung neben der USt-VA zur Kontrolle der Waren- und Dienstleistungsbewegungen zwischen den EU-Ländern.

# Stichwortverzeichnis

Stichwortverzeichnis

SCHÄFFER
POESCHEL

Ihr Feedback ist uns wichtig!
Bitte nehmen Sie sich eine Minute Zeit

www.schaeffer-poeschel.de/feedback-buch